州县之民

治乱之间的小民命运

王帆 著

浙江人民出版社

图书在版编目（CIP）数据

州县之民：治乱之间的小民命运 / 王帆著.

杭州：浙江人民出版社，2024. 12（2024. 12重印）.

ISBN 978-7-213-11536-3

Ⅰ. K294. 1

中国国家版本馆CIP数据核字第20244N7F49号

州县之民：治乱之间的小民命运

王　帆　著

出版发行　浙江人民出版社（杭州市环城北路 177 号　邮编　310006）
　　　　　　市场部电话：（0571）85061682　85176516

责任编辑：潘海林　陈佳迪

策划编辑：陈佳迪　潘海林

营销编辑：周乐兮　霍凌云　游赛赛

责任校对：何培玉

责任印务：幸天骄

封面设计：李　一

电脑制版：北京之江文化传媒有限公司

印　　刷：杭州丰源印刷有限公司

开　　本：880 毫米 × 1230 毫米　1/32　　印　　张：14.25

字　　数：260 千字　　　　　　　　　　　插　　页：4

版　　次：2024 年 12 月第 1 版　　　　　印　　次：2024 年 12 月第 2 次印刷

书　　号：ISBN 978-7-213-11536-3

定　　价：88.00 元

如发现印装质量问题，影响阅读，请与市场部联系调换。

目　录

──●　第一部分　●──

从崇祯到乾隆

化无史为有史

编辑嘱我为《州县之民》作序。我自认非知名学者，不足为佳作增色，且与本书作者不相识，亦无趣闻轶事可以拿来与读者分享，本不是合适的作序人。唯通读全书后觉得其关怀对象——即利用地方志与相关文献档案来"尝试还原普通州县平民的生存状态"——与我素来的主张颇为契合，遂不揣浅陋，写下一点感想。

一

众所周知，中国有着漫长的修史传统。我却始终有个偏见，认为我们这个史学大国，实际上长期深陷无史状态而不自知。无史的第一个表征，是中国史学的好传统很早便被斩断。这类好传统包括如太史公那般挣脱权力干预，站在自主立场上撰史；包括不隐恶不虚美，以起居注与实录等档案忠实详尽地记录统治者的所作所为。遗憾的是，《史记》成了绝唱，《太史公书》也难逃被删改的命运，起居注、实录乃至民间笔记皆时常遭受封建权力的严厉审查。

无史的第二个表征，是上至朝廷组织书写的所谓"正史"，下至地方士绅发起编撰的地方志，皆属于以统治者为主体的记录文本，被统治者始终缺席。被统治者即便偶尔得到机会载入史册，也只是在充当统治者的背景板。这方面的例子很多。如东汉和帝年间，百姓普遍处于饥饿状态。今人之所以能够知道这一点，是因为《后汉书·和帝纪》要记载汉和帝的一项"德政"，说他不但下诏要求地方郡国"劝民蓄蔬食以助五谷"，即发动官府去号召百姓以蔬菜代替粮食；还破例允许地方郡国的流民去官府控制下的陂池采集"以助蔬食"。如果和帝没有这般"德政"需要褒扬，百姓吃不饱饭这段史实恐怕就很难被载入《后汉书》。

再如晋代史料《零陵先贤传》。内中记载东汉末年的零陵郡泉陵县税负沉重，"产子一岁，辄出口钱。民多不举子"，孩子刚生下来一岁，就会有人上门要收孩子的人头税，于是百姓生了孩子普遍不肯养育，或抛弃或溺死。百姓的这番境况会被记载下来，也只是因为《零陵先贤传》想要表彰一位叫作郑产的乡绅。这位郑产在泉陵县的白土乡做"乡啬夫"，乃官僚体制内底层人员，主要职责是替朝廷收取赋税、受理词讼。郑产劝说辖下百姓不要杀孩子，还愿意替那些困顿的父母缴纳孩子的人头税，且通过向上级郡县反映情况，使该乡的孩子不必再缴纳人头税。如果泉陵县没有这位值得褒奖的郑产，该县百姓遭受的苦难便会湮没在历史的尘埃之中，留不下半点痕迹。

在陈寿的《三国志》里，被统治者的惨况因充当统治者德政的背景板而被记录下来的情况同样常见。今人能够知晓曹魏治下的下蔡县与邵陵县百姓生计困难，生了孩子后普遍将之杀害不肯养育，是因为《三国志·魏书》要褒扬官员郑浑在当地实施善政，稍稍缓解了百姓的痛苦。今人能够知晓曹魏统治时期有大量的孩子未成年就被官府抓了去服劳役，是因为《三国志·魏书》要褒扬官员王朗心系百姓，曾上疏劝刚刚继任魏王的曹丕取消此类暴政。今人能够知晓孙吴统治时期百姓甘愿身陷贫困也不肯努力劳作，同样是因为《三国志·吴书》要赞颂将军骆统，要褒扬他指出这些现象源自朝廷的暴政，并劝谏孙权变更政策以减轻百姓痛苦。

反之，如果统治者不需要表彰，被统治者及其承受的苦难也就失去了做背景衬托的机会，很难被记录下来。《州县之民》以乾隆年间《岐山县志》等地方志为据，兼采其他明清文献档案，尝试还原明清时期陕西岐山及其周边地区普通州县百姓的生存状态时，明显注意到了上述情形。比如，书中以清代奏折档案为资料主体，还原了一桩"李知县买布"事件。其情节简言之，就是在乾隆二十八年（1763），凤翔县知县李庄就因买布这件小事，将本县布商活活打死。此一恶劣行径连乾隆皇帝都看不下去，亲自下旨将李庄判处死刑。可是，这样一桩经由皇帝御断过的案子，在乾隆版《凤翔县志》里竟然只字不提——要知道，这部《凤翔县志》重修于乾隆三十二年（1767），也就是李庄案发生后的第四年。知县被诛杀于一县而言是大事，凤翔县的官员与士绅断无可能这么快就遗忘了李庄之死。可他们在编修县志时，对李庄其人仅扼要记载："李庄，直隶永平府迁安县拔贡，乾隆二十四年任。"

为什么会这样？本书作者认为：在体例设置上，乾隆年间《凤翔县志》根本就没考虑记载贪虐官员的事迹。不独《凤翔县志》，许多清代方志皆是如此。"道理也很简单，方志的主要作用之一便是教化人心，如果都详细记载官员如何贪虐，岂非有损官府衙门的威严？若非相关奏折档案留存至今，仅仅依靠方志，恐怕后人永远也不会知道乾隆二十八年（1763），凤翔县有过一位如此疯狂的县太爷。"我觉得作者的解释相当精辟，直接道破了传统中国空有浩如烟海的史书与史料，却深陷无史状态这样一个基本常识。同时也是一种提醒，即：在传统中国，受权力之手操纵的绝不仅仅只是官修的起居注、实录与所谓"正史"，也包括形形色色的地方志。这些地方志看似成于地方士绅之手，实则仍是统治秩序的一部分，仍普遍承载着为统治者塑造光辉形象并提供统治合法性的功能。普通民众及其生存状态，从来就不是此类地方志的叙述主体。

从统治者的颂歌声中听出被统治者的呼号。从这个意义来看，《州县之民》的写作乃是在"化无史为有史"。

二

中国传统政治的真实运作逻辑，通常被总结为"儒表法里"。儒家提倡民本，主张仁义，法家玩的则是针对普通民众的控制术与汲取术。所谓儒表法里，表面上爱民如子，广施仁政，实际却是残忍狠毒。理解儒表法里，乃是廓清传统中国被统治者真实命运的关键。

《州县之民》中提及一桩发生于乾隆四十四年（1779）的"井陉刁民上控案"，适足以视为"儒表法里"这套把戏具体如何运作的注脚。案件的起因，是井陉县知县周尚亲在秋收后收购粮食以补充县仓，有九百九十两银子没有结清，到了年底也无意补发欠款。于是井陉下辖各乡村开始出现流言，说县令已决定贪没这些钱，不要再指望拿回欠款，有些村民遂互相联络，准备向上级衙门控告。周尚亲听到风声后，担心事情闹大，紧急补发了欠款。但为时已晚，有几个村的百姓在本村生员的率领下，决意将告发进行到底，以驱除周尚亲这个贪官。这场告发，先是引发了官民间的武力冲突，后又经历种种曲折引起乾隆皇帝的注意。在最高权力的密切关注下，知县周尚亲的贪污行为被调查坐实，按"贪赃激变，肇启衅端，情罪较重"的罪名处死。但更惨的却是那些参与了控告周尚亲的村民，共有近五十人被判刑，其中判死刑者七人，有两人还被破例判了斩立决。

何以贪污犯要死，告发贪污犯的村民也要死？乾隆皇帝在谕旨中说得很明白："一月之中，聚众抗官之案，竟有三起。……殊不知朕平日所抚绥惠爱者，乃良善平民。若强悍之徒，敢于纠众抗官，必执法严惩，不稍轻纵。……夫地方官果有科派累民之事，自应重究。而奸民胆敢借端抗官，亦诛所必加。"意思是朕爱百姓，但朕只爱听话的百姓，只爱服从官府的百姓，绝对不爱那些胆敢聚众对抗官府的百姓，只要发现了，一定要将之铲除。哪怕地方官做错了，欺负了百姓，百姓也不应该对抗官府，否则就只有死路一条。朕爱民如子，但朕只对受了盘剥也不反抗的百姓爱民如子，这便是乾隆皇帝的"儒表法里"，也是其真正信奉的统治逻辑。

笔者在全士潮的《驳案新编》中，见过一桩"郑会通伪造谋反案"，也存在类似逻辑。郑会通是陆丰县的一名监生，家中兄弟七人，早已分家析产各自生活。众兄弟皆能自求温饱，唯有郑会通因坚持要走科举之路不事生产（可能还有赌博的毛病）而生计困顿，不得不一再向亲友借债。为了还债，郑会通不得不陆续将名下田园房产变卖，然后住进家族的"公屋"。乾隆四十二年（1777）八月，郑会通又想要卖掉产权不属于自己的"公屋"，遭到族人集体抵制。穷途末路的郑会通，遂与一名叫作周维玉的衙门书办合作，决定伪造一场谋逆大案。他写了一封举报信，说陆丰县有人正在召集党羽筹划造反，所有得罪过郑会通的人皆被列入举报名单。为了不露出破绽，郑会通甚至连自己的名字也写了进去。就举报信的内容来看，郑会通是要将包括自己母亲、同胞兄弟、族人在内的一切有过节者，集体拖入地狱，要与其所在的那个人间同归于尽。

郑会通很恶毒。更可怕的却是由两广总督杨景素等人组成的督办组。经过调查，督办组在郑氏族人——尤其是郑会通的母亲蔡氏与郑会通的几位亲兄弟——的帮助下，很快查明了所谓的谋反大案并不存在，也查明了伪造此案的人是郑会通和周维玉。可是，督办组在判决郑会通、周维玉枭首示众的同时，仍按等同于谋反大逆的罪名，株连了郑会通与周维玉的三族。按关系亲疏或被判死刑，或发配功臣之家为奴，连主动向调查组提供线索协助破案的郑会通之母蔡氏，也被判流放三千里。督办组这般严酷，显然是因为当时的政治环境便是如此，根本没人敢站出来主张依法处理此案。

可出人意料的是，案子送到乾隆皇帝跟前后，发生了转折。乾隆皇帝很不满督办组的判决，批示道："该犯虽身罹显戮，而其意中所本欲倾诬者，亦不能免。俾无赖之徒，竟得拼一死，以遂其所愿，未为平允。"意思是郑会通这恶贼虽被凌迟处死，但按现在这个判决，他想要陷害的那些人也要被杀头或为奴。这等于是让这无赖之徒借朝廷的刀完成了心愿，这可不行。于是，在乾隆皇帝的亲自干预下，那些曾被郑会通列入诬告名单者一律无罪释放，不在诬告名单里的人则维持原判继续连坐。皇帝不关心有没有人蒙冤而死，只在意堂堂朝廷岂能成为无赖之徒借刀杀人的工具，显见其断狱逻辑从来就不是公开标榜的公正与法治，而是作为一种展示朝廷威严的统治术，绝不能有丝毫损伤。

这种断狱逻辑自然也是治国逻辑。活在传统时代，只有理解了这种政治运作逻辑，才有可能窥见自身命运的草蛇灰线。遗憾的是，底层民众往往不具备这样的能力，他们常常被"儒表"所惑，然后稀里糊涂死于"法里"，井陉县那些无辜村民便是如此。

三

《州县之民》里还有一段史实让我颇生感触。

书中说，顺治时代的岐山县城空空荡荡几无人烟，到了康熙年间也仍是荆棘遍地，犹如荒村野岭，可田赋与力役却是按照明朝繁盛时的人口数据而定。百姓苦不堪言，为躲避负担纷纷逃亡。历任县官也苦不堪言，因不可能完成汲取任务而无人能够做满任期。直到康熙十八年（1679）茹仪凤来到岐山做县令，压在岐山百姓身上的沉重负担才终于有所减免。于是岐山父老为茹仪凤建了生祠，并刻碑记事，将拯救岐山百姓于水火的功德归因为茹仪凤有"通于神明，贯于金石"的"忧勤忠爱之诚"，在品德上远远胜过此前历任县官。书中又考据说，此前三十余年间，也有岐山知县上奏朝廷要求减轻百姓负担，他们也有"忧勤忠爱之诚"，只是他们的呼吁没有得到回应，原因是朝廷需要维持高强度的控制与汲取，来确保战事的胜利。而茹仪凤的请求能得到回应，则是清廷平定了三藩之乱，大环境变了。

小民犹如野草。野草作为整体虽然顽强，个体却很脆弱，其命运很容易因大政局动荡而翻天覆地，或遇灭顶之灾，或获重生之机。最悲哀的是，许多时候他们根本搞不清楚自己的命运为何突然发生了剧变。消息闭塞的岐山父老对茹仪凤的过度感激便是一例。

以上，是我在阅读《州县之民》时生出的一些肤浅感想，与一篇合格的序言相去甚远。请作者与读者多多谅解。本书自始至终没有宏大叙事，未曾站在统治者的立场上思考问题，致力于钩沉复原普通人的生存境况。我喜欢这样的书。

谌旭彬 *

2024年3月12日

　　＊ 谌旭彬，笔名言九林，青年作家，资深历史编辑，十年原创经验，原为腾讯历史频道主编，原"腾讯新闻·短史记"主编，对历史有着深入的研究，出版书籍《秦制两千年：封建帝王的权力规则》《活在洪武时代：朱元璋治下小人物的命运》《大变局：晚清改革五十年》《大宋繁华：造极之世的表与里》等，主张回归常识，寻找历史真相。

历史写作的草根精神

一

据说乾隆年间，翰林学士王尔烈主持三江（浙江、江苏和江西）会试，曾作过一首打油诗："天下文章数三江，三江文章数吾乡，吾乡文章数吾弟，吾为吾弟改文章。"

人们都知道，陕西虽然人口不多，却以出作家而闻名，而在我们陕西人来看，以岐山出来的作家最多。岐山是中国农业文明的发祥地之一，自古就有耕读传家的传统。虽然明清以来，岐山斯文衰微，但在农业合作社时代，像小说《人生》中的高加林那样，能写字作文是跳出农村进体制的终南捷径，因此岐山就出了不少诗人和小说家。古人说"退笔如山未足珍，读书万卷始通神"，但在岐山乃至陕西，写作的人比读书的人多。

我和王帆都是岐山人，准确地说是蔡家坡人。

蔡家坡原名田家坡，与五丈原隔河而望，南山北原，中间是渭河，属于典型的关中地貌。北宋时任凤翔知府的蔡钦死后葬于此，因蔡家势大，田家坡被改为蔡家坡。

虽然蔡家坡只是岐山南方的一个小村镇，但因为西迁运动和三线建设，在20世纪一跃成为中国西北的工业重镇，再加上铁路公路之利，其繁华鼎盛反倒在县城之上。正如有了陇海铁路，渭河从此便默默无闻。

我和王帆经历也颇为相似，自幼耕牧于渭河之阳，成年后命如飘蓬，对故乡只能在心里念兹在兹，从精神上总以最后一代农民自诩，犹如最后的印第安人。我们目睹方言的消逝和乡土的崩塌。在时代洪流面前，那种身为草根的无力感让我们只能从文字中去打捞关于乡土一鳞半爪的记忆，尽管我们都没有经历过农业合作社时期，甚至都没有上过什么重点大学。

虽是同乡，但我和王帆其实是在网上认识的，应该是我主动结识他的，因为我看到他爱读书。后来网聊了好几年，我才知道他是岐山人，还是蔡家坡人，我们俩的村子相距只有三五里。跟王帆聊得久了，我知道他对岐山县志研究颇多，他甚至跑遍全县的荒村古庙，抄录了许多古碑文。他经常跟我分享一些有趣的历史掌故，比如蔡家坡东堡子的名称来历，比如左宗棠平陕期间的罗局战役。

在有一搭没一搭的聊天中，王帆有时难免对自己的处境流露出几分忧虑。孔子说，君子忧道不忧贫。但在市场经济的大潮中，王帆热衷的事情在别人看来都是不务正业，既带不来名，也带不来利，连生存都成问题。我已过知天命之年，他小我一辈，可以想见，过了而立之年，仍一事无成，一文不名，父亲的脸色自然不会太好看。

当时，我正好在看罗新《漫长的余生：一个北魏宫女和她的时代》，便建议王帆写写书——既然这么喜欢县志，不妨利用县志资料写一本通俗历史书。我觉得，读书写作是一种天赋，有这样的天赋就不要浪费；既然做什么都发不了财，那就让时间过得有意义一点，写写书也好。罗新可资参考的只是一块几百字的墓志铭，相对而言，皇皇巨著的县志作为史料来源，可以挖掘的内容就丰富多了。

实际上，从县志中挖掘史料写成的书相当多，比如陈忠实的《白鹿原》便是从《蓝田县志》中找到写作灵感的。在历史类写作中，像《叫魂：1768年中国妖术大恐慌》《王氏之死：大历史背后的小人物命运》这两部名著和马伯庸的畅销书《显微镜下的大明》，也都是利用县志史料写就的；最近两年出版的《州县官的银两：18世纪中国的合理化财政改革》《爪牙：清代县衙的书吏与差役》更是如此。除了官修县志，还有很多官吏撰写的笔记日记传世，如《宛署杂记》之类，这让相关历史写作拥有很大的创作空间。

我担心王帆对写书没信心，鼓励他只管随心所欲地放开写，有啥说啥，不用考虑谋篇布局、遣词造句，最后由我来做统一修订和统筹，算是两人合著。按我的想法，第一年他完成初稿，然后由我再补充修订两年时间，应该能成为一部比较完善好看的历史书。

虽然中国传统各种县志汗牛充栋，但这些县志从来都不是写给普通大众看的。虽然岐山不乏文学家，也有很多县志专家，但没有谁像我们这样喜欢钻研故乡的历史。中国从来不缺农民作家和乡土小说，缺的是对乡土文化和地方小民历史的思考与叙述。"周虽旧邦，其命维新"，历史并非一成不变的官样文章，一代人有一代人的历史，因而也应当有一部平民化的乡土史。

历史从来都是势利的，关于中国历史的书多如牛毛，但能从平民角度书写传统时代劳动生活的好书并不多见，正是"文章写尽天下事，不肯俯首看苍生"。虽然人人皆知秦始皇，但我们对自己祖先的生活其实所知不多。若能为普通大众写一部关于祖先和乡土的通识读本，在当下也可称得上是空谷足音了。

我成长于传统乡村时代，也亲身经历了乡土社会的末日时光。我很喜欢萧公权的《中国乡村》和瞿同祖的《清代地方政府》，这两部学术名著都比较专业，略显深奥；费孝通的《乡土中国》又过于简略。当下市场上虽有不少名为"古人日常生活"之类的书，多陷于琐碎庸俗。著书十余年，我认为对历史应该有端庄严肃的写作态度，"质胜文则野，文胜质则史；文质彬彬，然后君子"，写作者首先要自重，不应为迎合媚俗而入于匪辞，溺于流俗。

对于我提出的这个县志选题，王帆极其兴奋，废寝忘食，夜以继日，两三个月便写出了《州县之民》的初稿。人说后生可畏，年轻时的激情真是不可思议，这让我想起自己当年写《历史的细节》时也是这般如有神助。王帆觉得我的三年计划太漫长了。这我也能理解，对他这年纪来说，三年可能会影响一生，对我而言，三年只是马齿徒增尔。我只好放弃了原先的合著计划，帮他联系《州县之民》的出版事宜。

如今的图书市场竞争得厉害，已非我当年刚开始写作时可比。图书出版成本增加了不是一点半点，完全变成一项风险投资；要出版一个没有名气的年轻人的处女作，出版方面临很大的压力。王帆的运气不错，几经辗转，浙江人民出版社最终看中了这部书稿。本书的编辑为此做了很大努力。

写作是当下这个社会不多的可以一个人做的事情，但要出版成书，就不是一个人的事情了。对读者来说，一本书背后，除了作者，还有很多人的默默付出，也有很多不经意的故事发生。

二

《诗经》云："周原膴膴，堇荼如饴。"岐山因周王朝的肇兴而闻名，"岐山为周室开基之地，关中数千余年声名文物，胥于此肇端"。王帆的这本书写的主要是岐山的历史，所依据主要蓝本是清乾隆四十四年（1779）的《岐山县志》。

《岐山县志》序文中说："今之郡邑志，古之国史也。"中国古代重视历史，不仅历朝历代都要为前朝撰写国史，而且地方也有官方或乡绅撰写本地的历史。论数量，这些地方史志远比二十四史大得多。

方志的编撰最早可追溯到周代"职方氏"，只不过当时以地理地图为主，到唐宋时开始重视文本内容，方志由图志转向史志，着眼于基层行政治理。方志的正式出现大约是在南宋，而盛行于明清，这在一定程度上与雕版印刷技术的普及有关。因为战乱，宋元时期的方志大多佚失；就流传至今的七千多部方志而言，基本都出自明清以后，而清代和民国时期编撰了六千多部。就《岐山县志》而言，主要也是在晚清和民国编撰。

明代嘉靖《宁海州志》云："国有史，郡邑有志，家有谱，其义一也。昔人有言子孙不修谱，比之于不孝，然则居官不修志，其得为忠乎！"从这句话便知方志与国史既有相同之处，也有不同处。若加以类比，地方志介于国史和家谱之间，或者说有点类似于国史与家谱的混合，其核心还是传统的忠孝文化，只不过多了一点平民色彩。需要注意的是，官修县志的信史成分并不高，对于饥荒、战乱、民变等重大历史事件一般鲜有记载，总体上还是为地方士绅树碑立传。

人常说："雁过留声，人过留名。"历史作为中国人的信仰，人们对生命最高的追求就是"青史留名"，然而真正能在国史中留名的毕竟只有极少数帝王将相，相比之下，方志中则记录了许多基层官吏、地方乡贤和普通孝子节女的事迹。中国传统的乡土社会主要是"四民"结构，即士、农、工、商，而主要的士和农，也就是读书人和农民。传统文化以农为本，耕读传家，士和农的身份其实是合二为一的，只不过士带有精英色彩而已。

在历史上，唐宋以后，中国经济重心南移，政治重心北移，西北的关中不断被边缘化。到明清时期，关中西府的岐山已经沦落为中国西部一个偏远小县。然而就是这样的一个偏僻闭塞之地，却在交通困难的时代，迎来送往了一波又一波来自中国南北的知识精英，他们不远万里来到岐山，带来新的思想和文化，也影响着岐山本地的风土人情。

明代万历年间，来自河北的傅铤担任岐山知县二十余年，他为民众减免了很多税赋，自己到退休却没有一点积蓄。傅铤说："我这衙门里的子孙、仆人、奴婢一共有二十几人，都是靠岐山养活，可有一根丝线、一粒粟米是从灵寿老家拿过来的？如果还要再谋划私人积蓄，民众将怎么受得了？而且子孙辈能不能自立，也不在于父辈们留给钱财的多少。"

来自江南的王毂于顺治十二年（1655）任岐山知县，他以《岐山怀古赋》记录了当时的岐山大饥荒："膴膴周原，想见当年富庶。萧萧遗子，半成今日逃亡。白骨山高，仅保离群鸿雁；青磷夜遍，空嗟犊首牂羊。"

来自广东的林华封于乾隆十一年（1746）任岐山知县，《岐山县志》中对其一笔带过，《东莞县志》中则称其在岐山时"布衣蔬食，日事吟咏，恬淡以终"，而官方文件记录中对林华封的评价却是"贪鄙累民，驿马疲瘦"。

古人重史，因而重名，所谓君子疾没世而名不称焉，陈胜吴广的起义宣言便是"壮士不死即已，死即举大名耳，王侯将相宁有种乎"。这对今天的人来说已经不能理解：人都死了，还要名有什么用？顾炎武说："古人求没世之名，今人求当世之名。吾自幼及老，见人所以求当世之名者，无非为利也。名之所在，则利归之，故求之唯恐不及也。苟不求利，亦何慕名？"（《日知录》卷七）

本书虽然主要基于《岐山县志》，但也不是完全拘泥于岐山一地。为了更好地为读者描绘一个明清时代的传统社会，王帆从同时期的县志府志和奏章中挖掘了更多有可读性和代表性的故事。如发生在乾隆二十八年（1763）的凤翔知县李庄打死布商案，在乾隆三十二年重修的《凤翔县志》中，对李庄一笔带过，对李庄打死布商案则只字未提，经过王帆的精心打捞，这段被隐藏的历史终于浮出水面。

元明宗天历二年（1329），关中大旱，陕西行台中丞张养浩写下了《山坡羊·潼关怀古》："伤心秦汉经行处，宫阙万间都做了土，兴，百姓苦；亡，百姓苦。"《州县之民》写的是"治乱之间的小民"，对很多读惯了秦皇汉武雄才大略的读者来说，读这样的平民历史或许是一种全新的体验。其实这样的历史才是真实的历史。如果说每个人都活在历史里，那么这样的历史写的就是你我。

一本书，不同的人总能读出不同的东西来，我对书中两句话印象深刻：雍正《扶风县志》载："男惟耕，女惟织，而两税不逋也。"乾隆《岐山县志》载：岐山百姓"风俗淳良，不鞭笞而赋早输，一招呼而役即赴"。

细读《州县之民》，我能感到王帆对县志的研究确实下了一番功夫，尤其对《岐山县志》更是熟稔，对历史也有不少深层思考。对一个人或一件事，他能举一反三，反复比较，从各种史料中甄别出真伪，提出自己独到的见解。作为带有尝试性的第一部历史作品，王帆在本书中展现了较好的历史素养和文字功夫，这可能也是他反复修改打磨的结果。

吴敬梓《儒林外史》中说：有人辞官归故里，有人星夜赶科场，少年不知愁滋味，老来方知行路难。我经常劝人读书写作，却从不劝人藏书当作家，除非能有颜回那种身居陋巷，箪食瓢饮而不改其志的精神和毅力。有人为了情怀而写作，有人为名利而写作，王帆无疑属于前者。我也希望他的写作道路能像他的名字一样"一帆风顺"。万事开头难，对王帆来说，有了这一本书，不仅意味着他走出了历史写作的第一步，或许也能为他的人生打开一方新天地，开始一段新的旅程。

"孔子于乡党，恂恂如也，似不能言者。"谨以这篇小序祝福我的乡党王帆！

杜君立[*]
甲辰正月于西安

---

[*]　杜君立，关中人，通识历史写作者，著有《历史的细节》《现代的历程》《新食货志》《历史的慰藉》等作品。

第一部分

从崇祯到乾隆

第一章

引言 · 明清之变

一

明代末年，陕西连年遭旱，大量民众饿死、逃亡，社会危机空前严重。崇祯二年（1629）四月二十六日，陕西籍官员马懋才给崇祯帝上了一份奏疏，其中详述了他所见闻的陕西灾情：

> 臣是陕西安塞县人，考中了天启五年进士，出任行人司行人。第一次差遣是赴关外解运，第二次差遣是到贵州组织乡试，第三次差遣是至湖广颁布诏令。四年之

中，风尘仆仆，往返里程有几万里。

其间经历了关外的柳河战役之败，黔南战乱围困，当时人民奔逃求生，城乡凋敝残破，都是臣所经历见闻，然而这些都没有像臣家乡的灾情一样苦到极点、惨到极点。臣看到诸位大臣的奏疏，有说父亲丢弃儿子、丈夫卖掉妻子的，有说挖草根吃、以白石充饥的，都没有细说。臣今天请为皇上详细说说。

臣家乡延安府，从去年开始，已经一年没有下雨，草木都已经枯焦了。八九月间，民众争相采集山间蓬草吃，蓬草粒有些像糠皮，味道苦涩，吃了只能勉强不死。到十月以后，蓬草已经被吃光了，又剥树皮吃。各种树里只有榆树皮稍微好点，混合其他树皮吃，也可以勉强不死。到了年底树皮也吃完了，便又挖山里的石块吃。石块性冷而且味道又腥，吃一点就会有饱腹感，没过几天就因为无法消化胀肚而死。

民众里有不甘心吃石块死的，就聚集做强盗，小部分稍微有点积蓄的民众于是就被抢劫一空。官府根本管不了。有时抓到几个，他们也不觉得有什么了不起，说："饿死，跟做强盗死都是死，与其坐等饿死，为什么不做强盗呢，还能做个饱死鬼。"

最让人哀怜的，在安塞县城西边有个粪场，每天必然会有一两个婴儿被丢弃在里面，有号哭的，有呼叫父母的，有食粪的。到第二天早晨，被丢弃的孩子都死了，又有人继续往里丢弃。

更加奇怪的是，儿童和独行的人，一走到城外就消失了。后来看到城门外的人，烧着人骨头，煮着人肉吃，才知道之前那些消失的人，都是被吃了。而吃人的人，也免不了在几天之后脸发肿、眼睛发红，体内发出燥热而死。

于是，死者纵横相卧，尸体臭气熏天。县城外面挖掘了几个大坑，每个坑可容纳数百人，用以掩埋遗骸。臣到安塞时，已经填埋了三个坑还多，几里之外来不及掩埋的，又不知道还有多少。安塞一个小县是这样，大县可想而知；延安府一府是这样，其他地方可想而知。①

马懋才所描述的，简直是一幅恐怖的人间地狱的景象。

虽然，奏疏后面说了，陕西巡抚及府、道、州县官员都曾开展救济，但不过"杯水车薪"。

同时，由于朝廷对官员征税考核严厉，赋税征缴仍然在催收，残存的民众也被迫逃亡了。逃来逃去，为了生存，自然就成了强盗。这也正是强盗遍布陕西的根本原因。

---

① 原文见计刘奇《明季北略》卷五《马懋才备陈大饥疏》：臣陕西安塞县人也，中天启五年进士，备员行人。初差关外解赏，再差贵州典试，

更为严重的是，此次崇祯初年的大旱，并非陕西灾情的顶峰，而只是一个开端。在后来的崇祯七年（1634）以及崇祯十三至十四年，陕西又遭受了两轮更为严重的大旱、蝗灾和瘟疫。崇祯元年那次，以陕北最为严重，关中尚轻，而后面两轮灾情，则几乎是遍及全省。

三差湖广颁诏。奔驰四载，往还数万余里。其间如关外当柳河之败，黔南当围困之余，人民奔窜，景象凋残，皆臣所经见，然未有极苦极惨如所见臣乡之灾异者。臣见诸臣具疏，有言父弃其子、夫鬻其妻者，言掘草根以自食、采白石以充饥者，犹未详言也。臣今请悉为皇上言之。臣乡延安府，自去岁一年无雨，草木枯焦。八九月间，民争采山间蓬草而食，其粒类糠皮，其味苦而涩，食之仅可延以不死。至十月以后，而蓬尽矣，则剥树皮而食。诸树惟榆皮差善，杂他树皮以为食，亦可稍缓其死。殆年终而树皮又尽矣，则又掘山中石块而食。石性冷而味腥，少食辄饱，不数日则腹胀下坠而死。民有不甘于食石而死者，始相聚为盗，而一二稍有积贮之民遂为所劫，而抢掠无遗矣。有司亦不能禁治。间有获者，亦恬不知怪，曰："死于饥，与死于盗等耳，与其坐而饥死，何不为盗而死，犹得为饱鬼也。"最可悯者，如安塞城西有粪城之处，每日必弃一二婴儿于其中，有号泣者，有呼其父母者，有食其粪土者。至次晨，所弃之子已无一生，而又有弃之者矣。更可异者，童稚辈及独行者，一出城外，便无踪迹。后见门外之人，炊人骨以为薪，煮人肉以为食，始知前之人，皆为其所食。而食人之人，亦不免数日后面目赤肿，内发燥热而死矣。于是，死者枕藉，臭气熏天。县城外掘数坑，每坑可容数百人，用以掩其遗骸。臣来之时，已满三坑有余，而数里以外不及掩者，又不知其几许矣。小县如此，大县可知，一处如此，他处可知。（清光绪北京琉璃厂半松居士刊本。）

对于严重灾荒，在官员奏报后，朝廷当然要设法赈济。不过，当时的明廷财政崩坏，所谓的赈济措施，对于灾荒的严重程度而言，是完全无能为力的。

崇祯七年，在户部所上的一份题本中，有工部侍郎李遇知这样一份呈奏：

（陕西）七年以来，就没有一年是丰收的，民众血汗所换的积蓄已经耗尽，不再有以前那种一至三年的积存。无奈水上生了冰霜，木材中起了大火。去年夏天小麦只收获了三成，秋粮一粒也没有收获。一整个冬天没有下雪，又一整个春天没有下雨，麦苗枯死了。粗米卖到一斗要四钱银子，甚至根本就没有粮食集市了。只好剥榆树皮吃，把石块捣碎了吃。

炊烟看不到了，累累白骨却充满沟壑，乞丐和流民遍布道路。人吃人不知道是有罪，就是父子、兄弟之间也不管了。已经出嫁的妇女和刚成年的女儿，一百钱就卖了也不觉得有什么羞愧。把房子卖了睡在露天。在西安以西，各府都是这样。

臣等听说后，难过得泪流千行，吃饭不能下咽。遭受饥荒便会产生作乱念头，这可是之前有过教训的。在如今燃眉之际，商议留饷银则库中空虚，又无点石成金之术；商议赈济则仓中没有一粒粮食，巧妇难为无米之炊。

不得已，只有恳请皇上，慷慨地发内帑银，并谕令户部、兵部一共凑出十余万两银子，就跟崇祯四年那次派遣官员赈济一样。多一分银子，便能多救一个人的性命，早一日赈灾，便能早缓解一天沦亡。①

以此时陕西的灾情之严重，十余万两银子是肯定不够的。上奏中之所以这么说，很可能是李遇知事先与户部、兵部官员商议过，预计最多也就拿出这么多了。

然而，据《国榷》卷九十三记载，崇祯七年四月，在李

---

① 原文见《明清史料辛编》第二本《户部等部尚书等官臣侯恂等谨题为秦地兵荒日甚秦民流亡殆尽谨合词吁天大沛皇仁停催征以集哀鸿广赈恤以留子遗事》：至七载以来，岁无全稔，疮痍日增，膏血已枯，非复有一年三年之积也。奈霜加于水，火生于木。去岁夏麦止收三分，秋成一粒不登，三冬无雪，三春无雨，麦苗槁矣。粃米一斗四钱，甚至罢市空归，剥榆为食，舂石为粮。青烟绝突，白骨盈壑，乞丐流民塞满道路。人相食而不知罪，父子兄弟而不相顾。已嫁之妇、及笄之女，百钱相鬻而不知耻。卖屋露处而无以为家。西安以西，诸府皆然。臣等闻之，血泪千行，食不下咽。失饥则思乱，此前车之可鉴者也。当此燃眉之际，议留则库无余饷，而点金无术，议赈则仓无遗粒，而巧妇难炊。无已，惟有哀恳皇上，慨发内帑，并谕户、兵二部共凑十万余金，如崇祯四（年）遣官赈济之盛事。盖多一分即可救一人之性命，蚤一日即可苏一日之沦亡。（台北"中央研究院"历史语言研究所编，中华书局1987年版，第290页。）

遇知奏请后，崇祯帝命道御史梁炳赈饥陕西，所发帑金只有五万两。[①]此次的灾情之重，与朝廷救灾的不力，可谓是明末历年灾荒与赈灾的一个缩影。

二

在屡次大灾面前，朝廷赈济不力，自然便会有如马懋才所说的不肯"坐而饥死"的民众，共同起事作乱，成为他们所说的"流寇"。

以当时陕西灾情的范围之广，在崇祯二年（1629）初，局面便已经是：

> 洛川、淳化、三水、略阳、清水、成县、韩城、宜君、中部、石泉、宜川、绥德、葭、耀、静宁、潼关、阳平关、金锁关等处，流贼恣掠。[②]

从所列州县来看，当时的陕西饥民起事，已经遍及陕北、关中、陕南。

---

①　谈迁《国榷》卷九十三载：崇祯七年四月己未，吏部左侍郎李遇知等请发帑金十万赈陕西。……甲戌，命□□道御史梁炳赈饥陕西，赍帑金五万两。作者按："吏部"误，当为"工部"。

②　谈迁：《国榷》卷九十，崇祯二年正月壬戌。

前面说过，此时明廷存在严重的财政危机。这一年，为缓解财政压力，明廷下令裁撤驿站，大批驿卒、驿夫瞬间失业。为了求生，许多人便也加入起事队伍中。其中，有个来自米脂县的驿卒，叫李自成。

与此同时，明廷又面临着严重的边关危机，辽东后金政权崛起，直接威胁北京的安全。崇祯三年（1630），在后金军队大举进犯时，朝廷急调西北军东进勤王。由于军中腐败，底层士卒不堪忍受，纷纷哗变。这样一来，陕西起义军的规模倒是越来越大了。

面对陕西遍地反叛，朝廷应对方略举棋不定，时而镇压，时而安抚。然而无论是吴甡等人的招抚，还是洪承畴的强力剿灭，只要基本的生存问题没得到解决，都不可能真正安定局势。

招抚之后，饥民生活依然无着，便会"旋抚旋叛"。剿灭这一股，只要灾荒仍有，又会有源源不断的饥民起事反抗。

而且，连年的战乱，还会加重灾荒，形成一种恶性循环。吴甡就曾在奏疏中说："（崇祯）四年以前，致盗由荒。四年以后，致荒由盗。"①

崇祯十六年（1643）八月，陕西三边总督孙传庭在崇祯帝严令之下，率军东出潼关，与李自成军决战。九月，在汝

---

① 吴甡：《柴庵疏集》卷九《荒盗频仍赈赉有限疏》，清刊本。

州、郏县一带两军交战，官军大败，损失达四万余人。十月，李自成军西进，攻破潼关。由于此前陕西官军主力已经被击溃，在随后不到两个月中，李自成军就已控制陕西全境。

崇祯十七年（1644）正月，李自成在西安建政称帝，定国号为"大顺"。二月，大顺军东征，连克太原、宁武关。三月中旬，攻入北京，崇祯帝自缢身亡。

到这里时，历史的走势，与中国传统的改朝换代并无二致。然而，接下来的局势发展，却是一种前所未有的风云突变。

四月，大顺军与山海关总兵吴三桂军决战。吴三桂渐感不支时，降于关外的清政权，摄政王多尔衮率军援吴，大顺军战败，退回北京。不久，李自成又撤回陕西。清军占据北京后，改年号为"顺治"。

此后，大顺军虽曾多次尝试反攻，但总体不敌清军。这一年底，即顺治元年（1644）十二月，清军追击至潼关。次年正月，虽经大顺军顽强守卫，潼关仍被清军攻破。很快，清军控制关中。李自成则率大顺军残部经武关撤至湖广一带，最终被清军所灭。

三

清军占领关中后，又与大顺军残部贺珍及明将孙守法等军作战。数年后，关中局势终于获得安定，结束了近二十年的混乱。然而，此时的关中地区并未迎来真正意义上的休养生息。

其一，在赋税上，表面来看，清廷取消了明末的"辽饷"等加赋，但由于陕西在长年战乱中人口损失严重，民众的赋税负担仍然十分沉重。

其二，由于张献忠所建立的大西政权仍控制四川等地，清军又以关中为后勤基地，发兵征蜀，关中民众尤其是凤翔府民众，承担了长达十余年的极为辛劳的军需转运工作。康熙十二年（1673），爆发了以吴三桂为首的三藩之乱，吴军占据四川，关中民众再一次承担了军需转运。

一直到康熙中叶，清廷基本平定中原，陕西才迎来真正的休养生息。通过鼓励开垦、兴修水利，陕西的经济社会逐步得到恢复和发展。到了雍正、乾隆时期，人口数量出现了快速增长。

不过，相比于经济，文化的恢复则更为艰难。虽然，由于全国政治、经济中心的东移，明代时陕西的文化事业早已不能同汉唐时期相比，但在全国仍有一定的地位。

对明代文学影响深远的"前七子"中，李梦阳、康海、王九思三人均是陕西人，几占半数。其中，康海又是弘治十五年（1502）状元。仅仅六年后，陕西高陵人吕柟又中状元。虽然康、吕二人均仕途不顺，但在文学、儒学方面取得了相当的成就。明代后期的陕西学者冯从吾，承继前儒关学，又创建关中书院，也具有相当影响力。

而到了清代，陕西文化事业比之于明代，更加萧索和寥落。既缺文学名士，也乏杰出学者。唯一可撑门面的，只有考中乾隆二十六年（1761）状元的陕西韩城人王杰。

然而，就是这个陕西状元的"独苗"，也存在争议。同榜探花、江苏常州人赵翼，在笔记作品中称该科状元本是他自己，后由于乾隆帝见陕西久无状元，临时调换了名次：

> 上是日阅十卷，几二十刻，见拙卷系江南人，第二胡豫堂（胡高望）浙江人，且皆内阁中书，而第三卷王惺园（王杰）则陕西籍。因召读卷大臣，先问："本朝陕西曾有状元否？"皆对云："前朝有康海，本朝则未有。"上因以王卷与翼互易焉。惺园由此邀宸眷，翔步直上，而余仅至监司。……明日谕诸大臣，谓："赵翼文自佳，然江浙多状元，无足异。陕西则本朝尚未有，今当西师大凯之后，王杰卷已至第三，即与一状元亦不为过。"[1]

王杰后来官至军机大臣、东阁大学士，加封太子太保，

---

[1]　赵翼：《檐曝杂记》卷二《辛巳殿试》，清光绪三年刊本。

所以才有了赵翼那句"惺园由此邀宸眷，翔步直上，而余仅至监司"的愤懑之言。

其实，官员的仕途发展，固然与他在科举考试中的表现有关，但主要体现在一甲、二甲、三甲三种级别的差异。状元与探花同为一甲，出身相差并不大，后来的仕途发展，还是与个人能力及帝王喜好关系更大。

赵翼对状元执念很深，谓"余以生平所志在此"，为了防止读卷官认出笔迹，甚至在应考时特意更换字体，可谓用心良苦；但仍然与状元失之交臂，故而晚年时仍然对此耿耿于怀。

乾隆年间，陕西除了王杰考中状元一枝独秀外，科名长期衰弱，甚至到了乾隆末期，出现了连续三科无人考中进士的尴尬境况。

按说，清代自康熙五十一年（1712）以后，确定了"分省录取"的原则，各省的名额分配，多在读卷前即已确定，似乎不大会出现有省份挂零的情况。

陕西之所以连续三科无人考中，其中有些特殊原因。虽然早在康熙初年，甘肃便已单独设省，但科举考试仍同陕西一并举行，甘肃籍生员要赴西安参加陕西乡试（后改称"陕甘乡试"）。而会试在确定分省名额时，同样将陕甘视作一体。

乾隆五十四年（1789）己酉科，甘肃考中两名进士，陕西无人考中；乾隆五十五年庚戌恩科，甘肃同样考中两名进士，陕西依旧无人考中；乾隆五十八年癸丑科，一共仅取中八十一名进士，为清代最少的一科，陕甘两省均无人考中。

也就是说，当时陕西举子，在与西邻甘肃举子的竞争中，都一度明显落在下风。

四

不过，就整体而言，18世纪的乾隆年间，帝国已然再次恢复活力，在某些层面上，也充分展露出强盛的一面。

1779年，即清乾隆四十四年，统治中国的乾隆帝虽然已经六十九岁，但依然精神矍铄，几乎掌控着国家的一切，并且他还将掌控许多年。这位两百多年后因作诗和在文物上盖章过于泛滥而被嘲讽的帝王，在六十年的统治生涯中，几乎做到了传统价值观当中认定的帝王应该履行的所有使命。

具体而言，武功方面，经历若干次战争，彻底消灭了准噶尔政权、平定了大小和卓叛乱，使得清王朝的版图之辽阔达到了空前。后来被总称为"十全武功"的一系列征战，大部分在这个时候已经结束。

文治方面，中国历史上规模最大的丛书《四库全书》，刚结束了长达八年的征集，正在紧张编纂中。三年之后，第一套《四库全书》抄录完成，存放在了紫禁城的文渊阁。这套《四库全书》也在两百多年后，成了学者们利用最多的一套。

保证武功和文治两个方面同时展开远超前代的豪迈工程的，是稳健的财政。如今可以查到的一个确切记载的财政数据显示，两年前，户部银库存银高达8182万两[①]，达到了清王朝自建立以来的顶峰。

人口方面，经过持续的高速增长，全国总人口达到2.75亿[②]，为中国历史上新的人口高峰。并且，人口的快速增长依然在持续中。

这一年二月，乾隆帝决定编纂一部明末大臣们的奏疏，统名《明季奏疏》。其中缘由，乃是此前曾令各省汇进应当销毁的"违碍书籍"，所谓"违碍"，是指对清王朝及其前身后金政权存在攻讦和敌视。

大概乾隆帝也和普通人一样，对"禁书"产生了特别的兴趣。于是，便取出若干读了起来。这一读，居然读出了不少认同。

用乾隆帝的话来说，明代自万历帝以后，弊政渐多，

---

①　史志宏：《清代户部银库收支和库存研究》，福建人民出版社2008年版，第104页。

②　《清高宗实录》卷之一千九十七：乾隆四十四年十二月。会计天下民谷数。各省通共大小男妇二万七千五百四十万二千九百一十六名口。

诸位大臣眼看着国势危险，往往都是苦口婆心地竭力规劝，毫无保留。虽然他们的君王对这些规劝置若罔闻，不能做些许的补救措施，而这些奏疏文本还在，对当时废弃懈怠与昏乱的情况，悲痛地做了详尽陈述。这就足以作为后人的参证借鉴。①

其实，此时乾隆帝所面临的"治世"，跟明末衰微的乱世有着根本的不同。即便明末诸臣的奏疏可资借鉴，大多也不能适用于当下。

也就是说，这位日渐年迈的帝王，在履行完他的职责后，已经开始为后继的皇帝们考量：将来万一清王朝也遇到类似明末的衰微局面，彼时君臣或许也可以从中汲取若干举措，以挽回局面。

这年五月到九月，照例举行了"木兰秋狝"活动。当中的八月，皇帝命一位刚刚三十岁的年轻官员为御前大臣上

① 《清高宗实录》卷之一千七十七：乾隆四十四年二月。庚辰。命辑明季诸臣奏疏。谕："四库全书馆节次汇进各省选到违碍应毁书籍，朕亲加抽阅。内如徐必达《南州草》，所载奸商、奸珰结贿欺君诸疏，俱持论不挠，极为伉直。又如萧近高《疏草》内，载有劾大珰潘相等以矿税扰民。宋一韩《披垣封事》，亦有劾东厂及税监李凤、梁永等蠹国病民诸疏，均属详明剀切。又侯震旸《天垣疏略》，以客氏再入禁中，抗章极论，并及于沈㴶之交通内臣，亦能侃侃不阿。……其余谠论危言，切中彼时弊病者，实俱无惭骨鲠。前因明季诸臣，如刘宗周、黄道周等，立身行己，秉正不回。其抗疏直谏，皆意切于匡救时艰，忠荩之忱，溢于简牍。"

学习行走。所谓"行走"，指以他官调任的差使，"学习行走"则指资历尚浅，初来作为"见习"之意。

在此前三四年中，这位年轻官员刚经历了史无前例的快速升迁。乾隆四十年（1775），以乾清门侍卫升为御前侍卫，再升为正蓝旗副都统。乾隆四十一年，又任户部右侍郎，军机大臣，总管内务府大臣。乾隆四十二年，任户部左侍郎，兼署吏部右侍郎，兼步军统领。后来，这位年轻官员的名字成了人们最多提起的乾隆朝大臣——和珅。

不过，总的来说，乾隆四十四年（1779）只是极为普通的一年，并没有什么让后人津津乐道的大事发生。之所以将这一年作为基准，只不过是帝国西部的一个小县——陕西凤翔府岐山县，在这一年重修了县志。

重修方志是件普通的事情，清代是地方志鼎盛的时代，几乎每一年，都会有一些地方重修或者续修方志。地方志，被认为是一个地方的史书。"邑有志，犹国有史"，是各种地方志序言中极为常见的一句话。

在当时，方志的纂修者们有着各种不同的目的和侧重，或者是记录本地数位"贤能官员"的政绩，或者是"忠臣孝子""节烈妇女"的事迹，或者仅仅是出于上级的要求。

不论是出于何种原因，但在客观上，这些方志却为我们绘制了一幅那个时代帝国的素描，纵然只是一隅之地。[①]

　　虽然在这幅图卷上，有些部分未免过于模糊。但即便如此，最终留给我们的这部乾隆四十四年《岐山县志》，仍然保存了大量珍贵的信息——城池与衙署，祠庙与书院，赋税与差役，以及这方土地曾经生活过的人，官吏、士人、富绅、齐民和女性。我们得以将目光拉回过去，浏览一番那个虽不久远却已全然陌生的时代。

---

　　① 据赵逸才、王开泳、华林甫、王甫园《清代县级行政区划调整的时空变动与演化机理》统计，清代乾隆六十年（1795）时，全国共设有1510个县级行政区，其中，县1294个，散州148个，厅68个。载于《地理学报》2022年第12期。

—•第二章•—

空 间

关于岐山县

岐山县位于关中平原西部，隶属陕西凤翔府，以其境内的岐山而得名。在行政区划上，岐山县最早设立于隋代，至唐代贞观年间，县治迁移至今天的凤鸣镇。此后一千三百余年，未再改易。

虽然一千多年的设县历史本身已不算短，但岐山县的声名赖以广泛传播的，却是更为遥远的历史往事。

三千多年前，周人曾长时间生活在豳地。"豳"，读bīn，后来也写作"邠"。豳地一般认为是在今天的陕西彬州市一带。在古公亶父任首领时，周人在豳地屡次遭受"犬戎"的侵袭，他便带领族人迁徙。最终，在一座山旁的原野下安顿下来，开荒种植，修屋造房，直至建立城郭、宗庙、社坛。①

这座山，被称为岐山，这片原野，被称为周原。

《诗经·大雅·绵》中，详细描述了周人迁岐的情形：

绵绵瓜瓞。民之初生，自土沮漆。古公亶父，陶复陶穴，未有家室。

古公亶父，来朝走马。率西水浒，至于岐下。爰及姜女，聿来胥宇。

周原膴膴，堇荼如饴。爰始爰谋，爰契我龟。曰止曰时，筑室于兹。

乃慰乃止，乃左乃右，乃疆乃理，乃宣乃亩。自西徂东，周爰执事。

乃召司空，乃召司徒，俾立室家。其绳则直，缩版以载，作庙翼翼。

捄之陾陾，度之薨薨。筑之登登，削屡冯冯。百堵皆兴，鼛鼓弗胜。

乃立皋门，皋门有伉。乃立应门，应门将将。乃立

冢土，戎丑攸行。

不过，在近一千年后的"亚圣"孟子的口中，这次举族迁徙的原因，乃是由于古公亶父的拱手相让：

> 昔者大王居邠，狄人侵之。事之以皮币，不得免焉；事之以犬马，不得免焉；事之以珠玉，不得免焉。乃属其耆老而告之曰："狄人之所欲者，吾土地也。吾闻之也：君子不以其所以养人者害人。二三子何患乎无君？我将去之。"去邠，逾梁山，邑于岐山之下居焉。邠人曰："仁人也，不可失也。"从之者如归市。①

这里的"大王"，即古公亶父。因古公亶父后来被追封为"周太王"，"大"通"太"。按照孟子的说法，在豳地遭受戎狄侵袭时，古公亶父竟然未组织抵抗。先是以皮币、犬马、珠玉等财物求和，未能如愿，因为戎狄要的是他们所生活的土地。

在看似已经无法妥协的情况下，古公亶父说了无比高尚的一句话，大意是：土地是用来养活人的，今天如果因为土地发生战争，使得人民发生死伤，岂不是土地反而害人了？

---

① 《孟子·梁惠王下》。

这番话一出口，古公亶父的境界一下子就上去了。

古公亶父对众人说："你们不必担心没有君主，我将离开。"而后自己离开豳地，到达岐山之下居住。豳地人说，像古公亶父这样的仁义之人，不能够失去。于是乎，追随他到岐山下的人，多得如同赶市集一般。

这一段记述，大概即后来诸如刘备"携民渡江"一类事件的鼻祖。孟子这段对古公亶父迁岐的描述，后来也被司马迁在写《史记》的时候采用，成了正史的记载。

今天的读者，自然可以对这种近乎不合常理的"高尚"产生怀疑。但在古代，这样明确载入圣贤所撰的"经"和正史中的内容，是不容置疑的，尤其是在正式场合。比如，如果一位考生在科举考试中，胆敢对这样的描述有丝毫非议，不论其论说有多么精密周到，都必然名落孙山。

周人迁徙到岐山后的历史，就比较为人熟知了。古公亶父之后，由儿子季历担任首领，周人部族在岐山下发展壮大，已经到了使商王朝感受到威胁的程度。[①]

季历的儿子昌，则是周文王。一些资料表明，"文王"的称号在他生前已有，并非后人追封。也就是说，就在岐山下的周都，"文王受命"而称王。文王在位时，周人进一步

---

① 晋代出土的文献《竹书纪年》记载"文丁杀季历"。文丁为商王，末代商王帝辛之祖父。见《晋书》卷五十一。

壮大，伐犬戎、密须、崇侯虎。最终，文王之子武王率领各路诸侯联军东进，一举灭商，建立周朝。

周人发展壮大的一个关键阶段，便是在后来又被称为"西岐"的岐山之下。

正因如此，在以周朝礼乐文明为基础的儒家文化中，岐山有着特殊的地位。除了前面引述过的《诗经》和《孟子》之外，《尚书》《易经》《礼记》等典籍中，无不有与岐山密切相关的内容。

陕西巡抚毕沅在为乾隆四十四年（1779）重修的《岐山县志》作序时，写了这样一番话：

> 朅岐山为周室开基之地，关中数千余年声名文物，胥于此肇端。倘因陋就简，任其文献无征，莫之或顾，得非守土者之责欤？
>
> 余奉天子恩命简任封圻，巡抚兹土，七稔于兹。其间望山名水，以及故墟废井，大半经行，而于岐山，尤不惮致意再三。每马迹车尘，经过其下，必恭诣周公祠庙，容与瞻拜，觉当日辟雍钟鼓，流风余韵，犹有存焉。①

---

① 乾隆《岐山县志》毕沅《岐山县志序》，乾隆四十四年刊本，哈佛大学图书馆藏。后同。

乾隆四十四年（1779）岐山县域图

毕沅素有才名，又长期为陕西一方之长，在抚陕期间，曾积极倡导重修方志。以故，清代中期陕西方志的重修，在毕沅任职时期尤为显著。在这之中，毕沅亲自明令重修方志的县域有四个，岐山县便是其一。

他的这篇序文，首句点出岐山为周室开基之地，关中数千余年声教文明与典章制度都由此开端。又由此引出方志对于岐山县有着特别意义，不可轻视。接着，说起自己与岐山的渊源，自己在陕历任多年，走过不少山水，对于岐山，尤其不畏惧再三地致意。

最后，又回忆自己多次经过岐山时，必定恭敬拜谒周公庙，体会西周昔日礼乐文明的流风余韵。

清代的岐山，不过是一个距离帝国权力中心三千里远的西北小县。毕沅这种对于岐山，特别是对于岐山的历史文化的偏爱，显然与其所接受的儒学教育有着密切关系。

县城内外

一

明清时期，岐山县的行政区域呈现南北狭长、东西窄的局面。北部是千山山脉，岐山（又称箭括岭）即为山脉的一部分，南部为秦岭南麓，两山之间的广阔地带为平坦的原野。

关陇大道呈东西向跨越县境，为全县最主要的交通干道。此外，县域南部还有经过斜谷口连接汉中盆地的褒斜道。褒斜道为通达秦岭南北的几条主要道路之一，三国时期，诸葛亮就曾率蜀汉军队经此道北伐，与曹魏军队作战。

隋代设立岐山县后，县治最初设在岐山之南十里处，也即当初周人建立都邑的周原地区。后来几经迁移，最后于唐贞观八年（634），迁移至今址。

这个位置正好处于由西安西去凤翔、陇州的关陇大道上。由县治沿关陇大道向东三十五里接壤扶风县，向西八里接壤府城所在的凤翔县。北边与麟游县接壤，西南与宝鸡县接壤，东南与眉县接壤。

县治，通常也被称作县城。城，即城墙。

中国的城墙建设起源很早。《墨子》有言："城者，所以自守也。"①《孟子》有言："三里之城，七里之郭，环而攻之而不胜。"②可见，春秋战国时，城墙就已经作为防御设施广泛存在。

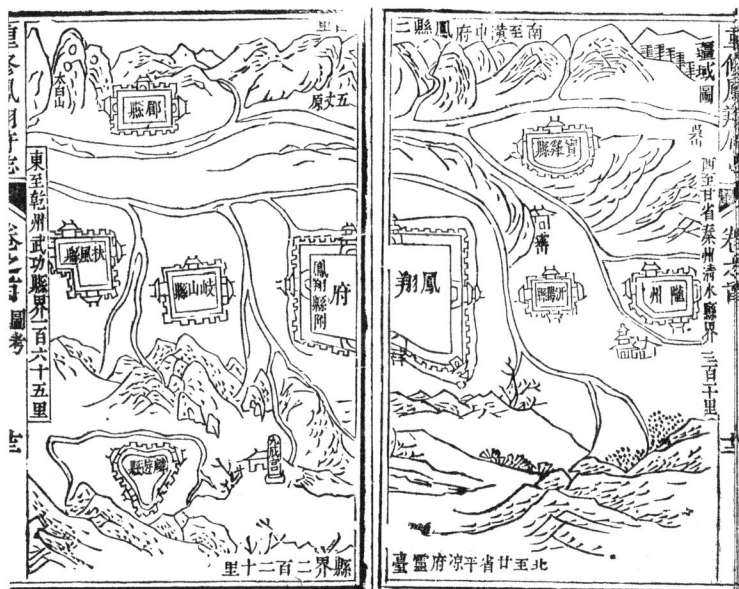

乾隆时期岐山县周边地区

---

① 《墨子·七患》。

② 《孟子·公孙丑下》。

　　近几十年来的考古发掘，更是将中国古代城墙修建的年代大幅提前。位于陕西省神木市的石峁遗址，城址由"皇城台"、内城、外城三部分组成，总面积超过400万平方米。内城、外城均发现有石砌城墙。城址年代为公元前2300年至公元前1800年。[①]

　　年代相近的位于山西省襄汾县的陶寺遗址，中期城址面积280万平方米。其中，东、南、北三面的城墙已经被发现。[②]

　　到明清时期，全国绝大多数的州县治所都已建立城墙。岐山县治最初建设城墙的年代，已经无法考证。目前可知有确切记载的是，元代至元二十五年（1288），曾重修城墙。而后明代景泰年间、嘉靖年间、万历年间，均有重修或增修。清代乾隆十八年（1753），再次重修。

　　乾隆四十四年（1779）时，岐山县城池规模完备。城墙周长共计五里一百二十步，高二丈五尺，厚也是二丈五尺。整体轮廓近似矩形，其中东北角突出四十步，西南角缩入二百余步。城上女墙高五尺，共计设立了一千三百多个垛口。护城河深二丈，宽三丈。

---

　　① 邵晶：《试论石峁城址的年代及修建过程》，《考古与文物》2016年第4期。

　　② 牛世山：《陶寺城址的布局与规划初步研究》，转引自《三代考古》（五），科学出版社2013年版。

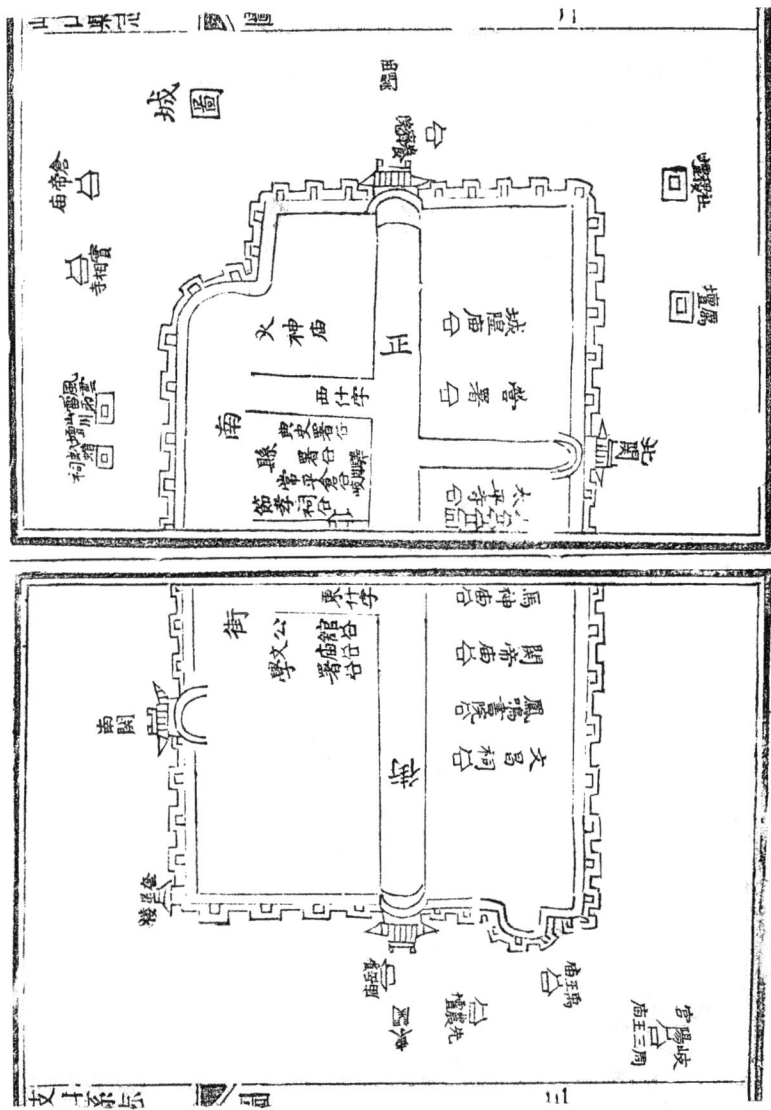

乾隆四十四年（1779）时岐山县城内布局

共设四座城门，东门朝阳门，西门怀邠门，南门阜民门，北门凤鸣门。

城内以东西城门之间的街道为正街，城内各处设施即沿正街设置。正街之南，有两处向南的支路，分别称为东什字与西什字。东什字东侧，依次设立有公馆、文庙和学署。东什字西侧依次为节孝祠、常平仓、岐周驿和岐山县署。县署西侧即为西什字，西什字西侧为火神庙。

需要注意的是，以上设施虽然均位于正街以南，且多在面向正街方向开有北门。但由于中国传统上对于"坐北朝南"的推崇，其中主要建筑的正门却设在南边的非正街处，如县署、文庙、学署均是如此。

正街之北，有一条向北的支路，以连通北门。这条路的西边，是营署和城隍庙。东边则依次是太平寺、马神庙、关帝庙、凤鸣书院和文昌祠。

二

城内规模最大的建筑，无疑是县署，亦即县衙。县署是县一级行政机构驻地，也是封建专政皇权在基层的直接体现。一县的主官及大部分僚佐、吏员均在此办公。在交通技术落后的古代，县衙，也是绝大多数老百姓对于"官府"的唯一认识。

县志中说，县署是"贞观中建"，应该是根据县治迁移所做的推测。不过，目前考古资料可证的是，至少在北宋时期，岐山县署的位置即与乾隆年间相同。

1998年，在岐山县公安局办公大楼的建设工地（为清代岐山县署旧址），曾发现一座北宋铁钱窖藏。共出土北宋仁宗庆历年间至徽宗宣和年间的铁钱1000余斤，其中部分铁钱"字口深峻，轮廓棱角分明，无磨损痕迹"，显示并未流通。此外，还出土两件不同式样的铁制银铤范模。据测算，由两件范模所铸造出的白银分别重651克和325克，分别约合宋制的16.1两和8.1两。[1]

发行钱币，铸造银锭，显然都是官府行为。也就是说，这处窖藏的发现，说明北宋时岐山县署很有可能便位于此处。

作为行政机构所在，县署的建筑结构需要遵从一套完整的礼制。概括而言，县署整体需要坐北朝南，从南往北的中轴线上，依次分布为重要的大门、二门、正堂等核心建筑，东西两侧分布附属设施。

---

① 庞文龙、周灵芝：《岐山县出土北宋铁钱窖藏和小银铤范模》，《中国钱币》2002年第3期。

```
                    ┌─────────────────┐
                    │     凝紫楼       │
                    └─────────────────┘
                  ┌───────────────────┐
                  │      县  宅        │
                  └───────────────────┘
                  ┌───────────────────┐
                  │      二  堂        │
                  └───────────────────┘
                    ┌─────────────────┐
                    │     卷  棚       │
                    └─────────────────┘
  ┌─────┐         ┌───────────────────┐         ┌─────┐
  │ 六  │         │                   │         │ 六  │
  │     │         │      正  堂        │         │     │
  │ 房  │         │                   │         │ 房  │
  └─────┘         └───────────────────┘         └─────┘
  ┌─────┐         ┌───────────────────┐         ┌─────┐
  │ 角门 │         │      仪  门        │         │ 角门 │
  └─────┘         └───────────────────┘         └─────┘
  ┌─────┐                                       ┌─────┐
  │寅宾馆│                                       │土地祠│
  └─────┘                                       └─────┘
                  ┌───────────────────┐
                  │     县署大门       │
                  └───────────────────┘
  ╭─────╮         ┌───────────────────┐         ╭─────╮
  │彰善亭│         │ "西伯旧治"牌坊     │         │申明亭│
  ╰─────╯         └───────────────────┘         ╰─────╯
                  ┌───────────────────┐
                  │     大照壁         │
                  └───────────────────┘
```

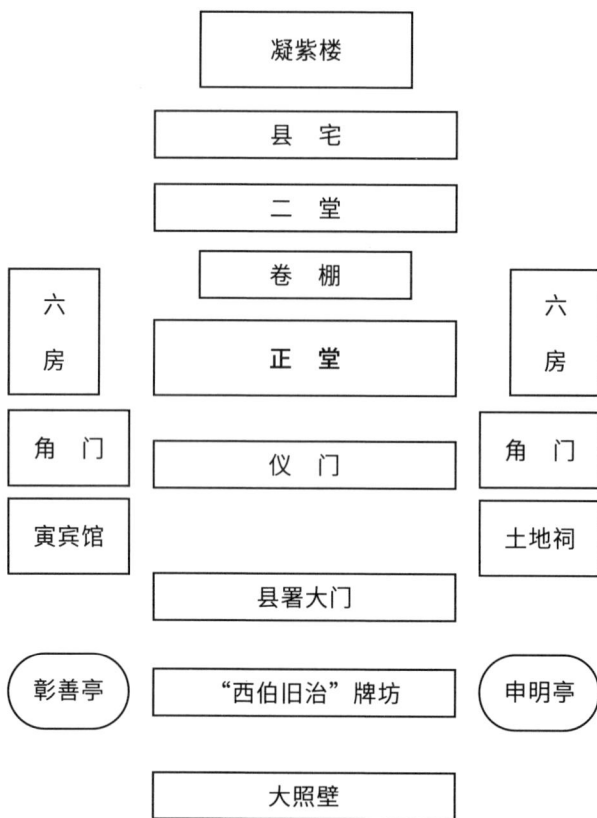

乾隆四十四年（1779）岐山县署布局

岐山县当然也不例外。根据县志记载，县署南侧为牌坊一座，上题"西伯旧治"四字。牌坊东西两侧建有两座亭子，分别为申明亭和彰善亭。县前街南侧建有大照壁，与"西伯旧治"牌坊隔街相对。

牌坊之北，即三开间的县署大门。进入大门向左为寅宾馆，也即客馆，为访客休息之处。向右为土地祠。

继续向内，也即向北，则是仪门三间，东西角门各一间。仪门，即礼仪之门，通常为重要建筑第二重门，只有重要人员可通过正门，其余则只能从两侧角门通过。

穿过仪门，为正堂，也即所谓县衙大堂，为办理公事及审理案件的场所。岐山县正堂三开间，堂前匾额题"敬简"二字。正堂之后，又有卷棚三间。再向北则为二堂，名为"尊美堂"，五开间。再北为知县宅，最北侧为凝紫楼。凝紫楼之北，便是县城正街。

前面介绍的主要为岐山县署中轴线上的建筑情况。在县署正堂两侧，则是县署各附属机构。东侧为礼、户、仓等"房"，西侧则为吏、承发、兵、刑、架阁、工、屯粮等"房"。房，在这里是机构名称。其中礼、户、吏、兵、刑、工六房，因为与朝廷"六部"对应，也常合称为"六房"。

礼房负责儒学、典礼、祭祀，组织童生考试；户房负责一县的人丁户口统计登记，钱粮分派；吏房负责所属吏员升迁调补，登记本县进士、举人、副榜、封爵；兵房负责征集兵丁、马匹、训练兵卒；刑房负责本县刑事案件，管理监狱、禁卒；工房负责本县蚕桑、织造，修建公署、城池、塔庙。

仓房，自户房分出，负责管理常平仓、社仓、义仓等，荒年则赈粜饥荒；承发房，负责往来文移；架阁房，负责档案存储管理；屯粮房，负责钱粮征收、存储。

县署之东，临正街的位置有岐周驿。驿站，为古代传递文书，以及供往来官吏住宿、补给、换马的场所。岐周驿即为岐山县的官方驿站，明代时位于正街之北，明末毁于兵火。

清代顺治十四年（1657），知县王毂将驿站移至正街南的县署东侧。乾隆四十一年（1776），知县平世增续修。岐周驿有马神庙、东西马房、卷棚、戏楼诸设施。其中有马五十四匹，县马五匹，马夫三十名半①。

三

城隍，据说为守护城池之神。岐山城隍庙的始创年代不可考，乾隆间的城隍庙，建于明代初年。

至明代隆庆年间，马彦卿任岐山知县时，岐山城隍庙

---

① 马夫数存在半数，乃是要与每年拨付的工料银数值对应，并非人有半个。

已破败不堪。马彦卿"躬谒尸祝，环视庙貌弗称，喟然感焉"，于是决意重建。

重建工作于隆庆六年（1572）七月开工，至万历二年（1574）五月竣工，历时二十二个月。共建成寝殿五间，正殿五间，侍卫、神厨各十二间，钟鼓楼、乐楼各一座，二门、大门、牌坊共三座。至乾隆四十四年（1779）时，仍基本维持这个规模。

城内还有供奉关羽的关帝庙，位于县北正街。创建无考，嘉靖三十年（1551）、万历十年（1582）、崇祯十一年（1638）均有修缮。至乾隆三十一年（1766），知县孟玫在殿后增建启圣祠。

关帝庙之东为凤鸣书院，关于凤鸣书院的情况，将在后文详细讲述。凤鸣书院之东，则为文昌祠，供奉文昌帝君。明代万历年间，文昌祠有大门、二门各一座，献殿三间，正殿三间。至清代乾隆年间，情况仍当与此相近。

此外，县城内外还有一系列已经为今人陌生的坛庙。其中包括先农坛、社稷坛、风云雷雨山川坛、厉坛和八蜡祠。

先农坛在县城东郭外官道北，有籍田三亩多，祭祀先农炎帝。社稷坛在城外西北隅，占地十一亩多，祭祀社神（土地神）与稷神（五谷神）。两者均为传统农业社会的根本，故有"江山社稷"之称。

风云雷电山川坛在南城外，占地十亩多，主祭天地，从祭日月星辰、风云、雷电、山川诸神。厉坛在社稷坛东百步，占地三亩多，祭祀无祀之鬼。

八蜡祠在山川坛左侧，祭祀与农业生产密切相关的八位神灵的祠庙。八位神灵分别是：一为先啬，即神农；二为司啬，即后稷，为舜的农官；三为农，即古之田畯，分管农业生产的官员；四为邮表畷，邮为田间庐舍，表为田间道路，畷是田土疆界相连缀；五为猫虎；六为坊，即堤防；七为水庸，即水沟；八为昆虫，即蝗螟之类。

可以发现，除厉坛之外，其余坛庙均与农业生产有着密切的关系。在传统农业社会中，人们的衣食均来自土地的产出，故而无不期望风调雨顺，灾害不生，五谷丰登。

这既是平头百姓赖以生存的根本，也是统治者安享富贵的基础。彼时的人们既缺乏对自然环境的科学认识，又因为生产力低下，应对灾害能力差，也就只能更多地把希望寄托于诸位神祇的庇佑。

文　庙

一

《左传》载："国之大事，在祀与戎。"国家的大事，是祭祀与战争。就县域而言，祭祀同样意义重大。在诸祠庙之中，居首位的无疑是文庙。

文庙，也叫孔庙，即供奉"圣人"孔子的祠庙。自西汉时期，官方确立儒家学派为正统思想以后，孔子便在中国具有了无与伦比的崇高地位。

由孔子整理或撰写的五部著作《诗经》《尚书》《仪礼》《易经》《春秋》，被视作最为重要的典籍，合称为"五经"。到了唐代，记录孔子及弟子的语录作品《论语》，也被尊为经书。自科举制度创立以来，儒家典籍始终是考试的主要内容。

孔子被后世的历朝历代追封过多个谥号，唐代开元年间封为"文宣王"，北宋大中祥符年间封为"至圣文宣王"，元代大德年间封为"大成至圣文宣王"。

明代嘉靖年间，朝廷认为封王并不恰当，改称孔子"至圣先师"。清代沿袭，至乾隆年间时，仍称"至圣先师"。封号虽有改易，但对孔子的尊崇，却从来没有丝毫的动摇。

岐山县文庙的最初创建，已经无法确切了解。目前可知的最早的记录，是元代曾重建。元泰定四年（1327），文礼恺作《重建庙学记》一文，详细记述了元代岐山县文庙的重建过程：

　　岐山乃是凤翔府的名县，文庙与学署在金代末期彻底毁灭，已经无法知道确切的位置。元代至元二十八年

（1291），凤翔府的士人赵逢吉在灌木草丛之中发现了一只石龟，只存碑座，碑身已经丢失。于是便清理了附近的杂草，发现此处前后左右的建筑遗址，依然可以大概看出。这里又正好位于县治的"巽位"。①

记文中说岐山文庙"金季荡尽"，是指蒙古与金的战争。在金代末期，蒙、金之间为了争夺凤翔府一带，曾发生过数次激烈的战争。战火的摧残，再加上蒙古军在攻克城池后残忍的政策，使得岐山文庙彻底毁灭。

所谓石龟，即以石质雕刻的赑屃，赑屃相传为龙之子，外形似龟，善驮运重物。故而，古时常将石碑的底座雕刻为赑屃形状。

所谓"巽"，为八卦之一，指东南方。根据中国传统的说法，"巽"主文运，所以文庙通常建立在县治的东南方。

发现石龟碑座，又发现殿堂遗址，再加上位置正好处在"巽"位。种种迹象表明，这里即金代岐山文庙的所在地。

于是，赵逢吉向官员报告发现，建议就地重建。官

---

① 原文见乾隆《岐山县志》卷三《祠祀》"文庙"条所录文礼恺《重建庙学记》：岐山为凤翔名县，庙学金季荡尽，莫详其所。至元辛卯，郡士赵逢吉于榛丛草莽之间，获石龟，盖碑已逸而存趺焉。因剃其荒芜，则前后左右殿堂门庑之迹，犹可仿佛。又其地在县治之巽。

员也认为这个建议妥当。赵逢吉连同岐山县尹张荡古、千夫长张玺等共同谋划，首先重建了正殿，制作了孔子及兖国公颜回和邹国公孟轲的塑像。并在左右绘制了孔子十位杰出弟子即"十哲"的画像。

元延祐六年（1319），亦即二十八年之后，继任的县尹郑火力觯（音dǎi）和主簿齐绍等人，又续建了两庑、讲堂及厨房等共四十间房。

三年后，即至治二年（1322），颜英继任县尹，又与主簿刘庭等，绘制了从祀的七十二位弟子以至历代名儒。不久，发起重建文庙的赵逢吉过世。

元泰定四年，担任县长官的黑的儿、县尹陈安义、主簿侯安道又重加修葺，岐山文庙方得完善。①

所谓"十哲"，分别为闵损（子骞）、冉耕（伯牛）、冉雍（仲弓）、冉求（子有）、端木赐（子贡）、仲由（子路）、宰予（子我）、言偃（子游）、卜商（子夏）和颛孙

---

① 原文见乾隆《岐山县志》卷三《祠祀》"文庙"条所录文礼恺《重建庙学记》：文明所征，丞陈于有司，有司直其说界之。会县君张荡古，爰暨千夫长张玺等，相与叶规同力，构正殿，并像宣圣、兖、邹二国公位，绘左右十哲。延祐己未，后尹郑火力觯、主簿齐绍等，续建两庑、讲堂、庑屋四十楹。至治壬戌，颜英继尹，复与主簿刘庭等，续从祀七十二弟子，泊历代名儒。未几，逢吉卒。今县长黑的儿、尹陈安义、主簿侯安道等重嗣葺之，始克完绪。

师（子张）。

从文礼恺的记文可知，经过长达三十六年的时间，前后共历四轮建设，岐山县文庙的重建工作才终于完成。如此之难，一方面固然说明了元代时关中县域财力、物力的艰难，一方面也说明了文庙建筑的等级之高、规模之大。

明代时，文庙得到了持续的修缮维护。从明初洪武年间，至明代后期万历年间，有明确记载的修缮记录即有六次。

二

经历明代末期乱世以及清初的社会凋敝后，岐山文庙再度呈现了衰败的局面。

康熙十八年（1679），新任岐山知县的茹仪凤，这样描述他所看到的岐山文庙：

康熙十八年冬天，我继任岐山县知县。清晨至文庙拜谒，只见正殿五开间，坐落在茂盛的杂草中，而且已经有些坍塌，其余附属建筑更是不堪。计划谋划更新，却因为边疆战事未完，百姓忙着后勤转运，无法顾及。[1]

六年之后，康熙二十四年（1685），茹仪凤方才得以修缮文庙。之后，随着经济社会的全面发展，文庙的修缮频次逐渐提升。至乾隆四十四年（1779）时，仅乾隆一朝的修缮即有四次。其中最后一次，即是由组织重修县志的知县郭履恒实施。

与县署相同，岐山县文庙也是坐北朝南。最南侧为棂星门三间，棂星门也是绝大多数文庙中轴线上最外侧建筑，通常为牌坊式建筑。次为戟门三间。再向内，即文庙的主体建筑大成殿，也即通常所说的正殿。

乾隆四十四年的大成殿，仍为当初元代至元年间所创修五开间殿宇，至此时已经历四百七十余年。其间虽曾因王朝鼎革而颓败，但主体依然完好。

大成殿两侧为东、西两庑，各有七间房。大成殿之后，为崇圣祠三间，祀孔子之父叔梁纥。崇圣祠两侧则是分列东西的名宦祠和乡贤祠，两祠均为三开间。

名宦祠中供奉曾在本地有过德政的官员。乡贤祠则供奉

---

① 原文见乾隆《岐山县志》卷三《祠祀》"文庙"条所录茹仪凤《重修文庙记》：余自十八年冬，受篆岐下。诘朝谒文庙，其殿五楹，仅存茂草中，已半圮，而余不可问。将谋更筑，以疆事未靖，民方迫于转输，弗遑也。

本地学问人品为人推重的人士。通常，名宦祠与乡贤祠所供奉的人员，均须依照一定的程序呈请，获得许可后方能正式入祀。

依照县志记录，乾隆四十四年时，名宦祠中共供奉二十人。由于岐山是周朝肇基之地，岐山名宦祠中供奉了周太公（即周太王）和一众周初臣子，诸如毕公、荣公、太颠、闳夭、散宜生、南宫适等。

乡贤祠中则供奉十四人，分别为：周代伯邑考、康叔、虢叔，唐代李淳风、刘感，明代李俊、徐衡、杨恭、杨楠、杨绍程、曹希夔、梁渭、李苾和李茂林。

文庙之西，为学署，也称学宫、泮宫。明清以来，地方的文庙与学署总是比邻而居，在不那么严格的语境之下，二者也可以视为一体。学署的重建与修缮，也往往与文庙共同开展。

学署的最外侧为大门，入门向北则为泮池。所谓泮池，通常为一个半圆形的水池，取"半天子之学"的意思[①]。泮池之北，为仪门三间。再往北，即为学署的主体建筑明伦堂。

明伦堂为学署正堂，是一县名义上最正式的讲学的场

---

① 欧阳询：《艺文类聚》卷三十八《礼部上·辟雍》，转引自刘向《五经通义》，上海古籍出版社1982年版。

所。明伦，即为"明人伦"的意思①。明伦堂后为敬一亭。敬一亭后，为两位儒学官的宅邸，教谕宅和训导宅。

文庙的地位，居县域各祠庙之首，每年官方都会在春秋举办两次庄严的祭祀。祭祀所用器物，乾隆《岐山县志》并未详载，但在之前的万历《岐山县志》中曾详细罗列：

> 大铁香炉一、铜香炉一、方铁香炉一、黄绫幔四幅、红绢幔四幅、锡爵一十八个、铜爵□个、铜锅八口、绿瓦祭器、瓷爵一百二十、登六、铏二十八、笾一百、豆一百、簠二十九、簋二十九、酒樽六、酒勺六、烛台四十、篚十、毛血盘十、香炉十、盥盆十。②

文庙祭器的种类、数量如此之多，祭祀仪式的复杂程度可以想见。当然，万历年间这套祭器未必能完整传承至乾隆年间，但文庙祭祀的程序却是有一贯性的。

文庙以及其中的名宦祠、乡贤祠，为供奉场所，主要在祭祀仪式时使用。学署则是教授生员的场所，本地童生的入学与在学，同样有一套规范的程序。这一点，将在后文讲述。

---

① 《孟子·滕文公上》：夏曰校，殷曰序，周曰庠；学则三代共之，皆所以明人伦也，人伦明于上，小民亲于下。

② 万历《岐山县志》卷三《祠祀第五》，国家图书馆藏。

周公庙

一

前述城隍庙、文庙诸祠庙，均是明清时期县域之内的典型祠庙，几乎各县无不有之。不过，岐山县还有一处较为特殊的祠庙，不仅规模较大，等级较高，也为大多数地方所无，这便是周公庙。

周公，姬姓，名旦。是周文王之子，周武王之弟。周灭商前后，周公积极辅佐了兄长周武王。

武王在灭商后不久过世，即位的成王年幼，而此时天下初定，各种不稳定的因素依然存在，周公于是摄政。

而后管叔、蔡叔、武庚等率众反叛，周公举兵东征。周公不仅平定叛乱，又营建了洛邑，使得东方疆域真正得到巩固；摄政七年后，成王成年，随即归政成王，归于臣位。周公以其卓越的功勋和高尚的品格为后世所崇敬。

岐山县周公庙位于县治西北方向十五里，始建年代未有明确。不过，至晚在唐代时即已建成。庙中存有唐大中年间碑刻，记周公庙中泉水涌出，唐宣宗赐名"润德泉"之事。

北宋元祐年间，任提点秦凤路刑狱的游师雄对周公庙进行了大规模扩建。凤翔府学教授王严作《重修周公庙赋并序》记其事：

　　北宋元祐元年三月，宋哲宗即位，大赦天下，以求万象更新。下发到各郡县的诏书中说："前代圣明帝王、忠诚贤能明哲义之人，有大功劳利及万物，列入祀典之中，他们的陵墓、祠庙有废弃残缺不完善者，都要修葺营建。这是为了竭尽虔诚之心，以安妥神灵于天地之间，稽考古训，使风俗忠厚质朴。"用意非常好。在当时，相关官员的确有所增补建置，然而规模狭小简陋，完成得草率马虎，不足以承担朝廷尊崇先代圣贤的用意。现在的陕西转运使游大人，元祐六年时巡按关中西部，命令官吏，拨付费用，大规模营建了共一百一十间房屋。又借着泉水，导引为溪流，蓄积为池塘，种植出园林，培筑出亭榭。密布呈列，堆积如在图画中，使人喜欢游览尽情观看。①

----

　　① 原文见乾隆《岐山县志》卷八《杂记》所录王严《重修周公庙赋并序》：元祐元年春三月，皇帝嗣位，肆大眚以新天下。诏书之下郡县者，有曰："前世圣帝明王，忠贤哲义，有大功利及物，列于祀典，其陵寝庙貌废缺不完者，悉令葺治。所以竭虔妥灵，格于上下，稽若古训，敦厚风俗。"其意甚美。当是之时，有司固当增置，然制度狭陋，草率苟完，不足以奉承朝廷尊大先古圣贤之意。今陕西转运使游公，元祐六年按行西路，饬官吏，畀财用，大为营建，凡一百一十间。又因其泉流，导之者为畎浍，潴之者为池沼，植之者为园林，培之者为亭榭。森布概列，落落如画图间，使人喜游而肆观焉。

北宋元祐六年（1091）对周公庙的扩建，规模空前，建设房屋体量达一百一十间。可惜的是，与文庙一样，周公庙没能躲过蒙金战争的战火摧残。到元代初年时，周公庙已经是"颓垣废址……片甓寸木，扫地无遗"的情景。

元代至元二十七年（1290），在陕西行省左丞汪惟正、其弟陕西行省平章汪惟贤等支持下，长春宫提点方志正组织重建周公庙。此次重建，共建成"文宪王正寝，圣母、太公二殿，凡一十三楹。官厅精舍，坛室泉亭，计百余础。"①

此后，周公庙即在这个基础上不断修缮。明洪武四年（1371），官员王祎奉命出使吐蕃，途经岐山周公庙时，曾前往拜谒。王祎在《谒周公庙记》一文中说："元末天下乱，儒者皆解散，书院毁于兵，庙幸独存。"可见，元代所重建的周公庙主体建筑躲过元末战火，至明初时仍存。

而后，对于周公庙的修缮记录，几乎贯穿了有明一代。到了清代，顺治年间、康熙年间和乾隆年间，亦有重修记录。

乾隆四十四年（1779）的周公庙的基本格局是，由南至北，先是大门，再是仪门，而后至周公正殿。据顺治《岐

---

① 关于元代周公庙重建情况，见王祎所撰《重建周公庙记》，碑存岐山县周公庙。

山县志》记载，周公正殿为七开间的大体量建筑，乾隆年间的规制当与此相同。周公正殿两侧，则是配祀的召公殿与太公殿，均为三间。

除了这三座殿宇之外，周公庙建筑群还有位于后山的姜嫄祠与后稷祠。后稷为周人始祖，据说后稷善稼穑，被尊为农神。姜嫄，则为后稷之母。

二

元代之前的岐山周公庙的祭祀情况，缺乏明确的文献资料。元代畅师文曾作《复祀周公庙记》，文中说：

> 凤翔府岐山县有古庙叫作文宪宫。每年岐山百姓举行祭祀，并不合乎礼仪规制。南阳人刘好古，最初任靖安县丞，经过十一次迁转，担任凤翔府判官。
>
> 他说："我认为古时贤圣臣子为民之长的办法，便是忠于君子，民众怎么可以不知道他是怎么来的？何况岐山是周公所出生的地方，岐山民众思念他而未有懈怠。我在此地任官，却未经常祭祀以宣扬王朝。对于周公祭祀这样的大事，可谓有亏职守，怎么能逃脱罪责呢？"
>
> 刘好古在凤翔府判官任满之后获任为忠州知州，

并未赴任，而是上条陈谏言，周公的功德依法应在陕西祭祀。行省大臣将他的意见上书朝廷，下发礼部讨论得允，确定每年春秋两个仲月，择日由地方官恭敬祭祀周公，礼节与祭祀孔子一样。①

此文作于元代皇庆二年（1313），既然此次确定由地方官祭祀周公，是"复祀"，那么在此之前，周公庙当已列入过祀典，只是由于战乱和朝代鼎革而荒废了。

这次将周公庙列入祀典之后，应当持续祭祀了相当一段时间。《元史》有"周公庙"条专记其事：

> 周公庙在凤翔府岐山之阳。天历二年六月，以岐阳庙为岐阳书院，设学官，春秋释奠周文宪王如孔子庙仪。凡有司致祭先代圣君名臣，皆有牲无乐。

---

① 原文见万历《岐山县志》卷五《艺文志·碑记二》所录畅师文《复祀周公庙记》：凤翔府岐山县，故有遗庙曰文宪官。岁时岐氓致祭，弗仪弗经。南阳刘好古，縣初命靖安县丞，凡十一转官而判是府。曰："予惟古圣臣长民之法，以忠君子，民宁可不知其所自？矧岐，周公所生，为岐民犹思弗息。予实官于斯，而乃弗勤牺牲，以扬言王朝。公祀大圣，为旷昧乃职，于焉逃愆？"满秩除知忠州，弗任，而且条周公所以为功若德，于法应祀义声之陕西。省臣以由入请，既下春官议可，仍定以每岁春秋二仲月，择日以守土臣恭行释奠，如祀孔子礼祀之。

明代建立后，并未立即恢复官方祭祀。一直到成化十九年（1483），陕西巡抚阮勤上书，奏请将咸阳周公墓、岐山周公庙、沔县武侯祠墓、延安庆阳范仲淹祠等一众先贤祠庙陵墓列入祀典。

奏章上书之后，皇帝令诸臣商议，皆认为应当祭祀，于是令礼部列入祀典。规定周公祭文由翰林撰写，地方官春秋致祭，祭品须丰盛。①

---

① 《明宪宗实录》卷之二百三十九：成化十九年四月乙巳，巡抚陕西都御史阮勤奏："岐山县有周公庙，咸阳县有周公墓；沔县有汉诸葛亮，凤翔府有宋范仲淹，蓝田县有吕大忠、大临、大钧祠，俱ىٰ久颓圮，乞修治并赐祭。"上曰："朕考《祭法》，凡法施于民，以劳定国者则祀之。矧周公制礼作乐，通行万世，诸葛亮兴复汉室，范仲淹经略西夏，皆有功当时。而吕氏兄弟得伊洛之传，又于名教有补者。祠墓弗修，祀礼废坠，岂祭法崇德报功之谓哉？其令有司各务修治。于周公庙岁春秋二祭，墓以二丁守视。亮、仲淹及吕氏兄弟俱岁一祀之。庶称朕褒表先圣先贤之意。"

另，岐山县周公庙现存阮勤奏疏碑，万历《岐山县志》卷五《艺文志·碑记二》亦收录。碑末云：章上，上是之。下其议，一时在庭诸大臣佥曰："然。"上遂命祠部增诸祀典，厥礼有差。若周公则翰林制文，有司岁春秋致祭，品物惟丰。庙则嘉修之，墓则夫守之。若诸葛、范、吕、吕弟诸公，亦各修其祠墓，岁致祭祀，诚盛典也。吉忝官是邦，幸睹斯盛。惧其久而或湮没也，且勒之石，以诒来者，知所自云。

三

清代建立后，沿袭了明代以来的春秋祭祀。其中，春祭又逐渐发展为包含民间商业集市的庙会。

浙江钱塘人王嗣槐，曾为康熙年间岐山知县郑耀然的幕僚，在其诗文集《桂山堂文选》中，记载了游历周公庙的见闻。其中，他在《游周公庙记》中说道：

> 岐人相传公以三月十五日诞生，倾城士女，羔羊春酒，祝公如生时。商贾辇方物，列场于树下。铙鼓喧阗，昼夜不绝。[1]

在《重建周公庙序》中，也有相近的记述：

> 岐民之祀公，岁时必有献，水旱必有祷。三月之望，公诞生之辰，无少长男女，盂酒豚蹄，拜舞祠下。四方商贾，辇珍货以从之，因以为市。[2]

---

[1]　王嗣槐：《桂山堂文选》卷六《游周公庙记》，清代康熙刊本。后同。

[2]　王嗣槐：《桂山堂文选》卷一《重建周公庙序》。

到乾隆年间时，岐山经济社会较之康熙中期，又有了相当大的恢复和发展，周公庙会的规模自然就愈发盛大。

武侯祠

一

在岐山县城南五十里，有座武侯祠，祠位于一座叫作五丈原的黄土台塬上。武侯，即指三国时期蜀汉政权丞相诸葛亮。出于对诸葛亮的尊崇，建祠祭祀的地方并不少，但岐山县五丈原武侯祠，却有着相当独特的意义。这一切，还得从三国时期，诸葛亮率蜀军第五次北伐说起。

《三国志》记载：

建兴十二年（234）春，诸葛亮率蜀汉军发起第五次北伐。此次选择由斜谷出秦岭，以流马转运军需，占据了武功县五丈原，与曹魏统帅司马懿对峙于渭河之南。

诸葛亮总是担心军粮供应不及，使自己一统中原的志向不能实现，于是分兵屯田，以作为长期驻扎的基础。屯田士兵混杂在渭水边居民当中，百姓生活安定，军卒不谋私利。①

斜谷，即褒斜道北段，谷中有斜水北流入渭。斜水今谓石头河，河出斜谷后，西侧即五丈原。石头河北段、五丈原今属岐山县，向东不远处属眉县，而两汉、三国时期，此地为武功县辖区。

诸葛亮出斜谷后，安排屯田，并不急于与魏军作战。然而，这种看似稳扎稳打、步步紧逼的稳健策略中，却蕴含着危机。裴松之在《诸葛亮传》注文中，引述了这么一段诸葛亮治理蜀军的细节：

> 《魏氏春秋》记载，诸葛亮使者至，司马懿问诸葛亮的休息、饮食以及忙碌情况，并不问治军。使者回答："诸葛公早起晚睡，军中凡是处罚二十以上的事情，都亲自处理；至于饮食，不过数升而已。"司马懿

---

① 原文见《三国志》卷三十五《蜀书·诸葛亮传》：（建兴）十二年春，亮悉大众由斜谷出，以流马运，据武功五丈原，与司马宣王对于渭南。亮每患粮不继，使己志不申，是以分兵屯田，为久驻之基。耕者杂于渭滨居民之间，而百姓安堵，军无私焉。

说："诸葛亮将要死了。"①

《魏氏春秋》是专注曹魏史事的著作，所用文献或多来自曹魏官方体系，故可能有一定立场倾向。不过，当时诸葛亮食少事烦，恐怕是相当可信的。

而接下来，诸葛亮果然迎来了生命的终点。《三国志·诸葛亮传》载："相持百余日。其年八月，亮疾病，卒于军，时年五十四。"

诸葛亮逝世时，据说曾天降异象。裴松之在注文中引述了这样一条史料：

> 《晋阳秋》记载：当时天空中有颗散发着红色光芒的流星，自东北方向西南方滑落，落在诸葛亮军营，后又返回空中，落的时候大，返回的时候小，如此三回。不久，诸葛亮逝世。②

---

① 原文见《三国志》卷三十五《蜀书·诸葛亮传》裴松之注：《魏氏春秋》曰：亮使至，问其寝食及其事之繁简，不问戎事。使对曰："诸葛公夙兴夜寐，罚二十以上，皆亲揽焉；所啖食不至数升。"宣王曰："亮将死矣。"

② 原文见《三国志》卷三十五《蜀书·诸葛亮传》裴松之注：《晋阳秋》曰：有星赤而芒角，自东北西南流，投于亮营，三投再还，往大还小。俄而亮卒。

五丈原作为诸葛亮最后一战的地方，可谓一生事业的终点。相对于其他地方，凭吊者们往往在这里有着强烈的惋惜和悲怆之情。

北宋嘉祐八年（1063），二十七岁的苏轼正在凤翔府通判任上。这年夏天，此地久旱不雨，苏轼前往太白山祷雨。途中路过五丈原，作了这样一首诗：

南望斜峪口，三山如犬牙。西观五丈原，郁曲若长蛇。

缅怀诸葛公，万骑出汉巴。吏士寂如水，萧萧闻马挝。

公才与曹丕，岂止十倍加？顾瞻三辅间，势若风卷沙。

一朝长星坠，竟使蜀妇髽。山僧岂知此，一室老烟霞。

往事逐云散，故山依渭斜。客来空吊古，清泪落悲笳。①

---

① 《东坡集》卷一，南宋年间杭州刊本，日本公文书馆藏。

二

关于岐山县武侯祠的创建时间，很难从文献当中找到可靠信息。明景泰《寰宇通志》卷九十四《凤翔府·祠庙》载：

> 诸葛亮祠，在岐山县南五丈原。元建。亮，蜀汉丞相。

天顺《大明一统志》卷三十《凤翔府·祠庙》所记相同。

万历《岐山县志》卷三《祠祀》载：

> 诸葛忠武侯庙，在县南五十里五丈原上，即屯兵处。元至元初建。廉访司副使郭思恭有记。

乍看起来，似乎元代创建，已经可以论定。不过，对此却很容易在文献当中找到反证。金代诗人郝居中曾作《题五丈原武侯庙》一首：

> 筹笔无功事可哀，长星飞堕蜀山摧。

　　三分岂是平生志，十倍宁论盖世才。

　　坏壁丹青仍白羽，断碑文字只苍苔。

　　夜深老木风声恶，尚想褒斜万马来。①

　　郝居中为金代诗人郝俣之子，元好问《中州集》中，于郝俣传内，亦附有郝居中的若干信息：

　　郝俣，字子玉，太原人，正隆二年（1157）进士。仕至河东北路转运使。子居简，字仲宽，进士不第，有诗名太原、平阳间。居中，字仲纯，枢密院令史出身，尝刺坊州。人物楚楚，所谓文献不足，犹超人群者也。正大末，除凤翔治中南山安抚使。诗亦有功。

　　由此可知，郝居中曾于金哀宗正大（1224—1232）末期，在凤翔任职。那么，他游历府内所属之五丈原，显然也在情理之中。

　　诗中谓"坏壁丹青仍白羽，断碑文字只苍苔"，说明在金代，五丈原武侯庙已经是一副墙壁圮坏、青苔覆盖断碑的沧桑景象。如此，五丈原武侯祠又怎么可能是元代才创建的呢？

---

　　① 元好问：《中州集》卷二，明汲古阁刊本，日本公文书馆藏。

前引万历《岐山县志》中，提到的元代廉访司副使郭思恭所作的记文，更是曾说："庙自汉至今，千有余岁"，一下子把祠庙创建时间，提前至蜀汉之时。当然，这有可能只是出于作者的推测。

岐山县五丈原武侯祠由来已久，但规模一直较小。万历《岐山县志》记载："内正殿三间，中塑侯像，左右塑姜维、魏延像。东西房各三间，大门一间。"后来，虽曾于明嘉靖三十七年（1558）、清乾隆四十年（1775）重修，但整体格局变化不大。

一直到嘉庆初年，五丈原上出现了一次武侯"显圣"，庇佑了一方之民后，武侯祠才迎来大规模整修、扩建，并由此香火旺盛，一直持续至今。

三

关于此次五丈原"神异"及重修武侯祠庙的经过，时任岐山县知县的杜垲作有记文详述：

> 到乾隆六十年（1795），我就任岐山知县，因为武侯庙远在渭河之南，距离县城有五十里远，职事繁忙，当时没有能够立即至庙拜谒。等到第二年春祭时，得以亲自主持祭祀事宜。看到祠殿不过三间，外面只有

一个小墙门，四周的围墙虽然宽阔却已坍塌过半。

围墙之内都是空地，连一间空屋都没有，也没有一个人看守香火。我目睹此种情形，感触不已，多次计划修葺，但因屡次奉命办差，没能够顾得上。

嘉庆二年（1797）十二月，方才从汉中回到岐山任上。三年二月，四川、湖北的白莲教匪徒扰害到岐山县南部山区，从桃川地区奔出斜峪关，居然有向北攻打县城的架势。这个时候，桃川一带已经遭到毒害，而渭河南北的民众惊恐，纷纷逃窜，号哭声震天响，流浪离散的民众遍地皆是。

即使我杜墰在这个时候，急忙训练兵勇守卫城垣，也不免仓皇失措，正不知该如何是好。而就在这天晚上，逃难的居民和白莲教贼众营中，都看到五丈原上出现了万盏红灯往来移动，整夜没有消失。白莲教贼匪怀疑是官兵，于是从眉县、周至县向东去，一路上烧杀，惨不可言。五丈原以北地区居然获得安全，人们都归功于武侯神显灵。①

---

① 原文见《重修五丈原武侯祠碑》：至乾隆乙卯岁，墰始承乏岐下，以庙在渭河之南，距城五十里，吏事倥偬，当时未即能诣庙拜谒。嗣于次年春祭时，得亲祀事。见殿宇仅止三楹，外惟一小墙门，四面围墙虽尚宽阔而半已颓塌。墙内皆空地，并无一椽闲屋，亦竟无一人看守香火者。墰睹此情形，恻然心动，亟图有以修葺之，以屡奉简书驰驱奔走，未遑也。嘉庆二年

　　白莲教贼匪离开几天后，我到庙拜谢神灵。又看到这时围墙已经全部坍塌，武侯祠正殿两边也因为长期被风雨侵蚀，墙壁剥落过半。如果再不修理，恐怕有脊檩折断、椽子崩塌的危险。于是首先筑造四周墙垣，继而谋划修缮正殿两壁。

　　正好凤翔府知府崇大人因公事经过，听闻五丈原上"神灯"之事，也拜谒祠庙叩谢神灵，看到庙里殿宇破旧的样子，便倡导捐献钱财以助修缮。凤翔县知县邓裕昌以及幕僚王澧，同样追随助力。

　　于是就在次年五月，召集工匠，准备材料，修茸了正殿，改建了大门，添建了拜殿。又在殿旁另外建造了三间厢房，作为看守香火者的住所。并置办土地二十四亩，作为守庙者的口粮。又另置办土地六亩，作为每年修缮庙宇的费用。在夏季五月开工，至冬季腊月

十二月，始从汉南回岐任。三年二月，川楚教匪扰及岐邑南山，遂从桃川逸出斜峪关，竟有北向攻城之势。当是时，桃川一带已遭惨毒，而渭河南北民人惊恐，逃窜纷纷，号哭震天，流离遍地。即埒于此时，急练丁勇守陴登城，亦不免仓皇失措，正不知计将安出也。而是夜，逃难居民及贼营中，皆见五丈原上有万盏红灯往来，竟夜不绝。贼匪疑为官兵，遂从郿、盩东奔，一路焚杀，惨不可言。而五丈原以北竟获安全，人咸神之。（杜墝撰文，张廷楷书丹。碑存岐山县五丈原诸葛亮庙。后同。）

竣工。①

此后，附近居民为了报答武侯的"神灵庇佑"，遂于每年春二月，集资举办庙会。

道光九年（1829），五丈原武侯祠再一次迎来重修。修缮完毕，由时任凤翔知府程梀采作文记述，文中再次提及了三十多年前的那次武侯"显圣"：

> 早先，白莲教众煽乱祸害，由四川、湖北窜入终南山，贼众从桃川逃跑至斜谷。岐山南部戒严，知县谋划训练壮丁守城。第二天清晨，侦查贼匪动向，探查回报："已经逃走了。听逃难居民聚集议论，说是前天晚上，看到五丈原上有万点火光，疑心可能是官兵埋伏，贼众于是逃离。"

> 人们认为此次万点火光为武侯神异，为他增修庙宇，

---

① 原文见《重修五丈原武侯祠碑》：贼去数日，跫诣庙叩谢神灵。又见其时围墙尽已坍塌，正殿两壁亦久为风雨所浸，具已剥落过半。若再不加修理，将发发乎有栋折榱崩之虑也。爰为先筑墙垣，继图修整正殿两壁。适凤翔崇郡伯因公过此，闻神灯事，亦谒庙叩谢，见殿宇倾圮状，即首倡捐金助成其事。而凤翔明府邓公裕昌，及署友王湘汀先生澧，亦步后尘。乃即于次年五月，鸠工庀材，修葺正殿，改设大门，添建拜殿。又于殿旁另造厢屋三间，以为奉守香火者栖止之所。并为置地二十四亩，以资口食。又另置地六亩，为每年殿宇岁修之费。兴工于夏五，告成于冬腊。

距离如今已经三十余年了。岐山民众思念武侯庇佑，以
每年仲春月，集资举办庙会，用来报答武侯神灵护佑。①

时至今日，两百多年后，五丈原武侯祠依然于每年农历
二月举办庙会。每逢会期，四面八方数十里，乃至上百里的
民众纷至沓来，热闹非常，武侯祠也就迎来了每年香火最为
旺盛的时期。

四

这里存在一个问题，促成五丈原庙会由来的事件，即嘉
庆三年（1798）二月间，所谓五丈原上武侯显圣的"万盏红
灯"，究竟是怎么回事？

以前引两方碑记来看，首先，当时白莲教众出斜谷，岐山
县知县杜堮是"不知计将安出""仓皇失措"的状态，那么他
肯定没有在五丈原部署官兵，也未听闻五丈原上有官兵部署。

---

① 原文见《增修五丈原武侯庙碑》：先是，莲妖煽祸，由川楚窜终
南，贼从桃川逸走斜谷。岐南戒严，宰谋练健丁为守御计。诘旦，侦贼，谍
告曰："遁矣。闻难民聚语，是夜，见五丈原火光万点，或疑为官兵掩执，
贼遂奔窜。"人以是神武侯，为增庙宇，距今又三十余载矣。邑之民思其覆
庇，借岁春仲，酿钱为会，报答神庥。（程梀采撰文，阮承瑞书丹。碑存岐
山县五丈原诸葛亮庙。）

其次，随后一段时间，凤翔知府崇大人途经五丈原，听闻红灯"神异"后，反应是"谒庙叩谢"。这说明，凤翔知府也未听闻当晚有哪部官兵部署在五丈原。

再次，三十余年后，凤翔知府程梀采作文追忆此事时，仍然归之于武侯"神麻"。可见，在事发当晚，的确没有官兵或者地方团练武装部署在五丈原。

事件发生在二月份，北方的二月夜间，天气还颇有些"春寒料峭"，也不可能是通常出现在夏季的"磷火"或者萤火虫。事实上，即便是夏季，这两者也不可能在相对高度达百米的五丈原上，造成"万盏红灯"的视觉效果。

难不成，武侯真的"显圣"了？

当然不是。这起所谓"武侯显圣"的"万盏红灯"事件，很有可能是一起集体癔症。

所谓集体癔症，即指在某些时候，在群体之间，产生高度相似的精神或心理障碍。集体癔症产生的因素通常有两点，第一点是群体之间具有相同的文化背景、心理状态。第二点是群体处在高度精神紧张中，比如焦虑、恐惧等。当个体出现某种精神障碍后，由于上述共性，这种精神障碍会在群体中快速"传染"，最终形成一种群体性的精神障碍。

五丈原"武侯显圣"事件，恰恰符合了这个条件。白莲教众多来自四川、湖北交界一带，作为蜀汉故地，民间普遍有尊崇武侯的信仰，加之其为以宗教为纽带的组织，教众本来就是比较容易受宗教信仰影响的群体。而白莲教起义，又以流动作战为主，并无稳固的根据地，往来奔袭，随时可能遭遇官兵的拦截、袭击，势必处在高度精神紧张中。

至于逃难居民也看到"万盏红灯"，那就更好理解了。居民住在武侯祠附近，自然多有崇信武侯的信仰；仓皇逃难，自然也就处在高度恐惧之中。

其实，集体癔症出现在军事行动中，也并不鲜见。前秦军队在苻坚的率领下，南下攻打晋国，在淝水之战中失利，撤退时出现了严重的混乱。士兵们听到风声和鹤鸣声，都以为是晋国追兵，所谓"闻风声鹤唳，皆以为王师已至"。其实，这也是一种类似于集体癔症的表现。

那么，发生在五丈原地区的这次集体癔症，又为何是观察到"万盏红灯"的形式呢？而且，白莲教众与逃难民众，为何居然在癔症中都是相同的症状？

这一点，恐怕跟前引史料中记载的诸葛亮逝世时的场景有关。据《晋阳秋》记载，诸葛亮在五丈原逝世时，有散发着红色光芒的流星落下，并且反复数次。在后世的文学演绎中，诸葛亮又曾开设"七星灯"，尝试为自己续命。

也就是说，"红色光芒""灯火"这些元素，本身即与史料和民间文学中的诸葛亮密切相关。正是教众与民众有着这些共同的文化背景，才会发生个体臆想中看到"红灯"后，迅速扩展为集体认知的现象。

—● 第三章 ●—

从崇祯到乾隆

明末乱局

一

维持政权的稳固运转，就必须有持续稳定的财政收入作为基础。在传统农业社会中，土地税（田赋）与人口税（丁税），是国家财政收入最主要的来源。这样一来，土地面积的大小和人口的多寡，就成了决定赋税的主要因素。

土地本身并不能自主产生作物与收成，需要农民的种植劳作。所以，在中国古代相当长的时间中，赋税的最关键因素在于人口数量。

关于岐山县的人口情况，目前可见的最早记录为明代弘治十五年（1502）数据。据万历《岐山县志》记载，弘治十五年，岐山县共有军、民、杂役共三千八百六十七户，其中民户一千九百七十五户，军户一千七百三十户，各色匠户一百六十二户。全县一共四万八千五十七人[①]。

这里需要说明一下明代的"户别"。明代的户口分类非常庞杂，最主要的则为民户、军户和匠户三类。官方针对户口编制登记，制定了一整套严格的规范和程序，一旦户籍类别确定，则世代承袭，不得更改。

不同户别，除了均应缴纳田赋和丁税外，还须承担不同的徭役。如民户须当民差，军户须当军差（一般为每户出一丁到卫所当差），匠户则需要承担官方的造作营建事务。

在嘉靖二十一年（1542）年修成的《陕西通志》中，所载岐山县人口数据，仍然是"户三千八百六十七，口四万八千五十七"[②]。与四十年前弘治十五年（1502）的户口与人口数据竟然一模一样。这只能说明，此次纂修《陕西通志》时，所采用的数据过于陈旧，而并非嘉靖二十一年时岐山县真实的户口与人口数据。

---

① 万历《岐山县志》卷二《赋役志第四·户口一》。

② 嘉靖《陕西通志》卷三十三《民物一·户口》。

到嘉靖三十八年（1559），关于岐山县人口，有一个"七千六百一十二丁"的记载[①]。通常所谓的"丁"，指的是年龄在十六岁至六十岁之间应当纳"丁税"的男子。

表面上来看，似乎可以根据丁男在户中所占的平均比重，来推算某一时间的人口数量。但实际上，县志中《赋役志》中的丁数，往往只是这一时期该县承担丁税的额度，亦即所谓"丁"是一个赋役单位。与真正的县域实际人口，并没有直接关系。

到万历十七年（1589），岐山县人口为"五千八百三十二丁"。与嘉靖三十八年（1559）数据对比，三十年间，下降了23.4%。

嘉靖三十八年，正值陕西华州大地震发生四年之后，包括岐山县在内的整个关中地区都遭受了极大的人口伤亡。随后数十年，社会基本安定，人口又有一定的恢复。

嘉靖三十八年至万历十七年（1589）这三十年间，岐山县也当经历了一定的人口恢复，其间虽然也有万历十三年至十五年大旱带来的负面影响，但不至于大幅度减少至此。县志中"丁数"的大幅度下滑，只能理解为丁税的变化，而不能反映实际人口数量的变化。

---

① 此处嘉靖三十八年及下文万历十七年的岐山县丁数，均见万历《岐山县志》卷二《赋役志第四·户口一》。

再来看明代岐山县的田赋情况。弘治十五年（1502），登记的田亩数为四千二百四十四顷八十六亩一分四厘，当征税粮两万七千七百五十二石八斗八升九合二勺[1]。以48057的人口数计算，平均每人承担0.577石。

至万历十八年（1590），官、民田地共四千零二十顷九十亩一分四厘。税粮方面，夏粮一万三千三百七十五石九斗四升九勺，秋粮一万四千三百七十六石九斗四升八合三勺。夏秋粮两项合计，与弘治十五年（1502）相同。

除了丁税和田赋之外，万历《岐山县志》还记载了"银差"与"力差"两项征额。所谓银差，指明代中期以后，将民户中的部分直接应役，改为缴纳白银。用现在的话来说，就叫折现。力差则指仍应役，但到后来，同样可以征银除役。

万历十九年（1591），岐山县共征银差一千七百三十九两八钱一分三厘。其中主要包含城内外各坛庙春秋祭祀、食盐官吏、儒学斋夫、生员膳夫、本县各官马夫、军旗铁料银等数十种名目。力差共征银三百七十二两九钱。其中包含行太仆寺库子、察院门子、布政司门子、本府皂隶等数

---

[1]　此处和下文的田赋数据见万历《岐山县志》卷二《赋役志第四·田粮二》。

十种名目①。

万历末期，女真势力崛起，建立了后金政权，辽东的军事压力剧增。为了供应辽东军需，开征"辽饷银"，在已有田赋的基础上，每亩再加派九厘。崇祯年间，又以镇压各路起事军为由，加派"缴饷"和"练饷"。

三饷的加征，既未换来对外军事上的胜利，又使得民众的赋税负担大为加大。再加上天灾等因素，大量民众破产，沦为奴仆、饥民。

二

明代末年，陕西各地持续暴发大规模旱灾，又由此引发蝗灾、鼠疫等灾害。大规模的持续灾荒，给民众带来了深重的灾难。岐山县所在的关中西府，自然难以幸免。

顺治《岐山县志》卷二《风土志·灾祥》记载：

> 崇祯十二年，天鸣，有火光，蝗伤秋禾。崇祯十三年至十四年，大饥，斗麦千钱，死者枕藉，又大疫。

崇祯十二年（1639），岐山县发生蝗灾。随后两年，

---

① 银差、力差数据见万历《岐山县志》卷二《赋役志第四·徭役五》。

发生饥荒，粮价高昂，大量民众死伤，同时又瘟疫流行。

　　实际上，上文对灾荒的介绍还是相对比较简略和节制的。比如，蝗灾并不会单独发生，而总是伴随着旱灾。顺治《扶风县志》卷一《赋役志·灾祥》中记载：

　　　　（崇祯）十一年秋，大旱，禾尽枯。六月至九月，蝗数过，至蔽天日，自东入境，草木禾苗俱尽。

　　崇祯十一年秋（1638），扶风县大旱，六月至九月，蝗虫数次从东边入县境，所过遮天蔽日。

　　扶风县在岐山县东边，至扶风的蝗虫再向西，便有了岐山县崇祯十二年（1639）的蝗灾。雍正《凤翔县志》卷十《外纪志·机祥》也载：

　　　　（崇祯）十二年，飞蝗蔽天，秋无禾。……又多大鼠，累累成群，入人家食小儿，入牛腹食牛脏腑。

　　崇祯十二年（1639），凤翔县也发生严重蝗灾。而凤翔县又在岐山县西边，可见凤翔蝗灾，即是由扶风经岐山传播而来。同时，凤翔县也发生了严重的鼠患。

　　事实上，在崇祯十一年（1638）之前，西府地区早已是灾荒频发了：

（崇祯）六年，大饥疫，斗粟千文，遗弃婴孩满于
道路。七年春，大旱，麦苗尽枯，人至掘其根以食，兼
啮诸树皮，饥死者相枕藉。①

（崇祯）六年，夏旱，秋无禾，大饥。民食树皮俱
尽，捣石为面食之，头面发肿死。②

以扶风县、凤翔县的县志记载来看，崇祯六年
（1633）至七年，西府已经发生了严重的旱灾和瘟疫。那
么，岐山县幸免了吗？

当然没有。

虽然《岐山县志》中的"灾祥"目中并未直接提及此次
灾荒，但岐山进士梁建廷所作的《重修周公庙记》中，却清
楚地记述："崇祯甲戌，贼氛，旱、蝗交集。"崇祯甲戌，
即崇祯七年（1634）。

前引（见第一章）崇祯七年户部所上的题本中，描述陕
西灾情时，也说"西安以西，诸府皆然"。可见，岐山县当
然同样遭灾。

不过，明末关中地区最为严重，造成民众大量死伤的
还属崇祯十三年（1640）和十四年的大灾。史料中对这次

---

① 顺治《扶风县志》卷一《赋役志·灾祥》。

② 雍正《凤翔县志》卷十《外纪志·机祥》。

大灾多有称为"奇荒"的。《岐山县志》中说这次灾情造成"死者枕藉"。

邻县扶风、凤翔、眉县诸县方志也有记载：

> （崇祯）十三年，大旱，蝗，岁饥，人相食。十四年春，饥馑愈甚，斗粟万钱，僵尸相望于道。夏，大疫疠。至是，民死亡者过半矣。①

> 十三年，春旱，夏无麦禾，饥民流移载道，死者枕藉。十四年，大饥，疫起，居民阖室尽毙，至野无烟。凤之声齿减过半矣。②

> 十三年，大荒，斗麦价二两，米三两。百姓啖草根、树皮，饿殍盈地，兼瘟疫，死亡相继，至有无遗类者。③

岐山县与扶风县、凤翔县、眉县三县接壤，地理环境相似。崇祯十三年至十四年间，这三县均发生了严重旱灾、瘟疫，最终导致大饥荒，"僵尸相望于道""居民阖家尽毙""全县民众死亡过半"，岐山县恐怕也难以独善其身。

---

① 顺治《扶风县志》卷一《赋役志·灾祥》。

② 雍正《凤翔县志》卷十《外纪志·机祥》。

③ 雍正《眉县志》卷八《异录志·祥异》。

三

灾荒不断，同时又有朝廷派加的"三饷"等高额赋税，一些不甘心坐以待毙的饥民，也就选择铤而走险。由此，明末的陕西也就叛乱时起，其中以陕西北部的高迎祥、李自成、张献忠等部规模最大。

各路起事军在关中西部地区的活动，相关方志有不少记录。

顺治《扶风县志》载：

> 崇祯八年，高应祥①率大军围攻扶风县。高军初战不利，退至罗局、蔡家坡。高应祥军暂时离开后，再加上下雨，扶风县守城丁壮开始松懈，并出城到田间播种。后高军卷土重来，虏获大批民众，令往城墙边填土，昼夜不停。在交战兵刃之下，有不少民众直接被填埋于土中。不出几天，填土已经与城齐高。城内架设木栅栏坚守。
>
> 到九月二十日时，城内守众力竭。有人带路先从

---

① 高应祥，多写作"高迎祥"。陕西安塞人，崇祯元年率众起事，曾有"闯王"称号。

西面登城，而后大队跟随而上，扶风于是陷落。官绅及民众死难者不计其数。城内房屋也被大量焚烧。十月初五，与起事军作战再度失利，城中人烟几乎断绝。

后来，知县宋之杰逐步恢复秩序，房屋慢慢得到修葺，人烟稍稍聚集了一些。崇祯十六年冬天，李自成入关占据西安，派部下攻打河西地区，途经扶风，人物牲畜又被搜掠一空。次年，又命养马，各种征收苛求非常多，居民又四散逃亡。[1]

崇祯八年（1635）时扶风城破的悲惨景象，促使当地很快即着手重建城墙。顺治《扶风县志》记载：崇祯十一年，扶风知县宋之杰组织重建城池。城墙增宽一丈三尺、增

---

[1]　原文见顺治《扶风县志》卷四《艺文志·杂志》：明崇祯八年乙亥八月初九日，流寇高应祥号闯王率十余万众围城。官民殊力拒守，毙贼于矢石火器者数十百人。贼甚恨之，侦知城内多乡勇，佯退至罗局、蔡家坡。适时雨，丁壮渐弛备，出城播种。贼掩至，掳民万余，踞高瞰下，负土填堑，昼夜不息。兵刃之下，民已半实于堑矣。不数日，土与城齐，架木立栅以拒之。至九月二十日，力竭。奸民王三乘间先登西面，蚁附而入，城遂陷。职官绅衿俱婴城死难，男女骈首就戮者不计其数，尸山血沼，风日惨淡。公署庐舍，一炬成灰。刃下孓遗，方将收复余烬。十月初五日，又为贼败于明月山，再蹦城邑，人物始罄矣。知县宋之杰恢复后，屋宇渐葺，人烟稍辏。癸未冬，逆贼李自成入关，窃据西安。十月，令贼党往犯河西，路径扶风，邑中人畜又复搜掠一空。明年，复养马，征求繁复，居民更星散去。

高六尺。用砖包砌垛墙。增修五座敌台，以被攻破的西南隅敌台最为雄峻。各城门建瞭望台。[①]

1967年，在扶风县城西北角，发现了一块带有墨书题记的城砖。据题记内容，此次重修，实际上在崇祯十年（1637）初便已开始：

> 大明崇祯十年二月初八日起工。管工官：安正气，同乡约赵自宽。筑工：任马里、永平里、长命里、鲁马里、三头里、凤泉里、白龙里。
>
> 八年九月廿日，流贼攻开扶邑。杀人如山，流血如河，诚可痛哉！今因城破，因而重修。[②]

题记说从崇祯十年（1637）二月初八日开始，扶风七个里的民众被征调重筑城墙。而重修的原因，则是一年半前那个恐怖的九月二十日。

---

① 顺治《扶风县志》卷一《建置志·城池》：崇祯八年乙亥，陷于寇。戊寅年，知县宋之杰恢复重建。城阔增一丈三尺，高增筑六尺。雉堞、敌台俱甃以砖。台系创筑，凡五座。西南隅一座，高城二丈余，南北四丈，东西三丈，缘外有高阜俯城，寇遂凭以入，故特加崇峻焉；东南隅一座，阔五丈五尺；北一座，阔三丈八尺；西两座，俱阔三丈。各门建楼橹。濠深二丈，阔四丈。内立女墙一道。城南植堤柳如旧。

② 罗西章：《陕西扶风发现反映高迎祥、李自成农民军攻克县城的文字砖》及所附城砖图，《文物》1978年3月刊，第93页。

"杀人如山，流血如河。"

在论文所附的城砖图中，这八个字非常清晰，但在文章前半部分转录题记时，却"恰好"唯独省略了这个八个字。直到在后面论述部分，才又"不经意"地开列出来。

隐去与露出之间，或者别有一番良苦用心。崇祯八年（1635），扶风县城被高迎祥军攻破后，城内"尸山血沼"，远离县城的乡间也并未幸免。这一点，从崇正里王守库兄弟的悲惨遭遇即可窥见一斑：崇正里（今法门镇及周边地区）民众王守库、王守德兄弟，在高迎祥军到达时，因母亲年老，没有逃走。兄弟双双被掳，王守库触怒高军，面临被杀风险。弟弟王守德下跪哭求，愿代替哥哥死。王守库又反过来请求杀自己，放过弟弟。兄弟争相赴死，高军于是将两人都给杀了。①

四

在扶风县遭遇巨大创伤后，扶风籍官员、时任户部福建

---

① 顺治《扶风县志》卷三《人物志》：王守库，崇正里民。少孤，与弟守德事母最孝。崇祯八年，流寇之乱，人皆避匿。守库兄弟以母年老，相守不去。俱被掳，寇怒，欲杀守库。弟守德跪泣曰："我有子，兄尚无后，且善事母。乞饶兄命，愿以身代。"守库曰："愿杀我，勿杀吾弟。弟在，母可不缺养，侄可不失怙。"兄弟争死不已，寇俱杀之。同掳者述其事，人为感咽。

清吏司署郎中事的主事王玑，曾在一次请求豁免扶风县部分税银的奏疏中，说过这样一番话：

> 乃历年以来，费朝廷多少金钱，行间诸臣心力俱殚，然而旋剿旋生，散而仍聚，如蔓草之难除者，非无故也。缘奸民利寇来趁伙劫抢上豪，俟寇去乘机诈骗。兼之，赋册焚毁，完欠莫稽，衙蠹奸吏复需索穷民无已。臣家见受其害，其余鱼肉可知。民益穷，则盗益起，势遂至于燎原。①

王玑说，历年以来，朝廷耗费大量钱财，诸位大臣殚精竭虑，然而造反的贼寇却是剿灭之后不久便又生出、溃散之后再度聚集，就跟蔓草一般难以根除，并非没有原因。

王玑把变乱难以根除的原因，归纳为存在两类恶人，一类是"奸民"，一类是"衙蠹奸吏"。

所谓"奸民"的作恶，是在贼寇来的时候趁机抢劫上等富豪之人，等走了又行诈骗之事。而"衙蠹奸吏"，也即县衙中蠹虫一般的胥吏，则是借赋役册在战乱中被烧毁，而大肆苛索穷苦百姓。甚至，连做京官的王玑老家都受奸吏的侵害，其他普通百姓的遭遇可想而知。

---

① 雍正《扶风县志》卷四《艺文志·奏掣牛站疏》。

有这两种人作恶，百姓就越来越穷，盗贼也就越来越多，局势便也就犹如燎原一般难以控制。

王玑所说的两类恶人，固然都客观存在。但以危害程度而言，趁乱抢劫、事后又行诈骗的所谓"奸民"，是远远比不上"衙蠹奸吏"的。

毕竟，"奸民"之奸，是秩序混乱中的不法行为，而"衙蠹奸吏"之奸，却是秩序稳固时的执法行为。

前者的发生，需要特殊的条件和机会，后者却是常态化存在的。吊诡的是，后者的贪得无厌，恰恰为前者的发生创造了愈来愈多的机会。直到有一天，秩序彻底崩塌。

雍正《凤翔县志》亦载：

凤翔县自崇祯元年（1628）起，便有流动作战的起事军来袭。崇祯七年至九年，连年有起事军至凤翔县杀掳、焚劫。

崇祯十六年（1643），陕西三边总督孙传庭率军与李自成军大战于汝州、郏县一带，大败后溃退至潼关，后孙传庭战死。溃兵大扰凤翔。李自成军攻破潼关，进占西安。所部刘体纯于十月二十八日率军屯驻凤翔东关。十一月初一，凤翔城被攻陷。官绅士民死伤者不可胜数。①

前面说过，扶风县与凤翔县分别为岐山县的东西邻县。自西安沿关陇大道往西，依次经过扶风县、岐山县和凤翔县。前文所引崇祯八年时高迎祥初攻扶风不利，"佯退至罗局、蔡家坡"，罗局和蔡家坡均为岐山县属地。而自西安至凤翔县，又必经岐山县。流动作战的起事军连年攻袭凤翔县，岐山又岂能幸免？

所以，由东西两邻在明末战争中的悲惨经历，不难得出结论：岐山县同样遭受战火摧残，大量百姓死伤、逃亡，人口锐减。

---

① 原文见雍正《凤翔县志》卷八《兵革》：明崇祯元年春，贼劫曲乡罗牛角家，此为凤邑被贼之始。七年秋，流贼自汉中来，大肆杀掳。经略陈琦瑜怯战，更事招徕。贼佯为受抚，阴就城关夺掠。本县进士孙鹏居东关，与贼格斗，射杀其目。琦瑜忌之，诬以擅杀安官，几不免，逮赴京师下狱。辩冤，时在廷亦有条其纵寇者，始得解。自是，连年被其焚劫。八年春二月，流贼自商南至凤翔，官吏督乡兵御之。庠生屈学鲁素有胆力，鼓勇登先，战死陈村镇。九年冬十月，流贼自灵台来，焚劫杀掳，民不堪命。十六年冬十月，军门孙传庭败死，汝、郏溃兵西奔至凤翔，大扰。贼乘胜趋潼关，破西安。渠党刘体纯等二十八日至凤翔，屯东关。十一月朔，城遂陷。杀乡绅韦樟。知府唐时明自缢。士民之尽节死者、被戕死者，不可胜数。

萧条清初

一

公元1644年，中原大地上出现过三个年号，分别为崇祯十七年、永昌元年和顺治元年。三个年号，说明了历史演进在这一年的诡谲。

三月，李自成率军攻入北京，崇祯帝煤山自缢，明亡。四月，李自成在紫禁城称帝，旋撤军回陕。五月，清军入关，不久，迁都北京。

顺治二年（1645）正月，清军攻破大顺军潼关防线，随后迅速占领关中。三月，驻守汉中的李自成余部贺珍降清，十一月，再度反清，率军北出秦岭，一度占领关中多地，包含凤翔、岐山等。

顺治《岐山县志》卷一《赋役志》谓："（顺治）二年，遭贺贼之变。"即指此。

顺治六年（1649），岐山再遭战乱，城池失陷。据《清世祖实录》载：顺治六年七月十六日，陕西巡抚黄尔性疏报，土寇勾引塘丁攻陷岐山县。[1]

经历明末清初灾荒、战火的反复摧残后，清代初年的岐

---

① 《清世祖实录》卷之四十五，顺治六年七月癸酉。

山县是怎样一番面貌呢？顺治《岐山县志》的主修者岐山知县王毂，在县志的序文中写道：

> 我赶赴岐山就任，刚一下车，看见西岐古都，皆是瓦砾和荆棘。知名胜地的风华，完全消失了。偶然观察风化，怀念古往，年高硕德的老者娓娓道来，仿佛观察指纹一般。总是想赶紧记录，以为修志准备。正好因陕西多事，军事纷繁，催收租税日益困难，苦于没有片刻闲暇。①

在序文之末，他又再次感慨：岐山市集冷落，地方萧条，流离失所的百姓该如何招揽？

此时的岐山县城内荒凉、残破的程度，令知县王毂觉得即便城墙大体仍存，但城内无人，根本无法组织守卫。前番顺治二年（1645）、六年两次城破，实在是殷鉴不远。

鉴于此，王毂在城内围着县署、仓库和监狱修筑了一圈缩小版的城墙：

---

① 原文见顺治《岐山县志》卷首王毂《序》：予不敏，承乏兹土，甫下车，见西岐古治，尽委瓦砾荆棘。名胜风华，消沉殆尽。间或观风怀古，一二耆硕谈之娓娓，如观螺指上。辄欲记之，以备邑乘。适秦川多事，军兴旁午，催科日拙，苦无刻暇。……所可慨者，市廛冷落，民社萧条，流移何自而招徕？

顺治十四年，知县王毂因城内无人，难于守御，详允筑围墙一所，周县衙、仓库、监狱在内。高一丈八尺，厚五丈，广三百二十余丈。①

王毂就任岐山知县是在顺治十二年（1655）。十年之后，即康熙四年（1665），前来就任知县的李昌期，看到的岐山面貌，与之前相仿。李昌期在《县署凝紫楼记》中这样写道：

我来岐山，是在乙巳年冬天。进入岐山县境，发现居民大多营造窟穴居住，就说："好奇怪啊！住在树上容易掉下来，住在土中不怕生病吗？②"再一想，《诗经·大雅·绵》中既有"陶复陶穴"描写，也就没有太奇怪。

等到进了城，看到路上荆棘遍地，到处都是废墟瓦砾。远远看到像锥子一样立着一座佛塔，孤单独自矗立，僧人不过二三个而已。还以为是哪个荒村野堡，还没到县城呢。忽然一个小吏跪请后上前说："请老爷停

① 顺治《岐山县志》卷一《建置志第三·城池》。
② 原文"木处而颠，土处而病"的说法，引自韩愈的《原道》。李昌期有此疑惑，大概因为他是浙江人，此前没有见过黄土高原地区居住窑洞的习俗。

车。"原来这里就是古时周国的旧城了。

步入县署，看到中间堂屋五间，两边排列着低矮的房屋。兀然说："这就是休息和断狱治事的地方了。"之后到宅舍，看到破屋几间，不过能略微遮蔽风雨。心情舒畅后登高眺望，连半间整齐的房屋都看不到，只见荒草和倾塌的墙壁。①

由清初两位知县王毂和李昌期的见闻，可知清代初年，岐山县是一副遍地荆棘、瓦砾，一片萧索的残破景象。

二

岐山县在明清易代中受战争的创伤如此之深，那么清初的赋税情况如何呢？或者更明确一些地说，统治者有没有从

---

① 原文见乾隆《岐山县志》卷八《杂记》所录《凝紫楼记》：余来岐，乙巳之冬杪也。入其疆，见民多营窟而处，曰："异矣！夫木处则颠，土处不虞病乎？"然亦古"陶复陶穴"意也，犹未足深怪。及至城，见荆棘载途，所在瓦砾。夐然锥立者，浮屠一；肖然子处者，招提二三而已。意以为荒村野堡，未抵邑也。忽一吏跪而前曰："请停骖。"是即古周邦旧治也。登其堂，见中五楹，两序分列槁然。兀然曰："是即憩以听治者。"已而就公舍，见敝屋数椽，聊蔽风雨。舒怀登眺，伤无半舍，惟荒荆枯草、圮壁颓垣耳。

休养生息的角度考虑，给予相当程度的豁免呢？

顺治《岐山县志》中，记载了顺治十四年（1657）岐山县的赋税情况。在田赋方面，登记的田亩数为六千八百九十六顷六亩六分一厘，当征税粮两万七千七百六十一石六斗二升四合二勺。扣除政府统计的荒地后，"实在熟地"五千二百七十七顷七十三亩七分九厘九毫，当征税粮两万四千一百八十三石二升三合五勺。

单从顺治十四年（1657）的数据来看，征收田赋时已经减免了一千六百余顷，占登记田亩数的百分之二十三，幅度似乎已然不小。

但是这里有个问题，岐山县在明代弘治、万历年间的两次登记的田亩数，分别为四千二百余顷和四千余顷。怎么到清初，即一下子变成六千八百余顷了？

岐山县经历有明一代二百多年的开发，难道还放着二千六百顷土地不去耕种？岐山百姓是粮食太多了懒得种了？

这一点，连主修县志的岐山知县王毂本人都疑惑不已。在顺治《岐山县志》卷一《赋役志》中，有这么一段双行小字的补充说明：

毂按：旧志弘治十五年，止该夏秋地四千二百四十四顷八十六亩零，至顺治十四年，遂至六千八百九十六顷六亩零。岂封疆所域，久而复增耶？及考粮数，照旧志增粮八石七斗三升五合。询之父老，皆莫知其故。

后访之里书张彩，称万历四十五年，行"一条鞭"，分各等地为六千八百九十六顷六亩零。而粮之多者，盖万历二十七年间，有里人张朝胡、马尚仁首报四等地，该粮八石七斗三升五合。始与今地、粮之数相合。但彩时已老病，遣人就榻前细询之。其果否吻合？后之君子再为详定可也。

王毂如此关心岐山县的田亩数字，疑惑竟比明代弘治年间多出两千六百多顷，显然是因为征收赋税正是他任职岐山期间最为棘手的问题。

经过多方询问，终于在一位长者那里得知缘由。乃是，前明万历年间，"一条鞭法"的税制改革推行到岐山时，将各等地统共定为六千八百多顷。至于征收粮食数的八石的增长，倒真是有过新增的一点点土地。

"一条鞭法"，是明代后期实行的税制改革。具体做法是，先清丈土地，再将田赋、徭役及部分丁役折算为银两征收。

如此一来就很清楚地知道，顺治《岐山县志》中的六千八百多顷数据，只是一个田赋征收额度，与实际的田亩数并没有直接关系。

根据所谓的"除去荒地"后的田亩数，可以折算出清顺治年间，当征收税粮两万四千多石。相比于明代弘治、万历年间，低了三千五百多石，的确是略微低了些。但相比于巨大的社会创伤，这么一点减免显然远远不够。

从顺治《岐山县志》卷一《赋役志》的记载来看，清代初期，似乎是继承了明代后期将田赋折为白银的方式，即所谓折色征收。

顺治十四年（1657），每石粮食折合征银一两三钱六分一厘五毫八丝。折算后岐山县的田赋当征收白银三万二千九百二十七两二钱二厘七毫九丝。又有均徭银一千六百八十二两五分一厘四毫，人丁银四千二百三两四钱三分七厘三毫四丝。田赋、均徭、人丁三项合计，共三万八千一十二两六钱九分一厘七毫八丝。

在这个数字之上，又经过一定裁减，最终每年需要上解布政司二万六千三百六十二两九钱七分四厘五毫。

那么，清初岐山县这两万六千多两的赋税，是由多少人负担呢？

关于清初岐山县的人口数量，县志及其他史料中，都未见到记载。前面说过，方志资料中的所谓"丁"，只是一个人丁税的征收单位，所谓丁数，只是核定的人丁税额，与当地实际人口数并无明确对应关系。

所以顺治《岐山县志》卷一《赋役志》虽然记载了丁数"共下下丁三万六千六百一十九丁"，但并无法依此推算当时岐山县的人口。

另外，《赋役志》还有一个"三千二百五十一户"的所谓"户数"记载。乍看之下，似乎这个户数和人口数量联系紧密。但其实这种"户数"的性质，仍然更接近纳税基数。即使把它视作实际居民户数，平均每户的人口数也难以确定。

虽然清初岐山县的人口数量没有准确记载，但不代表我们就完全无法了解。前引王毂县志《序》中说"见西岐古治，尽委瓦砾荆棘"，"市廛冷落，民社萧条"。康熙四年（1665）任岐山知县的李昌期也说"及至城，见荆棘载途，所在瓦砾"。可见，当时岐山县城内的破败和萧条。

另外，康熙九年（1670），随新任岐山知县郑耀然到岐山的王嗣槐，则说"村墟榛莽，阒如无人"。

城内已然皆是瓦砾和荆棘，而乡村也安静得如同无人一般。不论城乡，都衰败如此，可知当时岐山县人口数量是相当低。如此，又怎么可能冒出来三万六千多个"丁口"呢？

清初县志《赋役志》中的所谓"丁数"，完全只是沿袭旧有的赋役额数，而并非当时实际人口。还可以举个例子。

岐山县邻县扶风县，于顺治十八年（1661）纂修《扶风县志》，其中《赋役志》中同样记载了数万丁数。但是，这段记载之后，又有一段知县刘瀚芳的按语：

> 瀚按：扶之户口、徭役而不禁为之低徊以思也。自经乱离凶馑以来，哀鸿不集，鹡首兴嗟。校户口于隆、万之时益为消乏，而丁额则犹故也。于是有荒绝之户苦于赔累，逐末之夫免于徭役者。不均之叹，未可胜究耳。

清初扶风县的丁额，为明代隆庆、万历年间社会较为安定、户口繁盛时所定，历经战乱后，实际丁数已经远远低于丁额。岐山县亦然。

人口大幅度下降，而赋税却基本依照原有标准。如此一来，清代初年，平均到每位民众身上的赋税，反倒是比之前明显增加了。清初的赋税，对岐山县来说，成了一个沉重的负担。

三

除了赋税额度大、人均负担重之外，清初岐山民众还有另外一项沉重负担——军需运输。

前面说过，清代初期的赋税，从县志《赋役志》记载来看，似乎是折色征收的方式。但实际情况却比较复杂。

清初，清廷持续与大顺军、南明军、大西军等作战，可谓连年用兵。其中，大西军主要控制四川地区，清军征蜀之时，陕西即作为后勤基地。在这样的情况下，凤翔府的赋税，就有相当部分以本色粮的方式缴纳。

顺治《扶风县志》卷一《赋役志·税粮》，有这样一段说明：

> 顺治八年，自大兵驻扎汉中，因将起运兵饷半征折色解司，半征米豆运汉，接济军需。扶民由是馈粮于八百里云栈之间，至今殆将十年。筋力已疲，膏血已尽，而肩挑驴驮，冒险输挽者终无已时。且一倍之粮，费几数倍，而奸徒包纳，又磊利相偿。是汉运之苦，扶民饮泣吞声者久矣。

由于征蜀大军驻扎汉中，扶风县的赋税征收，便以半数折银解藩司，半数以米豆转运至汉中，以作军需之用。

关中地区与汉中盆地为秦岭阻隔，中间道路艰险异常，正所谓"蜀道之难难于上青天"。在这样的情况下，时日一久，运输粮食的民众自然"筋力已疲，膏血已尽"。

实际上，向汉中转运军需，并不仅是扶风一县，包含岐山县在内的整个凤翔府所属州县皆是如此。顺治五年（1648），清廷令吴三桂等驻兵汉中，凤翔府供应汉中兵需自此开始，这便是前引《扶风县志》所说的"汉运"。

顺治十六年（1659），吴三桂等率大军离开汉中，但由凤翔府往汉中转运粮食仍然持续进行。凤翔府知府项始震于是连番上书，请求停罢汉运。其中一次这样说道：

> 凤翔府往汉中的米豆运输应当停止。当初，平西王麾下的八旗军驻扎汉中，凤翔府负责派运米豆，只是一时的权宜之计。如今，已经十年了，所分土地也已经属熟地。平西王大军有一半已经跟随去了云南、贵州，凤翔府所属的陇州驻防军不过一千人。
>
> 如果说汉运是为平西王军的家属派运米豆，那么凤翔府所属的凤翔、宝鸡、陇州所住的家属也不比汉中少。拿西安来说，距离凤翔府不过三百里远，却不用派运粮食，唯独是凤翔府要经过八百里的连云栈道运送。再以米豆现在的价格来说，每石不过五钱银子，派运到汉中两万石，算作兵饷四万两银子。
>
> 百姓们除了要抵消这正粮之外，还要以肩膀挑、驴子驮，老人儿童一起帮着运，民力在这上面损耗几乎十万两银子。这里面又有各种权贵的商人、恶棍做手脚收容代纳，又有多少能到汉中？
>
> 我私以为，朝廷丢失了军饷三万两银子，百姓又无故损耗了十万两银子。卑职在顺治十六年，曾经两次申

请大人发文汉中府调查，只是汉中府的官没有不为汉中
着想的。企盼大人做出裁断，让尚未运送的立即停免，
已经起运的减半。如此，使凤翔府一方民众得活，恩情
无有止境。等候大人做出裁决。①

顺治十八年（1661），请求方得允准，凤翔府所属州
县的民众，至此方才免于跨越高山险阻运粮。

康熙十二年（1673）底，清廷撤藩，吴三桂举兵反
清。初期，吴军攻势凌厉，康熙十三年，王屏藩等率军进逼
陕西汉中等地。此后，清廷与吴军在汉中一带作战数年。其
间，关中民众再次承担了极为艰苦的军需转运。

陕西华州进士张曾庆，曾作《九嗟九首》诗，慨叹当时

----

① 原文见顺治《扶风县志》卷四《艺文志·汉运议》：米豆之宜停
运也。平西旗下满洲大兵初住汉中，凤府派运米豆，亦一时权宜之计耳。今
十年矣，分土熟地矣。平西大兵半随云贵，陇州驻防不过千人。若为平西家
口而派运米豆，凤属凤翔、宝鸡、陇州所住家口不让汉中也。即以西安府论
之，三百里外者，免运本色，凤府独馈粮于八百里云栈之间。且以米豆时价
论之，每石五钱耳，派运汉中者二万石，准兵饷四万有奇。百姓除抵算正粮
之外，其肩挑驴驮，老携幼戴，民力几费十万金。而一切王商棍徒包揽代
纳，其能升斗至汉中耶？窃朝廷而失此三万金，百姓无故而费此十万金。卑
府十六年，曾两经申请宪台檄文汉府行查，夫汉府之官未有不为汉府者。仰
祈宪断，未来者立行题免，见运者得赐减半。活此一方，恩未有涯也。仰候
宪裁。

转运军需的民众的凄惨状况：

一嗟运汉米，万里劳筋体。斗米数千钱，军伍践如泥。云山跋涉险，挽输日垂涕。谁知遭水旱，家家空如洗。

二嗟运汉豆，转输无宵昼。栈道八百里，负戴穿云岫。吏胥纵饕餮，黔首日消瘦。粒粒供战马，万户绝饤饾。

三嗟运汉夫，骨肉不相扶。迢迢千里道，历历属崎岖。大暑常渴死，大寒冻倒途。流离作何状，郑侠难为图。

四嗟运汉驴，驴夫万金余。驴鸣如哀猿，夫役如枯鱼。畜骨填沟壑，人骨生虫蛆。嗟哉万民命，惟见饱蠹胥。

五嗟诸色匠，一一供兵帐。好应给军国，为役弗敢抗。奸胥苦需索，渔索千万状。稽留经岁月，父母不得养。

六嗟运刍叶，寸茎贵如宝。非关腾市价，西成天不造。征马嘶枥下，万姓涂肝脑。军需何太急，民命愧菅草。

七嗟田园好，求售如芥草。有土三征累，无产一家保。催科逃未得，先业成烦恼。狼狈频如此，何计归蓬岛。

　　八嗟子女状，提携鬻市上。生女不字嫁，生男未终养。一旦相抛弃，骨肉成悲怆。兴贩亦何人，笑归方快快。

　　九嗟芜菁根，腊月遍地掀。富儿携市卖，贫儿窃取吞。苦叶能几何，荒野已绝痕。安得诸葛种，六利满田园。①

逋赋困局

一

　　前面说过，赋税的核心因素在于人口。清代初年时，岐山县人口损失严重，赋税征收也就必然产生问题。顺治《岐山县志》中说：

---

　　① 《关中两朝诗钞补》卷二，李元春编，道光十六年刊本。作者按：陈雪论文《川运与汉运：顺治年间陕西的军粮筹措》，认为张曾庆《九嗟九首》诗所描述的是顺治年间征讨川黔的"汉运"，恐非。张曾庆，陕西华州人，顺治五年（戊子）生，康熙三十年进士。汉运主要发生在顺治五年至十八年，是时，正逢张曾庆从幼儿至少年，恐怕尚不足以对翻越秦岭的转运有如此深切认识。

田赋和力役，本是基本职责，怎么敢延迟输贡？但是，岐山自从遭遇连年战乱，土地荒芜，人民流散。催收征税越急，逃亡的赋税便越多。百姓生活如水火一般，到今天实在严重。担任长官的人，应该赶紧绘制郑图给巡视四方的官员看。①

最后这句，使用了一个典故。郑图，指北宋官员郑侠所绘的《流民图》。当时，王安石主持的新法在推行中产生一些问题，大量饥民被迫逃亡。郑侠绘制了一幅《流民图》呈送给宋神宗，一些新法随即被废除。郑侠此举，被后世认为是为民请命的典范。

上引顺治《岐山县志·赋役志》中说"催科愈迫，逋负益多"。逋，是"逃避"的意思，由于居民逃亡而无法征收的赋税便称之为"逋赋"。

经过明清易代的战火后，大量居民死伤、逃亡，导致大量土地荒芜。然而征收赋税，尤其是田赋，依然按照原来所定下来的税额。那么，势必就有相当一部分比例的赋税无法完成征收。

---

① 原文见顺治《岐山县志》卷一《赋役志》：则壤成赋，力役公旬，属在版图，敢迟输贡？但岐自兵凶荐继，荒芜流移。催科愈迫，逋负益多。民情水火，于今实甚。司牧者，当急绘郑图以为省方者告焉。

这时，上级持续向州县官员施压，州县官员就唯有逼迫本地民众了。许多贫民在之前缴纳时几乎已经竭尽所有，此番再来摊派，不得已只能也逃亡了。

如此一来，越是催缴急迫，越会导致新的逃亡，那么"逋赋"自然也就越多了。这是一个无解的恶性循环。

顺治十四年（1657）时，岐山县正是处在这样一个本应休养生息，百姓却被赋税压迫不得安宁的状态。这样的状态往后又持续了相当一段时间。

根据王嗣槐的《桂山堂文选》的一些记述，康熙九年（1670）出任岐山县知县的郑耀然，同样受此困扰。在《重建周公庙序》中，王嗣槐写道：

> 岐邑遭兵火，休养生息，几三十年。其民逋赋相仍，逃亡如故。狙诈之风日滋，讼狱之事未息。为邑长于斯者，何论久从政以几化成？即欲创革一二事，席不暖、突不黔，而罢斥以去。士大夫闻除是官，咨嗟却顾，自视若废人，而亲朋不敢举以为贺。①

对于岐山县"逋赋相仍，逃亡如故"的情况，王嗣槐在一首诗作中表达得更为充分：

---

① 王嗣槐：《桂山堂文选》卷一《重建周公庙序》。

所伤兵火余，村落少保聚。

城巷阒无人，累累若墟墓。

十室九逃亡，偷生逋国赋。

频年水旱作，冻饿痛谁语。

亡者永不归，存者那得住。

催租吏如虎，伏匿遭掩捕。

口算未及输，兼为亲党误。

此身终填壑，妻孥岂暇顾。①

二

在《游周公庙记》中，王嗣槐又写道：

岐阳去浙五千里，以明年庚戌春正月至其邑。村墟榛莽，阒如无人。先生抚然太息曰："此残邑也，民之创痛深矣。"一切弊政息罢之，吏民有犯法者，辄引为己过，不即加刑。时功令课吏甚严，邑逋赋五年，前后长吏凡十辈，皆罢职而去。②

---

① 王嗣槐：《桂山堂诗选》卷十一《寓岐山怀宇台祖望驰黄祖定莐思高仲效青升黉诸子》。

② 王嗣槐：《桂山堂文选》卷六《游周公庙记》。

这里说在郑耀然任岐山知县之前，先后有"十辈"知县因为不能完缴逋赋而被罢职。

据县志卷五《官师》所载，在郑耀然之前，清代岐山县正好一共有过十位知县。其中，李茂阳、王之佐、边永三位，县志明载"罢去"。其他七位，虽未明确去职与逋赋有关，但总体而言，任期都偏短，七人中除王毂和张维鼎，任期都没超过两年。

清代前期，是否能够足额完成赋税征缴，是考核州县官的一项根本原则。用现在的话来说，征缴赋税，是州县官的最核心的绩效考核标准。所谓"功令课吏甚严"，即谓此。

如果不能完成征缴，就要视欠征情况对官员做一定的处罚。

赋税欠征在一成以内的，停止升转程序，并且罚掉俸禄一年；欠征在一成的，降职一级；欠征在二成的，降职三级；欠征在四成的，降职四级。

以上欠征在五成以下的，在接受处罚后，还能够"戴罪征收"。而欠征超过五成的，直接革职。[①]

那些赋税欠征部分未超过五成得以暂时保住职位的，接

---

① 《钦定吏部处分则例》卷之二十三《催征》：地丁钱粮初参。地丁钱粮经征，州县官欠不及一分者，停其升转，罚俸一年；欠一分者，降职一级；欠二分者，降职二级；欠三分者，降职三级；欠四分者，降职四级。以上俱令戴罪征收。欠五分以上者，革职。

下来又要在严格的"限满"制度中，限期完成补征。

州县官有拖欠赋税的，限期一年补征。

如果所欠不到一成，一年期限内未完征的，降一级留任，再给一年期限催征，如果仍未完征，按照降级后调用；欠征一成，一年未完征的，降三级调用，如果催征后接近完征，降三级留任，再给一年期限催征，如果仍未完征，降三级调用；欠征二成，一年未完征的，降四级调用；欠征三成，一年未完征的，降五级调用。而欠征四成，一年期限内未完征的，也是革职。①

上级对于州县征收赋税督促得非常严格，但以当时岐山县的情况，足额征收当年况且难以完成，更何况催收之前历年所拖欠的？没有一任岐山知县能够解决这个难题，因此岐山知县这个位置也就如走马灯一般频繁换人。

这样一个情况下，官员以赴任岐山为畏途，也就不难理解了。

三

一直到康熙十八年（1679），又一位新任知县到任，困扰岐山县数十年的"逋赋"问题，才最终得以解决。这位

① 《钦定吏部处分则例》卷之二十三《催征》。

知县叫茹仪凤，字紫庭，国子监生。茹仪凤后来为岐地百姓尊崇，以至于为其建立生祠①。其中最主要的原因，即在于他解决了赋税难题。

在茹仪凤就任之前，岐山县的状况，与之前并无区别。在李因笃所作的《岐山茹明府生祠碑》中，即这样写道：

> 关中之为郡者八，雍，中郡也。其在今，则艰难有独甚者，地瘠而民贫，视吾郡且逊之。……而雍之有荒田之害，又莫如岐山。多荒田，因多逋赋；多逋赋，因多逋民。久之，至无完里，无完族，无完民，而岐遂敝，相传为畏途。吾友茹君紫庭，剖符于此。于是，同舍生忧之曰："岐不可为也，田苦瘠，而其荒者几与常田埒，无所资以闻也。②

李因笃给茹仪凤寄信劝止。茹仪凤在回信中说："岐之困于荒田久矣，而令亦緱是屡去。坐而待去，孰与为之？且未尝为之，而预策其不可，坐视吾民之颠连，而莫之救，恶

---

① 祠堂一般是来纪念逝者的，而生祠却是为生者所建，一般为表感念和钦敬之情。

② 李因笃：《续刻受祺堂文集》卷三《岐山茹明府生祠碑》，清道光十年刊本。后同。

在其为民父母也？"①干坐着眼看民众困苦不堪，却不去救助，这可不是父母官的做法。

于是茹仪凤毅然上书，请求豁免岐山部分赋税。先向府请示，再到布政司，次第向上呈报。朝廷派遣御史前来巡视，最终批复照准。

根据乾隆《岐山县志》卷五《官师》的记载，此次共豁免了岐山县一千余顷荒田的赋税：

> 先是，岐民当兵燹之后，苦荒田追赋，历有余年。往令亦由是屡去，然难于议蠲。仪凤伤之，慨然以为己任，遂力白上官，以请于朝，竟得免荒田一千余顷。士民感之，为建生祠，富平李太史因笃为之记。

在《岐山茹明府生祠碑》中，李因笃对于茹仪凤在岐山知县任上的表现，给予了极高的评价。对于茹仪凤能够成功呈请朝廷豁免岐山县的部分赋税，李因笃认为是茹仪凤的"忧勤忠爱之诚，通于神明，贯于金石，有非常情之所得料者"。

这当然是站不住脚的。此前三十余年中，岐山县那么多任知县，岂能是个个都没有诚心的？若是靠"至诚"便能解

---

① 李因笃：《续刻受祺堂文集》卷三《岐山茹明府生祠碑》。

决困扰岐山如此之久的逋赋问题，那么问题早就解决了。

对于逋赋问题，稍有常识的人都能够看得出，解决的关键，乃是在于使得朝廷减免部分赋税。至于当下已然荒芜的土地，就不应该征收赋税。对于人丁税，则应该按照目前现存人丁。如此，才能保证现有百姓能够安居，而流亡在外的百姓知道可以安居时，谁又喜欢流亡呢？

但是，在清初相当长的一段时期中，赋税征收一直执行得相当严苛。蠲免赋税，只是零散地针对受灾地区小幅度实施。如果之前有申请朝廷减免的可能，哪一位官员又不愿意申请减免而被民众尊为青天大老爷呢？

四

早在康熙四年（1665），时任陕西巡抚的贾汉复，已曾就岐山等县的逋赋问题，上疏乞请蠲免：

> 夫各省钱粮，俱有定额，自当照数全完，何年年追征、年年必有拖欠？岂尽有司之催科不力、百姓之顽梗不输欤？揆厥所由，各有不得不拖欠之势。
>
> 臣不敢远举，即如臣属凤翔府之岐山等县、延安府之中部等县、汉中府之西乡等县、西安府之澄城等县，或寇乱频仍，熟地久成草莱；或杀戮靡遗，哀鸿未能爰

止。甚或兴屯清丈，荒芜捏为熟田；或山坡瘠硗，虚亩未经折正。有司畏考成之严，即心切民瘼者，不能不加鞭笞。以致见丁包赔虚丁，熟田包赔荒田，包赔不起，展转四方。此一经拖欠，则年年难完之由也。[①]

贾汉复详细陈述了钱粮不能完纳的原因，可谓晓之以理。又说此种情况，如若继续催科，则"茕茕小民，有泪堪洒，无肉可割，鬻妻卖子，流离载道，势所必至"。可谓动之以情。

在奏疏之末，又说前述州县逋赋如得豁免，"在九重不过豁纸上之虚数，在百姓则可受无穷之实惠，将见万姓欢呼于下，和气征应于上矣。"言辞恳切，几近乞求。

然而，这封乞求豁免岐山等县拖欠钱粮的奏疏，并无下文。

赋税得以大规模豁免，需要全国大环境的改变。而整个大环境发生改变，恰恰就发生在茹仪凤在岐山知县的任上。

康熙二十年（1681），清廷彻底平定了三藩之乱。至此，历经多年战乱，中原地区终获安定。于是，次年，康熙帝决定大规模减免赋税。《清圣祖实录》卷之一百零四载：

康熙二十一年九月壬戌。谕大学士等曰："自用兵

---

①　康熙《陕西通志》卷之三十二《遵谕陈言疏》，康熙六年刊本。

以来，百姓供应烦苦。朕前屡言，俟天下荡平，将钱粮宽免。……至陕西一省供应，较他省苦累加倍，钱粮尤宜宽免。"

康熙帝在给大学士等人的谕旨中说：自从用兵以来，百姓为保障供应劳烦辛苦。朕之前屡次说过，等到天下平定，要将钱粮宽免。至于陕西一省的供应，更是比其他省加倍苦累，钱粮尤其应该宽免。

当康熙帝已然产生了宽免陕西省部分钱粮的打算，这个时候，再由御史呈报说陕西岐山县此前通赋过多，难以完纳，请求豁免，康熙帝允准豁免也就在情理之中了。

一年多后，宽免陕西钱粮的具体政策出台，将陕西的地丁税及各项钱粮蠲免三分之一。《清圣祖实录》卷之一百一十三记载：

> 康熙二十二年十二月丙辰。谕户部："陕西西安、甘肃等处，前当大兵征剿之时，转输粮糗，办运刍荛，一应军需，取给闾里小民。由陆路供亿，劳费繁多。今既经荡平，朕心时切轸念，康熙二十三年应征地丁各项钱粮，着蠲免三分之一，以昭朕眷念民生劳苦之意。"

当然，茹仪凤一心为民的"至诚"之心，倒也无须怀疑。毕竟，一个僻处西北的小邑之令，身处那样一个环境当中，怕是也未必能精明到在揣测圣心上有如此准确的判断。只是我们作为后人，在重新审视历史往事时，可以更高、更全面的视角来剖析缘由和规律。

恢复发展

一

康熙二十二年（1683），康熙帝下发谕旨，将康熙二十三年陕西应征地丁各项钱粮蠲免三分之一。这是清代建立以来，陕西地区从未有过的大范围减免赋税。但是，跟后来的减免赋税的程度和范围相比，这次减免又算是"吝啬"了。

康熙二十二年的这次蠲免，只不过是开启了清代大规模减免赋税的一扇门。

仅仅四年后，康熙二十六年（1687），康熙帝再次决策，将陕西省康熙二十六年尚未完纳钱粮以及康熙二十七年全部地丁各项钱粮豁免。[1]

---

[1] 《清圣祖实录》卷之一百三十一：康熙二十六年十一月辛丑。谕户部："朕惟自古帝王，统御万方，乂安九有，殚心怀保，节爱攸先。……又陕西省钱粮，前虽已行蠲免，但念该省人民，用兵之际，转输馈饷，效力可念。再宜加恩，以弘乐利。其康熙二十七年应征地丁各项钱粮，及二十六年未完钱粮，亦俱予豁免。"

对于岐山县来说，短短五六年之中，先是请求豁免历年逋赋被允准。接下来，又随陕西其他州县一道，享受了宽免一年三分之一钱粮、豁免次年一整年钱粮及当年未完钱粮的连番"恩惠"。

虽然并无明确资料证明，岐山县累积逋赋问题就此彻底解决。但赋税问题得以大幅改善，现存民众得以安居，并由此开启一个恢复和发展的时代，显然是毫无疑问的。

康熙四十二年（1703），康熙帝亲自到陕西巡视。其间决策将康熙四十二年以前，陕西、甘肃各项积欠银米草豆钱粮尽行蠲免。并且要求，等到康熙四十三年，如果直隶各省都获得丰收，那么陕西省康熙四十四年的正供赋税也将免征。《清圣祖实录》卷之二百十四载：

> 康熙四十二年十一月戊午。……但秦省关系最重，且不通水运，抚绥尤宜加意。故不惮隆冬，跋履风霜，远临兹土。见百姓欢迎载道，且知今岁有秋，地方文武官吏，更能恪勤奉职，满汉军士，亦皆训练有方，朕心甚悦。凡巡幸所至，必大沛恩膏。今将陕西巡抚及甘肃巡抚所属地方，康熙四十二年以前各项积欠银米草豆钱粮尽行蠲免。俟四十三年，直隶各省咸获丰稔，当将秦省四十四年正供亦行免征。

　　康熙四十五年（1706），又免除包括陕西在内的多省的康熙四十三年以前未完地丁银及田赋。

　　康熙五十年（1711）时，已经进入晚年的康熙帝又产生了一个大胆的想法：将天下各省一整年钱粮全部免除。后来考虑到可能有兵需之用，分成三批，在三年之内各省轮流免征一年。[①]

　　康熙五十一年（1712），开始推行在征收人丁税时固定丁口数目的做法，即所谓"滋生人丁，永不加赋"。

　　康熙五十八年（1719），又以西陲用兵，陕西、甘肃百姓有转输劳苦之功，免除两省地丁银一百八十八万多两，及历年欠银四万多两。康熙五十九年，又因陕甘歉收，将二省康熙六十年地丁银一百八十八万多两全部蠲免。

　　接下来的雍正帝，在赋税蠲免幅度上，虽不及其父康熙帝，但在财政改革上，又往前迈出了一大步。

　　经过康熙后期固定人丁银后，此项赋税彻底与实际人口脱离了关系。但在实际征收中，又面临摊派不公的问题。于是，雍正帝决定将人丁银并入田赋计算，即所谓"摊丁入亩"。

　　如此一来，每户民众缴纳丁银的多寡，与其拥有的土地大小直接相关，这大大减轻了少地、无地民众的负担。

　　同时，在陕西遭遇旱灾时，雍正帝也连续两年蠲免陕西

————————————

　　① 《清圣祖实录》卷之二百四十八，康熙五十年十月戊午。

地丁钱粮四十万两。①

而到了乾隆帝在位期间，由于国库充盈，迎来了史无前例的数次全国性普免钱粮的时代。

先是乾隆十年（1745），乾隆帝下发谕旨，说自己在位十年，如今天下并无大量耗费财富的地方，尤其是无须支出军费。为效法皇祖康熙帝，决定将乾隆十一年各省钱粮全部免除。②

由于经历了一个大量土地从荒芜到重新开垦的过程，在清代中期，岐山县的土地兼并不严重，少有占据大量土地的地主，完全无地的佃农也不多。数量最多的，是占据少量土地的自耕农。

由此，钱粮普免政策的实行，能够很大程度上使得广大自耕农受益。

乾隆三十五年（1770），乾隆帝又以自己六十岁，以及明年皇太后将迎来八十大寿，再次普免天下钱粮。

七年之后，乾隆四十二年（1777），皇太后逝世。乾隆帝再次下发谕旨，说自己本来打算等皇太后九十大寿时，再次普免天下钱粮，如今皇太后已经仙逝，再无机会，于是就从明年开

---

① 《清世宗实录》卷之八十五，雍正七年八月癸丑。

② 《清高宗实录》卷之二百四十二，乾隆十年六月丁未。

始，再次实行一轮免除天下钱粮。[①]

二

乾隆十七年（1752）八月十日，陕西巡抚钟英上奏，本年自夏至秋，关中少雨，所属岐山县汇报，有数起穷民外出就食：

> 今岁，陕省西、同等属，自夏徂秋，雨泽稀少，秋收不免灾歉。经臣将被旱及谕藩司预筹抚赈各缘由，屡次具折奏明。兹据岐山县知县林华封禀报，该县与临潼等县，有携眷赴陇州等处就食穷民，先后数起，每起不过二三人。该县俱经资助劝归，并请将乏食欲为他往之户，酌借社粮，经过穷民捐给钱文劝回待泽等情。[②]

京师千里之外的小小一县，天气遇旱，不过只是数批、每批两三人的贫苦之民欲外出谋生，居然会层层上报，直至上达天听。这在明代是不可想象的事情。

当然，岐山县知县林华封后来因"贪鄙累民"等因，不

---

① 《清高宗实录》卷之一千二十五，乾隆四十二年正月辛卯。

② 台北故宫博物院藏清代档案《奏报处理岐山县穷民赴陇就食事》，乾隆十七年八月十日，陕西巡抚钟英奏。

久被罢官。①故而他所汇报的灾民外出情形，或许是打了折扣的。

在陆续收到陕甘总督、陕西巡抚关于关中多地遇旱的奏报后，八月十八日，乾隆帝下发谕旨，令河南巡抚在距离陕西较近的州县，酌情拨发漕粮，以备接济。确认多地受灾后，即令陕甘总督黄廷桂亲自到地方查勘，筹划救灾，对于受灾地区的钱粮缓征。②

十余天后，河南巡抚汇报，本省靠近陕西、山西两省的陕州、灵宝、偃师、孟津等州县，贮藏有漕粮二十万石，如两省需要，可以就近领用。③

陕西巡抚也汇报，已将延安、鄜州、秦州等地富余的十余万石粮食拨运备用。同时，临潼有商人囤积的数万石粮

---

①　关于这一点，详见本书第四章"两副面孔"一节。

②　《清高宗实录》卷之四百二十一：乾隆十七年八月丙午。又谕："前闻陕省夏秋以来，雨泽愆期，颇有旱象，……并饬河南巡抚蒋炳于秦豫邻近州县，酌拨漕谷以备接济。今据西安巡抚钟音奏报，西、同、凤、乾等属缺雨情形，是被旱地方，甚属广阔。……该督黄廷桂令其回至西省，亲行查勘，会同该抚悉心筹画。现在该督、抚已饬属缓征。"

③　《清高宗实录》卷之四百二十一：乾隆十七年八月丁巳。河南巡抚蒋炳奏，豫省界连秦晋，本年两省被旱广远，仓贮不敷赈粜。查附近山陕之陕州及所属灵宝、阌乡并沿河之偃师、孟津等州县，原贮漕谷二十万余石，可以拨运。再陕州西接潼关，东邻河东，且滨临黄河，一水可通，今拟将偃师、孟津等处贮谷，并运陕州水次豫备。如将来山陕需用，即可就近领运。

食，已经拨款前去采购，一并作为备用。①

此次关中普遍遭旱，终未出现大规模饥荒。

十二月，工部议覆，将包含岐山在内的九县城垣缓修。②

一直到次年正月，乾隆帝再发上谕，谓陕、晋多个州县去年夏秋遭旱，虽然现在春日和暖，但距离麦收之时尚远，对于受灾较重的州县，再加赈济一个月。③

三

在几番全国性普免钱粮、摊丁入亩以及积极赈灾的作用下，全国人口数量迎来了高速增长。据统计，乾隆六年

---

①　《清高宗实录》卷之四百二十一：乾隆十七年八月丁巳。陕西巡抚钟音奏，……臣豫筹抚赈粮石，恐各属常社仓贮谷不敷，将延、鄜、秦等属溢额应粜谷十余万石，拨运备用。复因临潼等处，有商囤粮数万石，并发帑前往收籴，以备平粜。报闻。

②　《清高宗实录》卷之四百二十八，乾隆十七年十二月己丑。

③　《清高宗实录》卷之四百三十：乾隆十八年正月戊午。谕："陕省西、同等属之耀州等三十七州县，晋省蒲、解等属之永济等十一州县，上年夏秋被旱，业令该督抚等加意抚恤，照例蠲赈。以期被灾穷黎，不致失所。今时届春和，东作方兴，距麦秋之期尚远，小民糊口维艰，朕心深为廑念。着加恩将陕、晋二省被灾州县内勘明成灾六分以上者，无论极贫、次贫，概行加赈一个月，以资接济。"

（1741）时，全国人口为1.43亿人①，到乾隆四十四年，增长至2.75亿人，几乎翻了一倍。

关于岐山县的人口，据乾隆《岐山县志》记载，到乾隆四十四年（1779），全县军民匠共一万八千五百三户。其中，民户一万六千七百五十三户，军户一千五百六十一户，匠户一百八十九户。较顺治十四年（1657）旧志所载的户数，增加了一万五千二百五十二户。男女大小共十一万三千一百五十四口。

这个十一万多的人口，应该即当时岐山县的实际人口数。不过，所载的户数，仍然可能并非实际居民户数。在清末纂辑的《岐山乡土志》卷三《户口》中，有这样一个记载：

乾隆四十八年以前，有口而无户。五十年，户二万八十五，口十一万三千四百六十一。

如果将乾隆《岐山县志》所载的"一万八千五百三户"视作实际居民户数，则至乾隆五十年（1785）时，短短六年，竟增加了一千五百八十二户。在户数如此快速增加时，总人口却只

---

① 《清高宗实录》卷之一百五十七：乾隆六年十二月庚申。会计天下民谷数。各省通共大小男妇一万四千三百四十一万一千五百五十九名口。

增加了三百多人，明显违背常理。

而且，清末时乾隆《岐山县志》仍为易见之书，此处却说"乾隆四十八年以前，有口而无户"，显然也是不以乾隆《岐山县志》中所载户数为实际居民户数。

根据清末《岐山乡土志》所载的乾隆五十年户数和口数，可以推算出平均每户5.65人。用这个数据，乘以顺治十四年（1657）的"三千二百五十一户"，可以得出18368人的结果。

也就是说，乾隆四十四年（1779）的岐山县人口数量，是顺治十四年的6.18倍。在这122年中，平均年人口增长率达15.04‰。

当然，由于顺治十四年的户数本身很可能并非实际居民户数，这种增长计算也只能视为一种参考。但是，乾隆四十四年时的岐山县人口，已经是清初的数倍，当无疑义。

那么，乾隆年间的赋税情况又如何呢？

根据乾隆《岐山县志》卷四《田赋》记载，民田每年征银二万九千六百二十四两五钱一厘七毫三丝，军田每年征银七百五十五两四钱二分九厘零。民丁每年征银三千六百五十五两六钱四分一厘。军丁每年征银一百九十两二钱七分四厘零。均徭征银每年为一千二百四十一两九钱四分一厘。

几项合计，约三万五千余两。

这个数字，是顺治十四年的1.35倍。结合人口数量已增长数倍的因素，平均摊派到每个人身上的赋税反倒是大大减少了。

第二部分

权力、财富与声名

第四章

权 力

官 吏

一

　　明清时期，州县为最基层的行政机构，其行政长官为知州、知县。以品级而论，知州、知县是行政体系当中级别最低的行政长官；但同时也是绝大多数民众唯一认识的"官"。他们往往终其一生，也不会了解和接触到比州县级更高的权力机构。

　　知县为一县的长官，全面掌管本县的治理。凡是县内的讼案审理、田赋征收、治安管理、兴文教、劝农桑，无一不在知县的权责之内。

知县之外，往往又设县丞、主簿等辅佐官员，分掌县内的粮马、税征、户籍等事。此外，知县还有若干属官，如典史、驿丞等。其中，典史掌监察缉捕、监狱，驿丞掌邮传及迎送过往官员。此外，县儒学还有教谕和训导两位儒学官，负责教诲开导县学中的生徒。

除了上述主要官员之外，县级行政机构之中，还有大量的负责具体事务办理的胥吏和差役人员。

前面在介绍岐山县署结构时，曾提及在县正堂两侧，分布有礼、户、仓、吏及承发、兵、刑、架阁、工、屯粮等"房"。诸房中负责人员，叫典吏。典吏以外，各房又往往有"书办"人员。典吏、书办也即通常所说的胥吏。

充任胥吏，需要满足一定的条件。首先要为本籍人士，熟悉本土风情；其次，要身家清白，不得有作奸犯科的记录；再次，要老成持重，须满二十岁；最后，要工于读写。

四项要求，其实只有读写能力是硬性要求，书吏主要从事文牍工作，读写基本功自然要扎实。其他三条是否符合，本身即存在巨大的模糊空间。

一般应征胥吏的人员，往往本身已经读过若干年书，但因科举出头无望，于是延师学习律令则例，以谋得一个书吏的位置。按照相关制度规定，胥吏任期不得超过五年。

从制度层面来看，胥吏既不是官，也并不掌握权力。但权力仿佛天然就有毛细现象，总会由掌权者流出一部分到那些接近权力的人身上。

在地方行政机构中，这种权力流转即为行政长官向胥吏。掌握权力的知县皆以科举出身，清代科举又以"八股文"取士，所以知县读的是圣人经书，擅长的是八股作文。这与治理地方所需要的对律例条文以及行政流程的熟悉相去甚远。

故一位新入仕途的州县官员，纵然雄心勃勃，等到开展具体事务时，仍然有诸多知识盲点，不得不交予胥吏执行。在这样一个过程中，权力的下移必然发生。

胥吏之外，又有差役，也叫衙役。最常见的为包含皂班、壮班和快班的"三班差役"。

皂班，即通常所说的皂隶，负责站堂、庭审行刑、主官出行护卫等事。壮班，又称民壮，负责巡逻、守卫衙署、协助缉拿人犯。快班，又叫快手、快壮，负责事务比较庞杂，有的地方负责捉拿、押送人贩，有的地方还负责催收赋税。

"三班"之外，往往还设有捕役，又称捕快，与"三班"一起，编为"四班衙役"。

几班衙役之外，还有门子、禁卒、狱卒、仵作、库丁、仓夫、更夫、驿邮兵丁等诸多种类，但以四班衙役最为重要。

胥吏由于缺乏前途和出路，社会地位已然不高。而相对于胥吏们终日以笔砚为伍，粗壮的衙役更被视为卑贱的职役。不过，与胥吏相似的是，衙役是一线执行人员，对民众来说，衙役是"官府"的人，如若无权无势，遇到蛮横霸道的衙役，只能任其欺侮。

胥吏与衙役常常会被归为一个大类，统称为胥役或者吏役。有时，衙役也会被纳入广义胥吏的范畴，这时所称的胥吏，往往包含书吏和衙役两个概念，相当于在说胥役。

二

胥役的腐败，几乎伴随着其存在的全过程。以诉讼案件为例，从开始的写状、预约登记、传递状子，再到提醒官员审理、坐堂，再到调解、结案。胥役们或引诱、或恐吓、或故意拖延，无一不是收取贿赂的机会。

嘉庆二十三年（1818），陕西道监察御史程伯銮曾在一份奏折中，详细描述过州县胥役之害：

> 凡狱讼，无论大小，初递呈词即需使费，谓之"呈子钱"；及呈审之时，又有打扫衙门之说，谓之"坐堂礼"。除人命盗案外，田土、婚姻各件，辄计家资之贫富为多寡，用费不到，则望审无期。若欲速提速结，则所费尤巨。内而长随茶房，外而书胥差役，莫不分润。
>
> 每签提一案，差役多至十数人，到彼先索鞋脚钱、

轿马钱。人证到案后，又索酒食钱、差使钱。不满所欲，则虽官长屡催，总以人证不齐登答蒙混。结案之后，又苛求辛苦钱、酬谢钱。案愈延，则诛求愈广。

查各衙门服役公差，便有定数，乃川省各州县粮快两班，多至千人，分为散差、总差、总总差名目。闻欲充当总差一名，用顶头钱或累千数，若非异取民膏以充私囊，何肯拼重费而入公门？故俗有"差头换举人，举人倒补一千银"之谣。倚官作势，贻害平民。积案之拖延，上控之繁多，未必不由于此。[①]

程伯銮这封奏折虽专就当时的四川而言，但类似的胥吏之害，实则全国皆然。

即便知县已在官场中历练有年，对于行政事务逐渐熟悉，同时又体恤民隐，对胥吏有所防范和约束，也只能在一定程度上减少胥吏们对民众的盘剥和苛索，而无法杜绝。这是因为，胥吏之害早已成为一项制度性的腐败。

从胥吏自身来说，以正式的规定而言，他们的薪酬相当微薄（有的甚至无正式薪酬）；而且，一旦成为胥吏，便失去了再次参加科举考试的资格。同时，还有五年的任年期限

---

① 四川省档案馆、四川大学历史系主编：《清代乾嘉道巴县档案选编》（下），四川大学出版社1996年版，第221页。

（尽管很多并未遵守）。

如此，胥吏一朝小小权力在手，抓住一切机会拼命变现，就成了必然。何况，不少知县自身也并不清廉，其个人的财富的积累，不少还正是通过胥吏们完成。如此一来，对于胥吏的种种舞弊也就自然放任了。

胥吏与差役一道，构成了基层行政体系中的几乎所有分支。某种程度而言，基层社会的治理，即是由胥吏与差役执行。昨日熟悉亲切的张五哥与刘二叔，一旦披上权力的外衣，霎时便异化为张牙舞爪的恐怖模样。

三

前文曾详述过岐山县自明代中后期到乾隆中叶的赋税情况。所用数据，基本来自明清时期修纂的《岐山县志》。这一点，全国皆然，在各地方志的"赋税"卷目及所编"赋役全书"中，都详细载明了本地的钱粮赋税。

赋税之中，田赋、丁税作为正额赋税，也称为正项钱粮。相应地，其他诸如均徭银、匠价银、契税等称为杂项。

不过，一地民众实际所需承担的赋税额，却又绝不止上述官方文书所载。

官方文书登载的赋税，正项也罢，杂项也罢，都属于朝廷核准的、公开的、明面上的。按照朝廷制度，州县征缴的大部分赋税都需解交本省布政司库。

如乾隆年间的岐山县，赋税各项每年共征银二万九千六百二十四两余。其中，解交陕西布政司库的就达二万四千七百零八两余。上解比例高达83.4%。

存留本县的，不过四千九百一十六两余，要同时负担本县坛庙祭祀、官师俸薪、廪膳、夫役工食、孤贫口粮等多项支出。

如果征缴赋税时，真的只按相关赋役的规定额度征缴，那么各级官吏岂非只能靠那一点俸禄过活了？如果当真如此，那"三年清知府，十万雪花银"，又从何说起呢？

实际上，在征缴赋税时，在规定的额度上加额浮收，早已是普遍情况。此间情况，以雍正年间河东总督田文镜的一次上奏中，剖析得最为清楚。

雍正六年（1728）五月，新设河东总督一职，兼管山东、河南二省，首任总督田文镜。九月，田文镜上奏，详细分析了山东赋税征缴困难以致积欠的原因。

奏折开门见山，指出了赋税问题"一由于各州县之火耗太重，一由于各州县之私派太多"。①

接下来，奏折先谈了私派太多的问题：

---

① 台北故宫博物院藏清代档案《奉到原折七扣恭缴并谢圣训》，雍正六年九月初八日，河东总督田文镜奏。后同。

　　私派之扰累，总在壹贰小民，其各绅衿、贡监，不敢过问。其各衙门书役，不敢滥加。更有不肖绅衿，从而把持，二三土棍，从而附和，使小民饮泣吞声，不敢言喘。用一派十，而此辈竟得从中分肥。故乐于地方官之派，而不乐于地方官之不派。[1]

　　既然把持、附和私派的绅衿、土棍们，都能从中肥已，那执行征缴事宜的胥役，自然就更是炙手可热的肥差了：

　　故人人谋充里书、总书，每于年终点充之时，每名出银贰拾肆两、贰拾两、拾陆两不等，先送入官，官得其陋规，即行点充。是以有地方官明知其蠹害，而贪此陋规，决不肯革。[2]

　　很多时候，地方官不能严厉地约束胥役贪污，实在也是自己为官不正，被人家抓住了把柄：

　　官而清正者，尚知忌惮，若官而一有亏空，一有婪赃，即被此辈挟制，更为惟所欲为。故往往为之诱，官

---

① 台北故官博物院藏清代档案《奉到原折七扣恭缴并谢圣训》。

② 台北故官博物院藏清代档案《奉到原折七扣恭缴并谢圣训》。

以致亏空，可以肆其挟制之私。[①]

地方官与胥役们为了肥己，肆意加派浮收，"甚至有令民先完私派，后完正供者"。如此一来，朝廷所定的钱粮赋税，自然会征缴困难。

正因为如此，对山东的钱粮亏钱，田文镜总结说"半亏在官、半亏在役，而实在民欠者无几也"。

造成赋税问题的另一个原因是"火耗太重"。所谓"火耗"，指银锭融化重铸时的折损。为了使得重铸的银子足额，在征收时会加收一定比例。通常，以"火耗"名义加收的部分，总是大于实际重铸中的折损，这多出来的部分，又会收入官员囊中。

本来，山东定的火耗标准，是加收18%，但在实际执行中，各州县往往加征20%以上，有一直加到27%、28%的。火耗过重，百姓难以承受，征缴自然困难。[②]

私派太多也好、火耗过重也罢，表面看来，都是由州县官及其衙门胥吏所为。但这绝不等于这些贪占所得全都进了

---

① 台北故宫博物院藏清代档案《奉到原折七扣恭缴并谢圣训》。

② 台北故宫博物院藏清代档案《奉到原折七扣恭缴并谢圣训》：至于火耗太重，正项不完者，其故何在？臣查东省耗羡，统系加一八，内除解费添平并存县办公银两外，悉行解司。而州县则征加二、加二五、加二七八不等，耗重而民力不支，是以艰于输纳。

基层官员和胥役的腰包。

须知州县官及胥役们得以大肆贪占，唯一的原因就是拥有权力。而决定他们能否拥有权力的，则是更高级别的官员：

> 从来大法则小廉，上行则下效，州县之加耗加派，其利全不入州县之手，其罪全不在州县之官。自巡抚、布按两司、道、府、直隶知州、同知、通判，皆不得而辞其责也。山东州县不论大中小，每州县给养廉银一千两，而上司陋规每年却用至四千两，断不可少。①

如此一来，除非州县官靠"贷款上班"，否则绝无清廉的可能。

此外，田文镜还在奏折中列举了令人咋舌的数十项州县需要缴纳的规费，总计达到二三千两。②如此一来，自然就

---

① 台北故宫博物院藏清代档案《奉到原折七扣恭缴并谢圣训》。

② 台北故宫博物院藏清代档案《奉到原折七扣恭缴并谢圣训》：及解丁地钱粮，则有鞘费、部费、敲平、饭食、验色、红簿、挂牌、草簿、寄鞘、发鞘、劈鞘、大门、贰门、内栅、外栅、巡风、付子、实收、投批、投文、茶房等名色。每解银一千两，约需银三十两不等。又解黄蜡、牛角、弓面、轻赍席草盐钞、临仓使费、河银解费、驿站使费、起解夫马小建、闰月裁减各役小建等银，添搭奏销部费册费、稿房册费、粮金部费、外房使费册费、本府封筒民壮帮贴、本府更夫炮手听差厨役水火轿伞等夫起解课程，按察司刑名部费，以上各项约得二三千两不等。

出现了下文描述的局面：

> 上司之需索不已，则各属之供应实难，不能不向小民而加耗加派。虽有自爱之州县，初登仕籍，正思发抒其幼时之所学，以致君泽民。而临以贪得无餍、分厘不饶之上司，不得不改廉易节，大丧其平生之所守，唯唯以从命也。上司日眈眈而坐索，而欲使州县之不取于民，其势不能。[1]

此类陋习沿袭一久，即成为官场制度的一部分。对于私派赋税、加重火耗等收益，州县官若是不拿，知府、道台怎么拿？知府、道台不拿？督抚怎么拿？督抚不拿，朝廷中枢的大员们又怎么拿？各级官员又如何"进步"呢？

当然，以道理而论，各级官吏自有应得之俸禄（清中期以后还有数额更高的养廉银），官吏升转，自然也应该根据政绩、官声，按照相关迁转程序来。但这世间，有许多道理也只在道理自身当中行得通。

道光二年（1822），直隶布政使屠之申上疏，言及直隶地区差役、均徭事宜。此时距离田文镜上奏，已过近百年，但从其所奏内容来看，加派浮收及征收中的不公，是一

---

[1] 台北故宫博物院藏清代档案《奉到原折七扣恭缴并谢圣训》。

点点也没有改观：

> 百姓们负担徭役差银，本来是按照拥有田亩的多少均匀摊派。无奈却施行不善，先是对缙绅大户予以优免，继而对举人、贡生、生员、监生等士人也优免。甚至连书吏、门斗、兵丁等衙门里的胥役人等，也都借口说已经亲自服了差役，一概优免。不但编外差役日益增多，更有人找同姓族里口才好的人，凑钱给捐个身份，用来免除全族的差银。
>
> 免除差银的地亩越多，那么缴纳差银的地亩就越少，缴纳差银的地亩越少，那么单位面积的地亩需要出的钱就越多。以至于辛勤耕种的农民，每一亩地，要缴差银两百至四百文不等，比正项钱粮每亩征银一钱银子还要翻倍。①

----

① 原文见《皇朝经世文编》卷三十三《户政八·赋役五》，道光二年《敬筹直隶减差均徭疏》：至百姓承办差务，历系按地均摊。无如奉行不善，始因缙绅大族加以优免，继而举贡生监亦多优免。甚或书吏、门斗、兵丁、差役，一切在官人等，均谓以身充役，概行优免。不但自役日多，更有同姓之人择族中狡辩者，凑捐微名，以免一姓之差。免差之地愈多，则应差之地愈少，地愈少，则出钱愈增。以至力作之农民，每地一亩，出钱至二三四百文不等，较之正赋每亩征银一钱上下者，多愈倍蓰。

　　缙绅也罢、士人也罢、差役也罢，人人都有自己的一番理由、一番说辞，来说明自己应当免除差银。可谓"八仙过海，各显神通"。唯独既无财势，又无身份，又无衙门的关系的升斗小民，没有可以免除的借口。

　　这就形成了一个讽刺的结果：只有小民无钱无势，差银就只好摊派给他们了。

贤　守

一

　　作为官修史料的地方志，自然不大会记载本县官员胥吏们曾如何上下其手，营私舞弊。那些为官一任，造福一方，在本地留下诸多"德政"的贤明官员，才是方志热衷于树碑立传的。

　　乾隆《岐山县志》卷五《官师》载：

　　　　傅铤，直隶灵寿举人，万历四十三年任。能解一切繁苛，宽然与民休息。祀名宦祠。

　　这是说，万历四十三年（1615）出任岐山知县的傅铤，在任期间解除了繁重苛刻的赋税，治理宽松，使民众休养生息。后来傅铤入祀岐山名宦祠。

以上便是乾隆《岐山县志》中，对于傅铤的所有记录了。所幸，通过对其他文献的钩沉，我们可以了解更多傅铤治岐的事迹。

在光绪《岐山县志》中，收录了由岐山进士曹暹所作的《傅公铤去思记》。所谓"去思记"，指地方官离任后，地方士绅感念其德政，作文颂扬，以表去后留思之意。通常，记文写成后都会勒碑，是为去思碑。

《傅公铤去思记》极力强调了傅铤在任时对减少民众负担的贡献：

> 夫今之岐，非昔之岐久矣。我里孔瘠，征榷益繁……公至，则解一切苛娆，而荡之以恩膏。

文中说，今日的岐山，早已不是昔日的岐山了。所谓"昔"，指的是商末周初，周太王、周文王、周公等圣贤治理岐山的时期。按照传统儒家学说，他们施行的几乎是一种趋于完美的治理。而大明后期的岐山，则是征税日益繁重。傅大人到任后，把一切苛虐和骚扰解除了，施与民众恩泽。

傅大人作为区区知县，自己便能做主把"苛娆"都解除了？恐怕曹暹所说的"一切苛娆"，并非指朝廷正式的赋税和差役，而是地方胥吏乃至前任知县们为牟私利的虐政。

这篇记文中，就专门讲到了傅铤对于胥役的严格约束：

傅大人登上公堂，左右看视，承应的胥役们惴惴不安地站立着；然而跟民众亲近起来，就像小孩子享受哺乳一样。遇到诉讼官司，双方状书呈上，傅大人每每以只言片语，便能了解真实情状。等到召见时，勤勉地问他们疾苦，必然耐心听他们诉说完。征收赋税的时候，不论远近，都逐次办理，乡里没有哀痛之声。①

爱民之外，傅铤同样爱士。记文又谓：

傅大人又不时莅临学署，为在学生员们讲课，教授古文、礼乐知识，在任期间考中了数位进士。人口开始增长，流离民众也回乡安居。更没什么强盗。②

这里说傅大人亲临学署授课，应当所言不虚。但是说经

---

① 原文见光绪《岐山县志》卷八所录《傅公铤去思记》：登堂左右顾，胥役惴惴负霜立。而其狎于民，若倪孺之就哺。两造具，每以片语得其情。及见，亹亹问疾苦，必竟辞。逋赋无远迩，俱次第办，里舍弗告痛也。

② 原文见《傅公铤去思记》：又以间莅泮藻，课诸弟子，修古文礼乐之事，隽起标南宫数辈。生齿繁殖，流移究宅向附者，衍负版焉。更无探赤白丸于掌中者。

其授课之后，即考中了数位进士，恐怕是有所夸张了。

岐山县自万历四十三年（1615）起，二十年内，一共也只考中了两名进士，一位是梁建廷，一位即记文作者曹暹。梁建廷是万历四十三年举人、次年进士，正好与傅铤在岐任上重合。而曹暹则在万历二十七年便已先中了举人，天启二年（1622）中进士，硬要把自己也归功于傅大人指点，着实牵强些。

不过，无论如何，在减轻民众负担方面，傅铤应该当之无愧。[①]

关于傅铤的离任，记文这样说道：

> 傅大人只知道哺育民众，对于做官看得很轻，本来政绩当为最优。后来，偶然间举措不称上司之意，立即便辞官归去。到如今，岐山父老们思念起傅大人来，仍然像婴儿忽然离开哺乳那般啼哭不止。[②]

---

① 原文见《傅公铤去思记》：盖公为人诚廉，不苟一介取予，惟是宽然，与民休息。使之培气归德，俗用不偷，真能乳哺斯民，而无忝厥义。文治所咏，庶几近之。

② 原文见《傅公铤去思记》：公但知乳哺百姓，而且脱屣一官，当报最。后偶弗当意，辄释绂去。至今父老思慕，犹如婴孺之乍离乳哺而啼号不置也。

曹暹的这篇《傅公铤去思记》，文末署"崇祯八年孟秋"。这一年，距离傅铤就任岐山知县，已经有二十年，距离离任，也已经有十六年。与一般去思记文相比，相隔要久得多。

这一点，大概跟当时的局势不无关系。崇祯八年（1635）时，明朝已经进入了极为动荡的时期。外有强邻压境，内则变乱丛生。崇祯六七年间，关中西府又发生了严重的旱灾、瘟疫。同时，民众还要面对摊派的"三饷"，真可谓民不聊生。

当此之时，二十年前傅大人治岐时的"与民休息"，能不让人怀念吗？

二

岐山知县傅铤的后裔，至今仍收藏有《傅氏家乘》等文献，其中有数处涉及傅铤，记载了他在岐山知县任上更为详尽的施政事宜。①

---

① 作者按：在搜集傅铤相关资料中，偶然在互联网上发现了未曾见闻的资料，经过联系，获知发布者是傅铤的后人傅志伟先生，资料来源是《傅氏家乘》等家传文献。后得傅先生积极协助，得到其中《傅铤传》《岐山县公举前任知县灵寿傅公从祀名宦祠呈》等文。诸文献迄今尚未见公开出版发行，文中所引，皆据傅志伟先生提供的文稿拍摄图片。

《傅氏家乘》中的《傅铤传》记载：

> 傅铤，万历二十八年中举人，任陕西岐山县知县。施政重在以道德教化，不轻易用刑，即便是动刑的时候，每次打到十几下，傅大人自己都难过得掩面流泪。在任期间，有平均赋役、清理驿递、严查保伍、疏通沟渠等善政，民众大受便利。

随后，传记中详细讲述了几件事。

第一件，寻妻案。岐山有位民众报告官府，说自己妻子丢失了。傅大人详细询问由来，回答说妻子是要回娘家，半路上有个大庙，里面结构曲折。管庙的庙祝历来凶残狡猾，想来必定是被他藏起来了，只是没有证据。

傅大人听闻后，假装将这桩案子放在一边，置之不理。过了十天，那人的妻子自己逃脱回了家，果然是被庙祝藏起来了。傅大人查明真相，捉拿庙祝后诛杀。对于此前假装置之不理，也讲明了缘由，说道："当初我要是着急，此妇人恐怕没有出来的机会了。"言下之意，如果案发后立即大动干戈搜寻，恐怕会让庙祝狗急跳墙而杀人灭口。

第二件，封禁金矿。岐山西山有金银矿，总有民众盗采。按以前的规矩，知县每年会例行公事般地去"查禁"一次。而那些盗采的人，这时便会给知县老爷献上黄金、白金共千余两。如此这般"查禁"，实在跟收取保护费并无二异。

当胥吏把这个财路告诉傅大人后，他却拒绝跟前任们一样收取金银，并且说："县令乃是为朝廷守卫律法的，怎么能与盗贼同流合污？"于是，鞭打驱逐了指点他财路的胥吏，捉拿盗采金银矿的人将其绳之以法，而后又严格封禁了矿场。

第三件，归葬亡人。有个叫陶广文的外地人，亡故在了岐山，好几年都没能回乡安葬。傅大人资助了费用，并安排差役护送还乡。[①]

傅铤在岐山任职期间，对于境内金银矿这样于别人来说可谓求之不得的发财良机，是完全拒绝的态度。而遇到难以归葬的人，却予以积极资助。如此做官，恐怕发不了财。也

---

① 原文见《傅铤传》：铤，行二，字用砺，号璞庵。……万历庚子领乡荐，筮仕陕西岐山知县。务以德化民，不轻施刑朴，每笞人至十余，辄掩面挥涕。有均赋役、清驿递、严保伍、疏壅渠诸政，民甚便之。善政甚多，今记其一二焉。岐民某失妻，诉公求理。公讯其故，其妻归宁母家，途次有巨庙，中多曲邃。庙祝素凶狡，意必为所匿而无验考。佯置之，若不为不理。越十日，其妻逃归，果匿庙祝所也。公廉得其实，收庙祝按诛之，曰："吾初若急之，此妇终不出矣。"岐之西山有金银矿，民多盗采。故事，县令岁一查禁，采者率献黄、白金千余两。吏白其事，公峻却之，曰："令为庙廷守法，顾与盗同污耶？"即笞逐吏，辑盗采者置于法，而严为封禁焉。先是，有陶广文客死岐，数年不能归葬。公厚为资给，遣役护其丧还。

无怪乎传记中又有这样一番记载：

> 傅大人做官清廉谨慎，没有积蓄。家人亲戚对他说："老爷你已到了暮年，做官期间一点钱也不积蓄，将来辞官归田，可怎么为子孙们谋划？"
>
> 傅大人说："我这衙门里的子孙、仆人、奴婢一共有二十几人，都是靠岐山养活，可有一根丝线、一粒粟米是从灵寿老家拿过来的？如果还要再谋划私人积蓄，民众将怎么受得了？而且子孙辈能不能自立，也不在于父辈们留给钱财的多少。"①

傅铤在任岐山知县期间，清廉为官，不蓄私财；尽量减轻民众负担，让他们休养生息。故而离任后，民众怀念不已。

傅铤离开岐山时，送别的民众达万人。之后，岐地民众为其建立了生祠，叫作"傅天祠"。

民众在祠中制作傅铤的肖像，之后，又写下歌颂文章刻于碑石，每年春秋各举行一次祭祀。刻于碑石的歌颂文章，

---

① 原文见《傅铤传》：公居官清谨，囊无余资。戚属谓公曰："公年已及暮，在官不蓄一钱，异日归田，何以为子孙计？"公曰："吾衙内子孙仆婢二十余人，皆仰足于岐，一丝一粟，岂从灵寿赍来者也？谋及私蓄，民将何堪？且子孙之能自立者，不在祖父之遗资厚薄也。"

当即是曹暹所作的《傅公铤去思记》。

而后，御史官员采纳舆论，将傅铤从祀于岐山县名宦祠，又祀于灵寿县忠义祠，并载入县志。[①]

与民众自发建立的生祠不同，名宦祠、忠义祠都是隶属官方管辖的祠祀系统，想要入祀其中，必须经历严格的呈报、审批程序。

傅氏后人所藏的文献中，收录了《岐山县公举前任知县灵寿傅公从祀名宦祠呈》，便是当时岐山民众申请将傅铤入祀名宦祠的呈文。呈文一开始，列出了公举人员：

> 岐山县乡宦曹暹等、举人李愈芳等、贡士梁仕等、阖学生员庞朴等、乡民张永清等，为公举久著循良，入祀名宦，以光俎豆，以慰群情事。

其中，曹暹是退职在乡人员，算是标准的“乡绅”；李愈芳为举人，梁仕为贡生，庞朴为生员，这三类都是“士人”；张永清则为乡民，可算作“齐民”。可见，对于傅铤德政的感念，几乎遍及当时岐山的各个阶层。

---

① 原文见《傅铤传》：公之初去岐山也，士民攀送者万计。肖貌以祀，称为“傅天祠”。复为歌颂，镌之石，每春秋祭，必歌焉。后台宪采舆论，从祀名宦，祀木（本）县忠义祠，载县志。

呈文之中，更是详细列举了傅铤在岐山县的诸多德政：

> 追念本县前任知县灵寿傅公，巍科崛起，令范独标。入境而如伤视民，下车而精勤莅事。条鞭设而赋役无繁，驿递清而输蹄不扰。
>
> 严保伍之法，闾阎无敢藏奸；平贸易之资，行户毫无亏价。察情而赎还犯女，捐金以收瘗孤贫。开仓以赈荒民，千家举火；决渠以作甘雨，万顷饶田。式封孝子之庐，而人笃色养；归陶广文之梓，而士重师儒。书著论蒙，揭忠孝仁义之旨；规申讲约，敦姻睦任恤之行。
>
> 至于表烈贞，惠嫠寡，补风气，葺学宫。闺闱多士女之修，誉髦奋登庸之会。至诚动物，无忍或欺。周信通天，有祈必应。吏胥抱案而辟易，畏若神明；村愚叩阶以质成，狎如倪儒。既畏威而怀德，自息讼而措刑。守绝一尘，咫尺有风抗云垂之诵；功成三务，亿兆兴树荣水湛之歌。帘净鸣琴，一樽风月身无事；窗虚雉乳，百里桑麻岁有秋。即三岑并列三秦，恐一邱难媲一传。

关于傅铤的离任，前引曹暹的记文，说是"偶弗当意，辄释绂去"。在这份呈文中，也说"五斗折腰，顿其彭泽之想。释绂归去，卧辙难留"。汇总起来，便是傅铤因为任职期间，不愿为五斗米折腰，以致不合上司心意，于是决意辞官而去，归隐田园。

其中具体缘由，并未清晰说明。不过，这也可以推测。傅铤出任岐山知县的万历末期，明廷的统治危机正在逐渐加剧。万历四十六年（1618），即傅铤担任岐山知县的第三年，由于辽东军事压力倍增，军饷不足，朝廷在全国普遍性加派田赋，是为"辽饷"。

这与傅铤行政秉行的"与民休息"正好相反。辽饷的加派，本来就大幅增加了民众的负担，征收期间，又有不少官员为牟私利而再行加收。如此一来，一些体恤民隐的州县官员，拒绝配合而开罪上官，也就无足为奇了。

三

对于清代历任岐山知县，乾隆《岐山县志》第一个着墨较多的是王毂。卷五《官师》载：

> 王毂，江南江都籍，高邮州贡生，顺治十二年任。是时，承平之始，城郭、户口尚多凋残，毂因筑缭垣以卫仓库，修庙学以培士风。纂修邑志，安抚闾阎，具有苦心。观入岐有感诗及怀古赋（诗赋见《杂记》），知不仅学问渊深也。

　　清代第一版《岐山县志》，便是在王毂的主持下纂修。在清初岐山尚处百废待兴的凋残之中，能够用心于方志，为地方留下这一珍贵史料。就此一点，即可看出他绝非庸碌之辈。

　　在前文讨论清初岐山一片萧条的景象时，曾征引过王毂所作的序文以及在县志《赋役志》中的感慨，可以初窥这位知县的恻隐之心。另外，王毂还曾在岐山任上作过不少诗赋。比如这首《初入岐邑有感》：

　　　　山城兵后尽邱墟，极目凋残泪暗歔。
　　　　吏逐破檐追逋赋，民啼荒陇怯耕锄。
　　　　监门空绘流亡图，太傅虚陈痛哭书。
　　　　迂略自知无补救，忍看遗孑逼沟渠。①

　　诗中写岐山经兵火洗劫后，民众回归家园却又遭遇追缴欠赋。自己也曾努力向上陈述民痛，可惜却未有效果，无奈不能拯救民众。

　　而在《岐山怀古赋》中，这种对于当时民众所受创痛的不忍，王毂表达得更为彻底：

①　乾隆《岐山县志》卷八《杂记》。

试向空城凭眺，不禁四顾凄惶。人迹杳绝，烟火微茫。荆榛塞道，瓦砾充墙。风摧败栋，月冷颓廊。饥鸢昼伏，野稚宵翔。鹃夜泣兮青冢，鸟暮号兮白杨。鹰隼搏兮署侧，狐兔穴兮舍傍。

画栋烟消，莫问繁华故址；璃台冰化，谁留歌舞遗坊。吊古征奇，山川黯淡。寻幽选胜，草木凄凉。

膴膴周原，想见当年富庶；萧萧遗子，半成今日逃亡。白骨山高，仅保离群鸿雁；青磷夜遍，空嗟觳首牂羊。

触目流离，谁为绘郑监门之画；频年饥馑，何从望汲都尉之粮。露宿原栖，影形共吊。星零犇散，魂魄相将。林莽昏翳，怯度溪烟。野月村墟灭没，惊看人迹桥霜。

吁嗟噫嘻！旧事既难问，新愁莫可当。一望破垣埋蔓藓，几家残墓绝蒸尝。无人对月不挥涕，到处思乡皆断肠。痛莫痛兮，家破。惨莫惨兮，兵觞。可怜革代兴亡慨，总付西风叫秃鸧。[①]

县志中，记述王榖曾修建仓库、监狱围墙，又修缮文庙、城隍庙，重建润德桥、驿站等。泛泛而论，这些都不是

---

① 乾隆《岐山县志》卷八《杂记》。

什么了不起的大工程。但处在那样一个艰难的环境中，这些怕也已经是王毂所能做的全部了。

王毂本传中"安抚闾阎，具有苦心"八个字，可谓道出了彼时想要抚平疮痍却又力有不逮的万千无奈。

四

王毂之后，县志中重点记述的下一位知县为茹仪凤：

> 茹仪凤，字紫庭，宛平籍，河内县监生。康熙十八年任。工诗文，有胆识。凡教养之务，必尽力为之。尝修庙学，创立朝阳书院。而尤以苏民困为急。
>
> 先是，岐民当兵燹之后，苦荒田追赋，历有余年。往令亦由是屡去，然难于议蠲。仪凤伤之，慨然以为己任，遂力白上官，以请于朝，竟得免荒田一千余顷。士民感之，为建生祠，富平李太史因笃为之记。后历官甘肃按察司副使。今祀名宦祠。

在前面的部分，详细讲述过茹仪凤在任期间，曾向上陈诉，最终使得岐山县一千余顷荒田赋税得以豁免的经过。重修文庙与儒学之事，也曾略有提及。这里不再重复。

这里谈一下创立朝阳书院的事情。关于朝阳书院，县志中只有一语提及，并未有详细介绍。所幸与茹仪凤交好的名儒李因笃，曾作过一篇《创建朝阳书院序》，其中介绍了一些基本情况：

> 茹仪凤在担任岐山知县三年后，完成重修学署的工程。于是又在学署西边，创建了朝阳书院，堂中祭祀宋儒张载，并于其中设讲席。书院房屋完备后，又置办数百亩学田，以其产出资助学生，这笔费用乃由茹知县个人出资。①

而后，李因笃还曾应邀在朝阳书院讲学数月。此事在其所作的《茹明府紫庭初度序》有详细记述：

> 茹知县近来创建朝阳书院，备好丰厚礼物与车马自山中邀请我。召集贤士数百人，研习经学，亲自到城郊迎接我并安排好馆舍，各项器物齐备。次日茹大人早

----

① 原文见《受祺堂文集》卷三《创建朝阳书院序》：茹明府莅岐之三载，筑学官既成，于是即其西偏，创朝阳书院，祀宋张诚公学堂上，而设皋比讲学其间。自邑人士，推之四方，楹舍咸具。置田数百亩，瞻来学者，悉自倾其箧为之。适予游岐，明府暨博士刘君淑止并有旧，因得至庙。班荆院之前亭，徐询所繇，喟然知明府之好学而达于有政，临先王之邑而勤作人也。谋始不辞难，择地之宜，寓意深而成功敏也。（李因笃撰，清道光七年刊本。）

起，恭敬在堂上使用牲礼祭祀宋儒张载，亲自为诸子作表率，剖析疑难。丰盛的礼仪已经陈献，每天均三次到书院，风雨无阻。

学政合肥许大人、知府范阳曹大人及其仪驾前来宴饮，包括随从在内，皆贡献其俸禄以助书院，宾客热闹非凡。讲学数月，我才告别离去。

我虽不才，如何值得为此事这么用心？只是儒者们动辄斥责佛道，而如今佛道之人聚集徒众请教学业，至今议论纷纷，我们儒辈除了文人间集会之外，便再无讲述。

况且茹大人身处迟钝损耗之地，经历兵火之后，征收赋税尚且没有闲暇，却意志坚决地追求三代礼乐，不是其才能过人，而是准备大有所为，这岂是轻易遇得上的？[1]

---

[1] 原文见《续刻受祺堂集》卷二《茹明府紫庭初度序》：而明府顷作朝阳书院（作者按："顷"字，在刊本中左边为"土"，右边为"页"，此字难以查考。据文意，似当为"顷"字，即"近来"的意思。），厚币具與马，迎予山中。召集多士数百人，讲求经术，郊劳授馆，备物熙如。明府晨兴，肃牲牢，祀宋张诚公堂上，躬先诸子，更端析疑。丰礼既陈，廪台相继，日率三至，风雨不违。学宪合肥许公、郡伯范阳曹公，并驺旆式临宴饮，逮其僚从，一薪一粒，尽倾薄禄给之，履舄雍容。数月，予始别去。予不佞，何足为斯举重轻？顾儒者动斥二氏，今释老聚徒请业，至今纷然，而吾党坫坛岐以外无述焉。况明府居钝耗之区，罹兵戎之后，悉索散赋之不暇，而独锐意于三代之礼乐，非其才之兼人，而度量之大有为也，岂易遘此哉？（李因笃撰，清道光十年刊本。）

可惜的是，朝阳书院的运行时间并不长，甚至有可能在茹仪凤离任不久，就告中止。

对岐山书院建设产生深远影响的，则是乾隆四十三年（1778）署任知县的郭履恒。由于乾隆《岐山县志》是郭任内纂修完成，故志内的郭履恒信息极为简单[①]：

> 郭履恒，山西兴县壬午举人。邠州三水知县。乾隆四十三年署。

通过郭履恒所作的《创建凤鸣书院记》，我们可以对这位知县有更多的了解：

> 教化乃是知县重要职责，而士子学业，又是教化中最先当做的，这是书院必须设立的原因。岐山是周王朝的旧都，历代都有杰出人才。
>
> 然而近代以来，不但贤人弱于古时，就是科举的兴盛，也逊色于前代。难道是生徒的资质不好吗？讲授没有专人，学习没有场所，当然也就无法培养出杰出人才。

---

① 一般主修方志的官员，都不会在志中评价自己，以免"王婆卖瓜"之嫌。

先儒子夏说过："各行业的工匠要在作坊里，完成自己分内工作。"管子说过："士农工商，不要使他们杂处。圣王安置士子，使他们居住在清净闲适的地方。"如果不在清净闲适的地方，言论就会纷乱，学业就会变易。①

这里说岐山"科名之盛，亦逊于前代"，确实有所根据。

以乡试为例，岐山自明代宣德元年（1426）至嘉靖三十四年（1555）的一百三十年间，一共考取了四十名举人。而自顺治元年（1644）至乾隆四十四年（1779）的一百三十六年间，却一共只考取了十七名举人。时间跨度接近，考取数量尚不足明代的一半。

至于进士，差距就更大了。岐山自明代正德十六年（1521）至崇祯十七年（1644）明亡的一百二十四年间，

---

① 原文见乾隆《岐山县志》卷二《建置·凤鸣书院》所录《创建凤鸣书院记》：夫邑令之所司，政教而已矣。政以爱人为重，而教以课士为先，此书院之设所不容已也。岐山为周室旧邦，其人文蔚起，代有殊尤。顾近兹以来，不特霭吉之称弱于隆古，即科名之盛，亦逊于前代。岂生质之多不美耶？讲画无其人，习肄无其地，固无由造而成之，使铮然以名于世也。子夏曰：百工居肆，以成其事。管子曰：四民者，勿使杂处。圣王处士，使就闲燕。盖不闲燕，则言必哤，事必易。不居肆，亦未有专精深造以成其业者。

一共考中八名进士。而清初至乾隆四十四年（1779），仅在顺治四年（1647）考中过一名进士。[①]

记文中继续写道：

我于乾隆四十三年夏天来任岐山知县，观察县里生员童生们，感叹他们天资不错却未能好好学习。于是即刻捐出自己的俸禄，聘请老师，在南门内的药王庙里聚集学生授课。

第二年[②]，又以前任知县平世增所建的金川凯旋公署改为凤鸣书院，取"凤鸣朝阳"的意思。于是再次捐出养廉银四百两，倡导此事。县里乐于帮助的绅士们，一共捐银三千六百多两。以每年所生利息，作为书院师生的用度。

书院部署周到后，又召集绅士作了一番宣告。说："事情难于举办但容易荒废，不能不慎重，以为长久打算。岐山的书院，昔日有崇德、文宪的名号，今天想要

---

① 作者按：乾隆《岐山县志》中，记康熙五十年举人李际盛于次年考中进士，有误，实际并未考中。

② 作者按：关于设立凤鸣书院的时间，原文说是郭履恒就任岐山知县后的"越明年"。"越明年"的本义，当指第三年。但乾隆《岐山县志》于乾隆四十四年冬刊刻，即已收入此文，故此处的"越明年"，当指郭履恒就任岐山知县的第二年，即乾隆四十四年。

求得一片破瓦、一堵断墙，都找不到了，什么原因呢？或者是由官吏主管，免不了侵占贪污；或者没有专责人员，多有衰败，对这些都应该思考弊端以预防。这次创建书院，经营是由我开始，但仍然要使岐山人中的正直者来管理。年岁久了之后，应该各自再举荐人员，更换管理。凡是书院的收支，要记录数目，不能使其专行。如果这样，还是最终废坏，那便是岐山人辜负了我，也就是岐山人辜负了岐山人。"①

郭履恒的这番劝告，真可谓苦口婆心。之所以如此，正是由于看到以前的各种名号书院都未能长久，从而担心由自己创建的凤鸣书院，也会是相同的命运。毕竟，自己又能在

---

① 原文见乾隆《岐山县志》卷二《建置·凤鸣书院》所录《创建凤鸣书院记》：余于戊戌之夏来莅兹土，观邑中生童所造，叹其质美而未学也。即捐俸延师，择地于南门内之药王庙中，聚而讲读焉。越明年，将以前令平君世增所建金川凯旋之公署，取"凤鸣朝阳"之义，改设为凤鸣书院。因复捐廉金四百，以倡其事。而邑之绅士乐助者，酿金得三千有六百。计所入之息，分师生之用。部署既周，爰进绅士而告之曰："事有难举而易废者，不可不慎，乃永图也。岐之书院，昔固有崇德、文宪之名矣，今求其破瓦颓垣，无复存者，其故何欤？或经官吏之手，不免侵渔；或无专责之人，中多委谢，皆当思弊而预防之。斯举也，经之营之，余始其事，仍俾岐人之正直者分理之。历有余年，当各举其人，以更理之。凡所出入，掾记其数，而无所得专。若是，犹有废焉者，岐人之负我，即岐人之负岐人也。"

岐山为官几年呢？

所幸，郭履恒的良苦用心终究没有被辜负，岐山凤鸣书院此后得到了很好的管理和维护，直至近现代时，先后改建为小学和中学。

李知县买布

一

乾隆二十八年（1763）二月二十五日，天气和煦，凤翔县最繁华的东关大街像往常一样热闹。李信李掌柜的布庄迎来了大生意，一位买主挑中一卷白布后，说还要两卷同样的。

这里的"卷"，是描述布匹数量的大单位，通常一卷布有三十匹，一匹布为四丈长。寻常人家买布，不过是以丈、尺为单位裁剪。买整匹已是少见，买整卷的，一年也不一定有一个。

这样的大买主，自然有来头。据其介绍，自己叫孙二，是本县知县李庄的家丁，这些布是奉了李老爷之令采买的。掌柜不敢怠慢，与孙二商定好价格，每匹五钱八分，一卷十七两四钱。

这个十七两四钱，是简单地将每匹的单价乘以三十计算出来的。但是，严格来说，这个计算过程有一点问题。因为当时的一卷布中，连皮的两匹尺寸并不足四丈，整卷布其实不足三十匹。不过，一卷当三十匹论是行业的普遍情况，掌柜李信也将这一点说明清楚。

孙二选中的白布，李信铺子只有两卷，孙二便令掌柜随后将两卷布送到县衙，到时给他结算三十四两八钱。

布还缺一卷，孙二又到了街上王举元的铺子，选好布匹后，议定价格为每匹五钱六分五厘，一卷十六两九钱五分。仍叫把布送到县衙后结算。

之后，李信把两卷布送到县衙。孙二在验收时挑刺，说没看的那卷布织得又粗又松，质量不及看中的那卷，要退掉。李信眼看谈好的生意要黄，也就退一步，愿意少收一两四钱，总货价降至三十三两四钱。孙二应允，李信收钱返回。后来，王举元也送布到县，顺利领回十六两九钱五分银子。

至此，整个布匹采购已告完成。孙二向知县李庄汇报，共买布三卷，花费五十两三钱五分银子。

岂料一个多月后，要用布时突然横生意外。

四月五日，准备给差役缝制号衣。知县李庄查看所买布匹，发现每卷并不够三十匹，叫来孙二质问。孙二解释布匹行内历来如此，当初采购时就已清楚。

李庄完全不接受这个解释，表示明明说好了按匹算钱，这一卷最多只有二十九匹，为什么要按三十匹算钱？这时，他不仅怀疑布庄欺诈，甚至也怀疑孙二与布庄串通好了坑他银子。

第二天，李庄令差役传唤李信等布庄掌柜到县衙问话，恰好李信不在铺内，差役便带了伙计曹瑛到县衙。李庄看到来了个不能做主的伙计，打了他十巴掌，让他回去找掌柜的来。

第三天，李信、王举元两家布庄掌柜来到县衙，接受老爷问话。李庄质问给县衙卖布，居然都敢短缺数量，要求二人退还多收银两，并且还想治二人的所谓欺诈罪。

两位掌柜一听，要求退还一两半两的布钱是小，这欺诈罪可属实是冤枉。便连声解释，这一卷布中的包皮两匹尺寸略短，实在是布匹行历来的习惯，除开他两家，这凤翔县其他布庄也是家家如此。况且，当初孙二采买时，这也是说清楚了的。

知县李庄大怒：在本老爷面前，还有你们两个卖布的顶撞的道理！随即令差役将两人分别重打二十五大板。

挨了板子后，王举元平安回家。李信却出了事，他出县衙后，向东没走几步，便支持不住蹲了下去，等到天黑时死了。

李信被知县老爷活活打死了。

二

　　李信父亲李廷会立即到凤翔知府处喊冤控告。知府达灵阿闻知，便调东邻岐山县知县孟玫来凤查验，随后确认李信双腿有明显杖责伤痕，确系被打死。达灵阿随即向陕西驿盐道、按察使、布政使等汇报此事。

　　四月二十七日，陕西巡抚鄂弼将此事专折奏报，请旨将徇私滥刑之凤翔县知县李庄革职，严审实情，从重定拟。

　　已经当政二十八年、阅案无数的乾隆皇帝，看到这封奏折后，依然被震惊了。他在奏折上批写"大奇之事"后，又特别下了一道谕旨。

　　谕旨中，乾隆帝说这事让他非常震惊，已经不是一般的贪劣官员能比的，陕西巡抚的定性不够准确。州县官员如果在处理公事时，行事偏执，或者用刑不当，或者责罚不合法例，意外将人打死，这叫滥用刑罚。

　　如今凤翔县知县李庄是因衙门里需要布，让县里开布行的平民办理，然后又听信家人的话，事后勒令找补，又以要求不遂，盛怒之下将人打死。这是一开始便把县里商人当鱼肉，之后又以官威草菅人命。不但跟滥用刑罚致人毙命的科条没有关系，也不能按照斗殴抵命的常规法条来衡量。斗殴行为是一时起了冲突，既没有勒索行为，双方又都是平民，

没有官员、民众的身份差别，跟此案差别极大。^①

简单来说，凤翔县知县李庄因为买布琐事，活活将人打死，已经恶劣到连乾隆帝一时在《大清律例》中都找不到对应的适用法条了。

关于对李庄的处理，乾隆帝说："岂缳抵监候，足蔽厥辜？"缳，指绞刑，辜，就是罪责；也就是说判处绞监候，根本也不够抵他的罪责。

既然皇帝已作出明确批示，那么接下来的审理过程就相对清晰了。陕西布政使方世俊、按察使秦勇均，与西安府知府、凤翔府知府、咸宁县知县、山阳县知县六人，组成了一个跨省、府、县三级的联合专案组。

经审理，凤翔县知县李庄，对因买布小事下令杖责布商李信致死供认不讳。李庄合依官吏挟私故勘平人致死者斩律，应拟斩监候^②。

---

① 此案经过，主要参考了台北故宫博物院藏清代档案《奏为特参任性徇私滥责毙命之县令折》，乾隆二十八年四月二十七日，陕西巡抚鄂弼奏；《奏为遵旨审办凤翔县知县李庄更毙铺户李信情形折》，乾隆二十八年八月二十九日，陕甘总督杨应琚奏。详见附录二。

② 《大清律例》卷三十六《刑律·断狱上》：若（官吏怀挟私仇）故勘平人者，（虽无伤）杖八十；折伤以上，依凡斗伤论；因而致死者，斩（监候）。

李庄的家人孙二，当初不把布的匹数规格汇报清楚，对冲突产生有一定责任，枷号两个月，期满再打四十板。

执行打板子的凤翔县那两位皂役，虽然是奉李庄的令，不得不打，但毕竟人是他们打死的，也要各挨三十板，同时开除。

至于当天同李信一起挨了二十五板的另一位布商王举元，因为"伤已平复"，故而"无庸议"。

至此，凤翔县知县李庄打死布商一案审理完结。

三

回过头重新审视这起案件。首先可以确认的是，四月七日那天，布庄掌柜李信在挨了板子之后死掉，显然出乎知县李庄的预料。因为他再怎么暴虐残忍，也该知道这样把人打死是什么后果。

那么，当初李老爷究竟是怎么想的？他是真的认为自己受了所谓奸商的欺蒙吗？还是真的认为自己家人孙二也是串通起来骗自己的吗？当然不是。

作为一县之主，他当然清楚自己在本县的权势，当然清楚街面上小小的开铺子卖布的商人，是无论如何不敢欺骗到自己头上的。

那是为什么？

来看后来陕甘总督杨应琚汇报案情的奏折原文：

> 李庄讯问情由，勒令找补，并欲治欺诈之罪。李
> 信等不服，出言顶撞。李庄气忿，令皂役王元正、王起
> 登，将李信、王举元各责二十五板。

知县李庄询问短缺缘由时，一边勒令找还布钱，一边还
扬言要治他们的"欺诈之罪"。

显然，"勒令找补"只是发难的由头。因为即使按照李
庄的计算方法，三卷布一共短缺了三匹，论货值，拢共也不
到二两银子。难道李庄传唤两个布商来，就为了要回那一两
多银子？

接下来祭出"欺诈之罪"，才是关键。——你们两个大
胆奸商，蒙骗到本老爷我的头上来了？今个儿可就不是补个
一两半两银子的事了，老爷要治你们的罪！

按照李庄的设想，如此一般吓唬，两个小布商肯定是吓
得连连跪地求饶，不仅情愿退还全部布钱，甚至再认些罚也
不无可能。

这才是李庄的真实目的。

可他没有想到的是，这两个人居然如此"不识抬举"，
到了他这县衙大堂，居然还想跟自己讲理？老爷我这一班衙
役手里的板子，是用来跟你们讲理的吗？

李老爷痛恨两人的"不懂事"，下令重打，这才有了后来的事。

知县李庄打死布商四年后，也即乾隆三十二年（1767），凤翔县再一次重修了县志。其中卷四《官师·秩官》记载：

> 李庄，直隶永平府迁安县拔贡，乾隆二十四年任。

对于李庄杖毙布商事件，不书一字。

其实，乾隆《凤翔县志》中，对于前任知县暴虐害民绝口不提，与县志所用体例有很大关系。

在乾隆《凤翔县志·官师》卷中，对于历任官员分为"秩官"和"名宦"两个类目。其中，"秩官"目，就只刊载官员的籍贯、出身、任年这些基本信息。而对于其中少数有德政的官员，方才额外立传，列在"名宦"目中。

也就是说，在体例设置上，乾隆《凤翔县志》根本也就没考虑记载贪虐官员的事迹。在清代方志中，做出同样体例设置的，并不在少数。

道理也很简单，方志的主要作用之一便是教化人心，如果都把官员如何贪虐详细记载，岂非有损官府衙门的威严？

若非相关奏折档案留存至今，仅仅依靠方志，恐怕后人永远也不会知道乾隆二十八年，凤翔县有过一位如此疯狂的县太爷。

两副面孔

一

在一地的方志中，对于过往主政官员的记载，一般体现在《官师》诸卷中。其中，对于若干在任期间有功于地方的贤能官员，要么单列"名宦"类目记述；要么虽未单列，但仍会在传记中列叙其在任德政。前文"贤守"一节中讲述的几人，即属此例。

不过，方志对于大多数主政官员的记载都比较简略。如《岐山县志》中对乾隆年间担任岐山知县的林华封，便只有一句：

> 林华封，广东东莞监生，乾隆十一年任。

短短十余个字，仅有籍贯、出身和任年，并无一句评价。这种阙而不载，使得我们仅通过《岐山县志》，无由得知林华封在岐山任上的施政情形。

倒是林华封本籍的方志，对其任岐期间的事迹有一些记载：

> 林华封，字扬次，号月峰。……补岐山知县。值金
> 川用兵，差使络绎，岁方饥馑。华封外办兵差，内筹民
> 食，悉心经理，邑赖以安。解任归，囊橐萧然。布衣蔬
> 食，日事吟咏，恬淡以终。著有《颍川岐阳集》《芳亭
> 诗文稿》数卷。[1]

这里对林华封在岐山任上的表现，做了高度评价。说他补任岐山知县时，正值朝廷征伐金川，兵差络绎不绝，又碰到了年岁饥馑。林华封对外办理兵差、对内筹集粮食，用心经理，岐山县方得安稳。解职归乡时，他行礼简陋；穿布衣、食粗粮，整日作诗吟咏，恬淡地过完了一生。

一言以蔽之，《东莞县志》中的岐山知县林华封，是位称职、清廉的好官。

可是，翻检史料，发现情况却大相径庭。

关于林华封解职岐山知县的原因，前引《东莞县志》并未说明。检清代档案，找到一条线索。

陕甘总督臣黄廷桂、陕西巡抚臣钟音曾于乾隆十七年（1752）上奏，请以刘度昭署理岐山知县，奏折中谓：

> 窃照岐山县知县林华封，贪鄙累民，驿马疲瘦，

---

[1]　民国《东莞县志》卷六十八《人物略十五·国朝四》。

业经臣等会疏题参。所遗员缺，应归部选。但岐邑今岁秋禾被旱成灾，虽先行抚恤一月，已经办竣。而将来加赈、酌量借粜、接济、抚绥、弹压，正需干员经理得宜，庶灾黎不致失所。[1]

这里对林华封的评价是"贪鄙累民，驿马疲瘦"。

这可真是着实有趣。

两处资料，彼谓"囊橐萧然"，此言"贪鄙"；彼称"邑赖以安"，此道"累民"；彼说"外办兵差，内筹民食"，此讲"驿马疲瘦"。

说的是同样三件事，评价却是件件相反。

民国《东莞县志》和总督、巡抚描绘的岐山县知县林华封，简直有着完全不同的两副面孔。

个中原因，倒并不难理解。陕甘总督、陕西巡抚乃是封疆大吏，对于辖境内的基层州县官员有什么不满，自然可以轻松参革。

而对于纂修《东莞县志》的人员来说，林华封乃是他们本籍仕宦，发扬其在外德政，正可以说明本地人才辈出。至

---

[1] 台北故宫博物院藏清代档案《奏请格外委署岐山县知县以办灾地事务折》，乾隆十七年十一月二十九日，陕甘总督臣黄廷桂、陕西巡抚臣钟音奏。

于所谓德政的具体情况，甚至有可能是从林华封后人那里采访而来。如此，怎么可能不是纯粹的颂扬与肯定呢？

二

通常而言，地方志中对本地历任官员的评价，尤其对于被推举为"名宦"的官员的评价，在相当程度上，体现了地方士绅们的看法。虽然，士绅们的意见未必等同于一般民众，但在大多数情况下，仍有相当的代表性。

毕竟，士绅们生长于斯、求学于斯、经商于斯，也将终老于斯。主政官员的施政举措，对于他们的影响，要远大于升斗小民。基于此，方志中对过往官员的施政记载，大体有一定的事实根据。但在某些时候，却也会严重背离事实。

康熙十六年（1677），浙江嘉兴府嘉善县再一次重修了县志，这也是该县清代以来的首次修志。这部县志中，详细记载了前任知县莫大勋的各种功绩：

> 莫大勋，字鲁岩，江南省宜兴县人。顺治十八年进士。在就任嘉善县知县初期，便约束了一位贪婪、蛮横的李姓县丞。管理下属时不给好脸色看，胥隶们应差时都战战兢兢的。安抚民众时，却是平易近人、宽和谦厚。对待士子也讲究礼仪。康熙八年，出任乡试同考

官，录取六人，皆是素有才名之人。康熙十年，主持大规模的土地丈量，使得役差、赋税更加平均。漕粮改由地方官纳收，再给运军兑交，上级赞赏，将此法在全省施行。

莫大勋在任嘉善知县七年，清正耿直的作风，始终不改。被上级推举为表现极为优异的"卓异"之官。赴京时，无力整理行装，得到感戴恩德的嘉善士民的捐助后方才出发。父老乡亲们拄着手杖挽留，送别一直走出三十里。临别时莫大勋感动落泪，还念念不忘没有把赋税中不合理的虚粮、荡粮清理干净。骑驴北行，后来通过考选拔擢为给事中。①

从这则传记来看，莫大勋简直是个完美的州县官员——进士出身、约束僚属、安抚百姓、待士有礼、发现人才、平

---

① 原文见康熙十六年《嘉善县志》卷六《官师志·名宦传》：莫大勋，字鲁岩，江南宜兴人。顺治辛丑进士。莅任初，李县丞娄横未悛，一以严正待之，慑不敢动。御下不假颜色，胥隶皆股栗。退听抚民，平易宽和。待士有礼。己酉，分校棘闱，得士六人，俱名宿。康熙十年，大造清丈，平役均赋。实行官收官兑法，上官美之，行通省以为例。在任七载，清介之守，始终不易。举卓异。行取不能治装，士民感恩输助以行。父老扶筇攀卧三十里，临别洒泣，犹惓惓以虚粮未尽去、荡粮未尽清三叹息焉。跨驴而北，考选擢给事中。

均赋役、改革漕粮、清廉自守。

他出身两榜，善于发现人才；他严厉约束属吏，却对民众宽和；他既能清丈土地、平均赋役，还能改革漕粮收兑；他如此用心地做官七年，居然连赴京的盘缠都拿不出来。

但凡州县官员应该有的——不，是可能有的——高贵品德和卓越政绩，莫大勋都有。

这样一位表现卓越的官员，简直优秀得有些不太真实。你看，已经完美至此，莫大人还是不自满，在最终与嘉善父老分别时，仍念叨着自己尚有未尽之事。

正因为康熙十六年（1677）《嘉善县志》中记述的莫大勋如此完美，莫知县的事迹，后续又收入各种更高级别的府志、省通志。

康熙六十年（1721）重修《嘉兴府志》，即在卷十二《宦绩》中，收入莫大勋传记。雍正《浙江通志》卷一百五十《名宦五》中，同样收录。

又据雍正《续修嘉善县志》记载，莫大勋被列入嘉善县名宦祠祭祀。同时，也成为嘉善县拥有"贤侯生祠"的知县之一①。

---

① 雍正《续修嘉善县志》卷三《典秩志·祀典》："贤侯生祠，在仓内，一为莫侯大勋，一为郋侯煜建。""名宦祠。（康熙）二十六年，增祀知县、升刑科给事中莫大勋。"

　　莫大勋的贤侯专祠，此后还得到了持续地修缮维护。光绪《嘉善县志》载：

　　　　国朝嘉庆四年，知县万相宾捐廉重修莫公祠，并书"贤侯祠"额。光绪十七年，知县江峰青重修莫公祠，立木主，并书"莫公祠"额、"古之遗爱"额。①

　　此外，莫公祠还有一副楹联。上联：挽运拯民艰六议永垂功在苍生宜食报；下联：服官依旧治九原刻作吾微随武更谁归。

　　这还不算完，除了在名宦祠和贤侯专祠祭祀外，嘉善县还有第三处祭祀莫大勋的祠庙。嘉庆《嘉善县志》记载：

　　　　康熙间知县莫大勋有惠政，合前明巡按庞尚鹏并列于祠，易名"四贤"。置田十二亩，福源宫羽士典守，春秋二仲次丁报祭。岁久祠圮。乾隆四年，绅士曾议兴复，仅营祠宇二进。十八年重修，基地共四亩八分四厘八毫，督学周煌作《四贤祠碑记》。②

----

① 光绪《嘉善县志》卷七《祠祀·贤侯祠》。
② 嘉庆《嘉善县志》卷六《祠祀》。

这是说，莫大勋除了入祀嘉善县名宦祠和建有专祠外，又被列入"四贤祠"祭祀。

乾隆十八年（1753）重修祠后，嘉善士民呈请周煌撰《四贤祠碑记》，以记其事。

记文列叙四贤祠由来，谓入祀的前明参议喻良、嘉兴知府杨继宗、巡按御史庞省庵，都是对嘉善作出贡献之人。而本朝前任知县莫大勋，因为功绩卓越，西塘里民将其神主与诸贤合祀，祠庙定名为"四贤祠"。这是康熙年间的事情。

之后历时既久，祠宇倾圮，又被驻防军队占据，几乎废弃。不过尽管如此，当初为祠庙置办的田亩仍在，每年春秋的祭祀依旧举办。崇尚公义的人士倡议兴修恢复，捐款重建。于是有了乾隆十八年此次重建。①

县志、府志、通志，志志记载；名宦、贤侯、四贤，祠祠供奉。历史上被称为名宦者多矣，但像莫大勋这样，施政功绩如此卓越、官民一致如此肯定的，还真是极少数。

看来，莫大勋在担任嘉善知县的七年中，种种约束胥吏、待民宽和的德政，当是无可置疑了。

---

① 嘉庆《嘉善县志》卷六《祠祀》所录《四贤祠碑记》。

三

然而，一部嘉善县流传下来的抄本史料，却给世人描绘了一位完全不同于方志形象的莫大勋。

《武塘野史》，以抄本流传，未署名。书中记录自明崇祯十三年（1640），至清康熙二十二年（1683），一共四十四年中嘉善县的大事。武塘，为嘉善旧称。该书虽称"野史"，所记的变乱、灾荒、田赋、徭役诸事都十分详尽。据内容推测，作者当为彼时嘉善县的士绅或县署书吏。

关于莫大勋就任嘉善，《武塘野史》中有清楚的记载："康熙八年己酉。三月廿四，知县莫大勋任。[①]"而在康熙十六年以来的历部《嘉善县志》中，都只记载莫大勋为康熙八年就任。由此可见其详尽。

康熙九年，嘉善县遭遇水灾，《武塘野史》载：

> 康熙九年庚戌。夏四月十二日，大雨，至五月，圩岸圮崩，一望无际，城市若河。米贵。六月十一十二，大风雨，大木斯拔，水平地骤涨四五尺，高低尽没，悬

釜而炊，屋宇圮倒无算。百姓叠诉水荒，知县出示筑圩岸障水，再撮谷种秧，征比不息。十六夜，宪摄县丞征比[①]倍酷，截贴印锭纹每两加火耗六分，自此年始。无年。冬十一月廿六日，比漕。十二月朔，大风冰冻，河港坚凝如平地，舟楫不通，飞雪几二十日，县比征不息。

仅就康熙九年（1670）的记载来说，莫大勋不顾百姓遭遇严重水灾而坚持严厉地征缴赋税，便已经与那个待民"平易宽和"的描述相去甚远。然而，这还仅仅只是个开始。

在《武塘野史》中，关于接下来的三年，即康熙十年（1671）至康熙十二年，有这样的记载：

康熙十年辛亥。春正月，村民掘兔茨、草根、榆皮为食，饿殍载道。县比较倍严。二月廿四日，督抚军门范颁示停追，并九年漕米亦停追，民大悦，而县催如故。康熙十一年壬子。秋七月，西塘北诸村多蝗。十一

---

①   这里说的"征比"，征，就是征收；比，指官府限期要求缴纳赋税。追比、催比、重比、严比等，往往指用杖责等刑罚手段逼迫缴纳赋税。甚至，有时候单用一个"比"字形容用刑催税。

日，蝗自西北来集瓶山银杏树，昼夜飞声不绝。时督抚范牒府州县报蝗有无多少，知县不申报。八月廿一，地震。有虫，沿村禾稻殆尽。廿八，开仓限九月征足。督抚范示停征息讼，县仍催征。冬十月，出示征米，扇扬倍严。督抚范题准：年荒许籼米充军粮，县抗不行。十二日，征比漕截米甚严。十二月，知县严比各项银米。白粮部文先征一半，余俟来年，主簿周经才仍追全区全甲使费，知县不禁，至廿六日县比粮不止。康熙十二年癸丑。五月，部院示停征，六月朔即开比。十二月望后，犹隔日比较，至廿六日犹未止。

水灾也罢，蝗灾也罢，百姓吃树皮草根也罢，上级指示延缓也罢，对嘉善县知县莫大勋来说，统统可以无视，没有什么比尽快征缴赋税更重要。

到康熙十三年（1674），莫大勋催征起来越发酷烈：

康熙十三年甲寅。三月望，大雨旬日，水骤高四五尺，低圩尽没，菜豆麦伤尽。十六，雨雹，廿一，又雨雹，知县摘追比较甚酷。五月大雨，庐舍圩田尽没，街市漂没与九年无异，县征比不息。八月三十日，知县莫大勋摘比全完，责至四十板，民哗乃止。冬十月，霖雨匝月，害民收获，知县开仓严比征南米。十二月，奉宪

> 示奉旨杭嘉湖缓征，县不遵。初五后，县隔日严比。

这样一个对于赋税"比较甚酷、征比不息、严比"的知县，在次年即康熙十四年（1675），获得了升迁。《武塘野史》载：

> 康熙十四年乙卯。知县莫大勋严比新银。闰五月，知县莫大勋闻升信，比较倍严。六月旱，知县莫大勋比较愈酷，日出追票。秋七月初一日，知县莫大勋迁寓便民仓，出示每亩征钱，比较听审不止。初四选署印知县杨廉任。

四

在莫大勋卸任不久，发生的一起冲突，非常能说明当时的嘉善民众对于这位治理嘉善七年的知县老爷的态度。《武塘野史》载：

> 八月莫大勋子游大云寺，为民殴伤，几毙。

在莫大勋卸任的次月，其子在游览大云寺时，被民众殴打成重伤，几乎毙命。

在那段被各种方志一再"转载"的莫大勋传记中，他是位待民"平易宽和"、离任时"父老扶筇攀卧三十里"眷恋不舍的好官。可《武塘野史》说，莫大勋刚一卸任，哪怕后面将要升迁，嘉善民众都几乎打死了他的儿子。

虽然，《武塘野史》并没有明确说明，嘉善民众与莫大勋之子的冲突究竟如何而起，但也并不难推测。或者由于莫大勋儿子习惯性跋扈了，以往嘉善民众顾忌其父，敢怒不敢言，卸任后便不再畏惧，数年积怨一旦爆发；或者当日莫大勋之子并无过分言行，只是嘉善民众不满于往日莫大勋的苛政，从而迁怒其子。

但不论哪种情况，都足以说明莫大勋不是位受民尊戴的官员。因为倘若如此，纵然其子那日如高衙内一般在光天化日下公然调戏良家妇女，民众至多将其扭送到县衙，让新任知县依法处置，断不会一拥而上几乎打死。

在史料文献中，对于一件事记载歧异，对一个人评价有差，本不算罕见。但是像这样各自叙述详细，却又反差大到一正一反、一黑一白、一天一地、一阴一阳的程度，着实少见。

如果说以《嘉善县志》为代表的一众方志作品中，莫大勋的形象乃是一个典型的循吏，那么《武塘野史》中所描绘的就是一个冷血的酷吏。两种文献中的莫大勋，有着完全不同的两副面孔。

既然分歧和反差如此巨大，总该有一个为真、一个为假，或者其中一个较为符合事实。

以数量而论，"反莫派"的《武塘野史》是孤证，且其自名"野史"。而在"挺莫派"中，不但有各部方志记载，且有多处祠庙祭祀。似乎，"挺莫派"明显处于优势。

然而，经过学者考证，《武塘野史》所记载的明末清初嘉善县的诸事中，举凡变乱、官员更替、灾害等，都与历史相合。难道是作者对莫大勋怀有私愤，刻意攻讦？

恐怕不是。《武塘野史》中对嘉善其他官员事迹的记载，也并没有好到哪里去。

五

仔细研究以康熙《嘉善县志》为代表的官修文献，可以清晰看到莫大勋循吏形象的产生机制。

前文说过，一地的方志中对往任官员的评价，往往是本地士绅们的评价，甚至一定程度上也代表了本地民众的评价。但作为首部记载莫大勋形象的康熙《嘉善县志》，却有其特殊之处，必须加倍留心。

康熙《嘉善县志》修成、刊刻于康熙十六年（1677），是在莫大勋卸任嘉善知县两年之后。但是着手资料搜集的准备工作，要更早一些。在县志卷首，时任嘉善知县杨廉所作的序文中，有这样一番话：

> 壬子，允相臣请，诏天下修《统志》。前令莫谏垣集诸生纂修，征文考事，略见一班。顾《统志》虽成，而邑志尚未属稿。
>
> 乙卯，余奉命莅邑，思与武塘人士观化成之效。窃念邑乘一书，实为出治根本，非得品行端方、学问淹贯之彦，不足以胜任而愉快。
>
> 奉宪檄，延荐绅郁廷尉、曹学士、柯纳言、魏学宪四先生商确，属明经毛蕃、郁广，诸生顾珵美、郁蘅、沈辰垣、蒋之莹搜辑成书。为卷十二、志十、图九、表三、目五十有五。

序文中对这部《嘉善县志》的来源说得非常清楚：康熙十一年（1672），朝廷下诏纂修《大清一统志》。前知县莫大勋召集生员纂修嘉善县部分，征集文献、考证事实。之后《大清一统志》修成，但《嘉善县志》却尚未修纂。康熙十四年，杨廉调任嘉善，延请嘉善一众绅士纂修，最终修成这部《嘉善县志》。

这段话，称呼莫大勋为"莫谏垣"，所谓"谏垣"，本指谏官的官署，这里代指谏官。当时，莫大勋已经升任刑科给事中。

杨廉纂修的这部县志，与前任知县莫大勋有一定渊源，部分内容可能用到了莫在任时的征考成果。在源流叙述中提上一句，也未尝不可。

但是，这对前后任知县的交情，可不仅仅止于此。翻检这部《嘉善县志》，会发现文首第一篇序的作者，并不是主修的知县杨廉，乃是前任知县莫大勋。

在莫大勋所作的序文中，有这样一段叙述：

> 但思建邑以来，令亦多入矣，问其清操卓行，而能立德于民、立功于国者几何人？邑亦多人矣，问其超世拔俗而能立德于民、立功于国者几何人？披卷之下，历历可见。
>
> 余待罪几七载，夙夜兢兢求所以少自建立，以仰副朝廷设官至意。凡所为兴利除弊，不过尽职守之当然。若云立德、立功而更立言，敢以俟之后之君子。

单从这段叙述来看，一个虚怀若谷的谦谦君子瞬间跃然纸上。与那张为了征缴赋税把老百姓打了四十大板的凶恶面目简直毫不相干。

莫大勋序中明确说道："杨澹庵以余向亲其事，属余序。"澹庵，是知县杨廉的字。杨廉邀请莫大勋作了这样一篇表面谦虚、实则矜夸的序文，足以说明二人关系非同一般。

康熙《嘉善县志》的主要编纂者之一、嘉善籍退职官员郁之章（即杨廉序中说的"郁廷尉"），在其所作序文中，有这样一番表述：

> 同事诸子，既兼综乎三难，余与青城、顾庵、岸初研究得失，乐观厥成，亦无负于前文人矣。事既竣，进之贤侯，损益润色，更有精裁。

青城、顾庵、岸初分别指魏学渠、曹尔堪和柯耸，也就是知县杨廉序中提到的魏学宪、曹学士和柯纳言。三人与郁之章同为县志的纂辑人员。

郁之章说他们将县志纂修完竣之后，进呈给知县杨廉。而杨廉又对县志内容作了"损益润色，更有精裁"。

这句话，单从文辞来看，用了诸如"润色""精裁"等褒义词。但实际上，郁之章清楚表达了这样一个意思：最终刊印出来的县志并非我们纂修的原貌，而是知县杨廉又增删修改过的。

这就很值得玩味了。

结合杨廉与前任莫大勋的特殊关系，很有可能经杨廉之手增删的部分，即包含莫大勋的传记。

六

酷吏莫大勋，能够在新纂修的《嘉善县志》中，被包装成一个爱民、礼士、清廉的循吏，最直接的原因，显然就是他与主持修志的继任知县杨廉关系匪浅。

但如果光有这一点，并不能保证莫大勋的循吏声名稳固。毕竟，莫大勋在任期间毫不体恤民情、连年残酷地催缴赋税，闹得民情汹汹。如此违背事实的县志刊印散布后，难道嘉善士民就不会向上级呈请修改吗？

回答这个疑问，需要弄清楚官方对官员的评价标准。

以百姓的视角来看，莫大勋不顾灾荒、不顾上级优免政策，一味严苛征缴甚至私加私派，当然是个凌虐民众的恶官、坏官。

可是，以朝廷的视角来看，情况就并非如此。朝廷设官治民，目的就是收取赋税和教化民众。对于地处赋税重地江南地区的嘉善县来说，赋税的优先度自然排在首位。基于此，州县官员的"赋役完欠"情况，自然就成为对其考核的最主要指标。

莫大勋履任嘉善知县多年，不论他县报告有多严重的灾荒歉收，嘉善县却总是能足额、按时完纳钱粮，不正是"政绩卓著"吗？至于百姓，只要不闹出变乱来，有些嚷嚷声，根本就无须在意。

忠君与爱民，本身都是褒义之词。泛泛而论时，也当然应该同时兼顾。但是，当真的面临具体问题，比如一处州县在赋税征收时，是忠于职责严厉催征，还是爱惜民力放任拖延，往往只能有一个选择。

在许多情况下，君王的利益与民众的利益天然冲突。韩非子对此就曾评价说"上下之利，若是其异也"①。

不论君王与朝廷的权力，是不是真的如"载舟覆舟"典故说的那般，来自天下民众。至少，州县官员的权力只来

---

① 参见《韩非子·五蠹》：楚有直躬，其父窃羊，而谒之吏。令尹曰："杀之！"以为直于君而曲于父，报而罪之。以是观之，夫君之直臣，父之暴子也。鲁人从君战，三战三北。仲尼问其故，对曰："吾有老父，身死，莫之养也。"仲尼以为孝，举而上之。以是观之，夫父之孝子，君之背臣也。故令尹诛而楚奸不上闻，仲尼赏而鲁民易降北。上下之利，若是其异也。

这段话大意是，楚国有个叫直躬的人，父亲偷羊，他向官吏告发。令尹说："杀了他（直躬）。"认为直躬是对君王忠诚却对父亲忤逆，所以给他定罪。以此来看，君王的直臣却是父亲的逆子。有个鲁国人跟随君王打仗，三次作战三次败退。孔子问他缘故，回答说："我有老父亲，如果我战死了，就没人养活他了。"孔子认为他很孝顺，就举荐提拔他。以此来看，父亲的孝子，却是君王的叛臣。所以令尹诛杀了直躬，楚人的奸邪就没人报告了，孔子奖赏了败退之人，鲁国人作战就容易败退了。君王的利益和民众的利益，是如此不同。

自朝廷与君王。如此一来，欲求"上进"的州县官会如何选择，实在是再清楚不过了。

对莫大勋作出肯定的，表面上是继任知县杨廉，实际上是整个统治体系。

当整个统治体系对莫大勋这样的酷吏作出肯定时，后面一系列的官修府志、通志中，照抄《嘉善县志》所谓的名宦事迹，自然就在情理之中。官方组织入祀名宦祠、建立贤侯专祠，自然也在情理之中。

一些历史的真相，几乎就为这一部部方志与一代代重修的祠庙所改写，幸而有那样一部《武塘野史》，用一条条不厌其烦的朴实记录，留给后人一份官方叙述之外的声音。

第五章

斯 文

士 人

一

士人，也即读书人，处于所谓"士农工商"的四民之首。明清时期，在主要官员多由科举出身的制度下，也的确形成了"万般皆下品，唯有读书高"的社会认同。

但问题是，在任何一种价值判断中，作为衡量对象的都是那些取得突出成绩的楷模和典范。能通过科举考试走向成功的终究是极少数，毕竟官员的位子有限。那么，绝大多数无法进入仕途的读书人，他们的社会地位如何、是否仍是"四民"之首，就存在疑问了。

前文说过，一县有学署（学宫），有名义上负责训迪的学官教谕和训导。学署与其说是学校，其实更加类似于今日的教育主管机关。相应地，学官也就更加类似于教育主管机关的负责人。所以，一个人读书的开始，肯定不是在县学署中。

那么，是在书院吗？比如前面说过的类似岐山朝阳书院、凤鸣书院这样的书院？也不是。书院虽然的确是延请老师开班授课，但所传授的，是更深一层的经书要义和八股作文的技巧，一般也不接受零基础的学生。

一个人读书识字，要从蒙学开始。所谓蒙，就是启蒙的意思。蒙学分为好几种，最优的一种，当然就是私塾，即家境殷实的人家，专门延请老师至家中授课。如果是有些规模的宗族，还会同时教授本族多名子弟。还有一种由一家或者多家共同出资成立的"义学"。义学并不限制入学生童是否为创立者的本族子弟，对于其中贫寒子弟，还可能免收学费。第三种，则是官办的社学。

这三种蒙学，从理论上来说，社学似乎应该更有保障，实则不然。由于地方官更迭频繁，又缺乏明确的制度保障，一地社学的兴衰，往往与地方官的个人意志密切相关。比如乾隆《岐山县志》卷五《官师》"知县"条载：

> 王世爵，镶蓝旗汉军举人。乾隆九年任。居心慈惠，爱重斯文，各乡设立社学，按月亲课，始终不懈。后调任渭南令。

这是说，乾隆九年（1744）任岐山知县的王世爵，重视文教，在各乡设立了社学，并按月亲自授课，对此坚持不懈。

由此可见，在乾隆九年之前，岐山县要么没有社学，要么大多已经名存实亡。否则，王世爵到任后何须于各乡再次设立？还有，王世爵调任离开后，后任知县能否继续重视，也存在一个很大的疑问。

蒙学最初的教学内容，是教授基础的识字、写字。所用教材，则以《三字经》《百家姓》《千字文》《幼学琼林》等为主。取其易于上口，又内涵丰富，且包含诸多伦理道德教化等多重优势。

如果只是平常人家，目的是子弟能够识字，往往学过这几本书也便结束了。

当一个学生完成了蒙学，也即"开了蒙"。想要继续读书生涯，或者再明确一些，想要读书上进，走科举之路，接下来，便要开始学习儒家经典。

首先便是"四书"，即《大学》《中庸》《论语》《孟子》四部著作。明清两代，科举考试中所有层级的考试，

"四书"都是必考项目。此外，还需要学习《诗经》《尚书》《礼记》《易经》《春秋》"五经"。

科举之路的第一步，是考取生员。生员，也即正式的官学（可分为县学、州学、府学）学生，民间称为秀才。

虽然，泛泛而言，但凡读过圣贤之书的，都可称之为"士子"。但只有考取生员，才能巩固具有社会认可度的"读书人"身份，真正跻身所谓"士人"群体。

考取生员资格的考试，叫作童生试，简称童试。顾名思义，应考者称为童生，这一称呼与应考者年龄无关。如鲁迅先生笔下的孔乙己，已至年老，却仍然未能考取生员，只能算个"老童生"。

童试一般三年之中举办两次，每次又分为三场，分别为县试、府试和院试。县试由本地知县主持，府试由本府知府主持，院试则由一省学政巡回至各府主持。

只有在第一场县试中被录取者，才有资格参加府试。通过府试，才有机会参加院试。最终院试之后，仍然获录取者，才能成为生员。童试的考试题目，主要即"四书题"，按照考题所节选的文句，作八股文。

每次童试，应考的童生数量，在南方文教兴盛的大县，可达一两千人。岐山县辟处西北，应该要明显少一些。但在乾隆年间的承平年代，每次当仍有数百名考生。

至于生员的录取名额，《岐山县志》卷五《官师》中有对"学额"的记载：

> 每岁试入学十五名，科试如之。拔入府学无定额。

这里的"岁试、科试"，本意是指三年两次对在学生员的考核，由于录取生员的童试也一并举行，这里指代童试。也就是说，岐山县每次童试，仅录取十五名。至于成为府学生员，那就更是极个别了。

童试的录取比例如此之低，竞争如此激烈，所以有很多人终其一生都未能考取生员，所谓"连秀才也捞不到"。

生员录取名额少，竞争激烈。天资之外，教授指导老师的水平也很重要。如此，那些请得起名师"一对一"教学的绅富之家，自然也就有着不言而喻的优势。今天常说的教育资源的不平衡，自古便是如此。

二

考取生员后，要郑重其事地举办入学仪式。州县官员要先带新一届生员往文庙谒圣，然后再至学宫明伦堂谒师。不论知县与教谕、训导等曾否亲自授课，但名义上，他们都与生员有师生关系。

由于学宫前有泮池，入学也称为"入泮"。又由于周代称学校为"庠"，生员也称为"庠生"。

生员分为三种，廪膳生、增广生和附学生，分别又简称为廪生、增生和附生。廪膳生，可享受公家给予膳食补贴。当廪生名额有空缺时，增广生可增补为廪生。当增广生名额有缺时，附学生可增补为增广生。凡是初次录取的生员，均为附学生。

根据县志卷五《官师》记载，岐山县在乾隆年间，廪生与增生名额均为二十名。

依制度而论，在学生员均要参加岁试，以考核学业。之后再按照考试成绩，分别给予奖惩，考核优异者补廪、补增，考劣者停廪、降等。但实际上，在许多地方，岁试仅为形式，补廪、补增看的是在学年限，论资排辈。

名义上，每个州县的生员，都是州县学署的学生，也就是所谓"在学"。但这种性质，其实更接近于今天的学籍概念。生员真正读书学习，则往往并不需要到学署。有一部分生员，会选择到书院之中继续学习。而那些家境好的，依然可以请名师来单独教授。

一旦成为生员后，身份待遇便有了差别。比如，清代的生员，在缴纳赋税时有优免政策。早在清初顺治年间，就曾有上谕给予生员优免丁粮：

各省提学，将各学廪、增、附名数，细查在学若干、黜退若干，照数册报。出示各该府州县卫张挂，俾通知的确姓名，然后优免丁粮。①

乾隆元年（1736），乾隆帝又在上谕中强调应当优免生员的差徭。②

实际上，相比于赋税优免这种经济上实实在在的好处，生员群体自身更为看重的，反倒是司法中高看一眼的特权。

按照规定，对于生员，地方官不能随意鞭打（换言之，平头百姓就没这个优待了）。否则，主管的学政可以参劾地方官：

顺治十年题准：生员犯小事者，府州县行教官责惩；犯大事者，申学黜革，然后定罪。如地方官擅责生员，该学政纠参。③

康熙九年题准：生员关系取士大典，若有司视同齐

<hr/>

① 《钦定学政全书》卷二十五《优恤士子》，素尔讷等纂修，乾隆三十九年武英殿刊本。后同。

② 《钦定学政全书》卷二十五《优恤士子》：任土作贡，国有常经，无论士民，均应输纳。至于一切杂色差徭，则绅衿例应优免。乃各省奉行不善，竟有令生员充当总甲图差之类者，殊非国家优恤士子之意。嗣后，举贡、生员等，着概免杂差，俾得专心肄业。

③ 《钦定学政全书》卷二十四《约束生监》。

民挞责，殊非恤士之意。今后如果犯事情重，地方官先报学政，俟黜革后，治以应得之罪。若词讼小事，发学责惩。①

顺治、康熙两朝都强调，对于生员，地方官不能跟"齐民"一样"挞责"。即便某个生员真的犯了大事，地方官也应该按照程序，先由学政报告申请黜革其生员身份，再来定罪；如果犯的是小事，也不能跟"齐民"一样，直接在县衙打板子，而是要由"教官责惩""发学责惩"。

所谓"发学"，是指对涉事生员的惩戒，需要在学署明伦堂内进行：

（乾隆元年）又议准：生员所犯有应戒饬者，地方官会同教官，将事由具详学臣，酌断批准，然后照例在于明伦堂扑责。如有不行申详学臣，不会同教官，而任意呵斥，擅自饬责者，听学臣查参，以违例处分。学臣亦不得袒庇生员，违公批断。②

总而言之，生员犯点事，地方官要先会同教官（也即儒

---

① 《钦定学政全书》卷二十五《优恤士子》。
② 《钦定学政全书》卷二十四《约束生监》。

学官），把事情详细向学政报告，然后由学政酌情判断，认为确实应该予以戒饬后，才能由教官在明伦堂内实施惩罚。

如此一套既烦琐又耗费时日的程序，实在比把普通的"大胆刁民"打几下麻烦太多了。如果州县官员没耐心，很多生员所犯的小事也就不了了之了。

如此一来，就难免会有一些生员倚仗自身的司法特权，骄横起来，做些诸如"关说公事""纠众扛帮""抗拒赋税"的事情来。对于这类情况，朝廷明令要给予惩处，并不会纵容。

也就是说，在一些优待政策下，生员的确是个体面身份，也有一定的社会地位。但是，如果没有殷实的家境或其他优势资源作为依托，这种体面与地位，其实也相当有限。

小说《儒林外史》中，家境贫寒的范进考取生员后，岳父胡屠户道贺之余，对他以后的社会地位做了这样一番界定：

> 你如今既中了相公，凡事要立起个体统来。比如我这行事里都是些正经有脸面的人，又是你的长亲，你怎敢在我们跟前装大？
>
> 若是家门口这些做田的、扒粪的，不过是平头百姓，你若同他拱手作揖，平起平坐，这就是坏了学校规矩，连我脸上都无光了。

你是个烂忠厚没用的人，所以这些话我不得不教导你，免得惹人笑话。①

这里的"相公"，即为民间对生员的别称。由此可见，贫寒生员，也并不比经营小买卖的"行事里的人"地位高。

三

在学生员，想要求得科举功名，或者直白一点，想要做官，便要参加科举考试。

科举考试分为三个等级，乡试、会试和殿试。乡试每三年在各省城（及京城）举办一次，因在秋八月举行，故又称"秋闱"。

乡试考中者称为"举人"，俗称孝廉，第一名称之为"解元"。乡试取中举人的额数，各朝、各省均有不同。

清代顺治初期，陕西乡试（包含今天的陕西、甘肃、宁夏及青海西宁等地）中额定为七十九人，顺治末年降至四十人，康熙年间又曾两次增加，到乾隆九年（1744）定为六十一名，此后长时间维持稳定。

每科陕西乡试的应考人数一般为四千余名，故录取率不

---

① 《儒林外史》第三回《周学道校士拔真才，胡屠户行凶闹捷报》。

过百分之二而已。

一旦考中举人，便是身份上的一大转变，颇似今天所说的"上岸"。中举之后，不仅将来有机会做官，即是在刚考中的当下，生活环境便能迎来极大的改善。《儒林外史》中范进中举之后的境遇改变，即为一个生动例子。

会试每三年在京城举行一次，通常在乡试的次年春天举行，故又称为"春闱"。须取得举人身份，方可应考会试。清代会试录取名额不定，从不到百人到三四百人，录取者称为"贡士"。

殿试由皇帝主持，在会试中录取为贡士者方准参加。通常而言，殿试是对会试录取的贡士进行排名，并不淘汰（黜落）。

殿试录取者称为"进士"。进士分三甲，一甲三名，分别称为状元、榜眼、探花，赐"进士及第"；第二甲赐"进士出身"；第三甲赐"同进士出身"。

岐山县在明清易代间受创伤很深，到了乾隆年间时，经济社会虽已全面恢复，但科举成绩始终与明代有很大差距。

乾隆初年至乾隆四十四年（1779）县志编成时，岐山县只考中过九位举人，无人中进士。九位举人中，官阶最高的也只做到了学官或者州县官。其中，乾隆三十年中举的蔡毓章，即为乾隆《岐山县志》的纂修人员之一。

如果生员长期在乡试当中未能如愿，又不想到头来只是一名生员。那么，就还有"出贡"这条路，即升入京城国子监读书。所谓"贡"，意为地方向朝廷贡献人才。贡生分为岁贡、拔贡、恩贡、副贡、优贡、例贡等。

岁贡每年一次，各府州县学按食廪年数为序依次选送，于是有了"挨贡"之称。

拔贡为考选各地生员"学行兼优，年富力强，累试优等"者充当。清初十二年一选，雍正朝改为六年一选。至乾隆七年（1742），定为逢酉年选，即十二年一选。由于通过考试选拔，拔贡的地位在诸贡中相对较高。

恩贡为遇到国家庆典或新皇帝登基，由各府州县学推举。

副贡是指生员在乡试中未能考中，但成绩尚优者，录取入副榜进入国子监读书。

优贡是指各省学政三年任期满时，推荐本省几名优秀生员到国子监。

例贡是指生员以纳赀获得入监资格者。同时，例监生也可通过纳赀成为例贡。

前五种合称"五贡"，为正途出身，例贡为非正途出身。

贡生进入国子监读书后，由国家给予经费支持，以助衣食。通常，纳捐而来的例贡只为求名，多不会去国子监读书。

不过，明清时期始终以科举出身最为重视，以贡生出
仕，往往只能做一些学官和偏远地方的州县官。因此，贡生
中，凡是有志者，多会继续参加乡试。比如，岐山县举人
武达观、蔡毓章，在中举之前，即分别已经是优贡生和拔
贡生。

秀才的幻觉

一

生员向上的考试——乡试，通常每三年才举办一次。而
且，通过乡试的概率非常低。所以，州县之中，总会维持一
个数量相对稳定的生员群体。

前面说过，生员作为典型的"士人"，既有赋税优免、
司法特权等政策层面的优待，也有民间的高看一眼，这些不
可避免地会让生员普遍带有一些优越感，乃至骄衿。

不过，对于生员群体自我认知的形成，还有一个由其自
身特殊性决定的重要因素。

生员们各个熟读圣贤之书，自谓是儒家道统的传承者，
所谓"斯文在兹"。圣贤们又曾谆谆教诲过，士人必须有远
高于常人的气节，诸如"士可杀不可辱""舍生取义""志
士不忘在沟壑，勇士不忘丧其元"。

由此，生员群体对于自身的尊严，远较一般人敏感，在某些时候，也会爆发出超出常人的勇气。

但是，说到底，生员群体也只是规模庞大的人才储备库。以中国的地域之广、人口之多，实在没有哪个地方的生员会具有稀缺性。而且，生员本身，往往既无权力亦无财力。他们所有的地位和优待，都是掌权者为了标榜而做得相当有限的施舍。

但当权力嗅到哪怕一丝丝威胁时，便会放下伪装，露出它狰狞的本来面目。此时所谓"四民之首"的优越，脆弱得如同干枯的黄叶。

乾隆十八年（1753），岐山县的东邻扶风县，发生了一起该县生员组织的罢考事件。此次罢考中，既没有人员伤亡，也没有任何公私设施遭到破坏。但最后官府对事件的处理之严苛，恐怕在今天的人来看已经难以理解了。

事件的起源，乃是一件看起来微不足道的琐事。此前一年，关中遭遇旱灾，秋粮大幅减产。扶风知县张于畤，依照上级的发文，将此前囤积的官仓粮食减价售出，是为"平粜"。

本来，这一制度目的在于增加民间的粮食流通量，以冀一定程度地抑制由于减产引发的粮食价格上涨。不料此次平粜，却成了一起大案的导火索。

扶风知县此次选择的出售对象，是该县屈耀开设在召公镇的斗行。所谓斗行，即粮食商行。卖粮的总金额，当时计算为三百六十余千文。

次年，乾隆十八年（1753）三月，斗行掌柜屈耀将买粮的款项交到县里。不过，盘点之下，缺了一千五百余文。以交易总价来计算，大约缺了总货值的0.4%。这一点点缺额，究竟是屈耀的清点误差，还是有意如此，想要占官府一点便宜，就不清楚了。

六月，知县令皂役吴起到屈耀斗行催要欠款。结果，吴起与屈耀发生了争执。这时，屈耀的哥哥屈炳也在场，为了维护弟弟，与吴起打了起来，两人都受了点伤，后来被街坊劝解开了。

皂役吴起的儿子吴永年是个马夫，正巧当时也在现场，看到父亲被打，也就上前争吵。屈炳想打他，他便跑开了。

到这个时候，仍然是一件微不足道的小事，不过是三四个人之间一点点口角和肢体冲突而已。

但接下来，事情便开始逐步升级。

二

屈炳准备赶去县衙控诉。显然，从他的视角看来，青天白日，官差跑到商行里打人，还有没有王法了！随后屈炳的儿子屈谦益，听说自己父亲被殴打（与吴起之子吴永年一样，只看得到自己父亲被打），先于其父赶到县衙。而屈谦益，还有一重身份——本县生员。

冲突的另一方吴起，也猜想屈炳可能要来县衙，于是叫了同在县里当差的梁万奇和李寿，一起等屈炳来。

三人没等到屈炳，却碰到了屈耀和屈谦益叔侄俩。虽然这两个人之前没动手，那不管，他们是一家子，干。

吴永年先是把秀才屈谦益撂倒，让梁万奇帮忙按住，他扯破屈谦益里面穿的衬衣，拔下体毛塞到他嘴里，又用泥巴往屈谦益脸上、身上涂抹。显然，这是刻意羞辱。你不是秀才吗？不是体面的读书人吗？老子我今天就让你脸面丢尽。

另一边，吴永年也让李寿把屈耀打了一通。这一回合，屈家人是彻底吃亏了。

屈炳之前就要到县衙控诉，还没去呢，中途听说自己弟弟和儿子又被殴打、羞辱了，这就更要告了。可是这一告，却迟迟没有结果。

知县先是批审要交知府调查，接下来又因为参与组织乡试将案件搁置一旁，再接下来，又表示证据还不齐全。此案便一直没有结果。如此一拖再拖，恐怕任谁都能看出来，知县是有意袒护差役吴起等人了。

屈炳这边，看告到知县这里几个月了也没结果，当然也就认定，这是知县故意纵容差役。

可是，羞辱个平头百姓也就罢了，他儿子可是秀才，羞辱了秀才，就是羞辱了读书人，朝廷选拔人才，都要从这些读书人里面选，这还得了！于是，屈炳打算趁后面县里举办童试时，组织罢考，把动静闹大。

十一月初八日，屈炳的亲戚辛大烈前来探望，辛大烈正好也是生员。屈炳便把今年遭受的这场屈辱告诉他，说自己实在不甘心，打算组织童生罢考，请他帮忙。

辛大烈答应了，后面他又鼓动了高法孔、高悦两位生员。屈炳这边，又动员了刘浚、安宁、乔玉书几位生员，他们也都各自答应。其中，刘浚自己又约了生员段文玉、史秉忠、史卜、魏应科、王三畏、李时花、王名选、谷大成，并且让李果秀、胡子义再转约张彩凤、张敬等人。到这时，动员生员已近二十人，可谓阵容庞大。

约定十一月二十三日，大家到樊家庄酒铺会合，商量大事。一帮秀才选择酒铺作为会议地点，颇有点好汉的气势。当然，这也是当时的通信手段落后，不像现在，微信建个群，把人都拉进来，就可以谋划了。

到了这天，联系的人中，除了李果秀和胡子义因害怕没来、屈炳自己还在外面搞动员没亲自赶到外，其他人都到了。屈炳没来，那么这场樊家庄酒铺会议的主持人，自然就是他的亲戚辛大烈了。

辛大烈，人如其名，果然性子很烈。他当众讲述了屈炳及儿子生员屈谦益，是如何被差役羞辱、殴打，之后鼓动大家发动童生罢考。在场的人中，反应各有不同。高法孔说这么做犯法，进行了劝阻。

史料中并没有明确说，这场会议中，众生员们是不是喝酒了。不过既然特地选在一家酒铺，痛饮几杯还是很有可能的。

可能也正是在酒精的刺激下，段文玉说："就是犯法了，少不得审问根源。"言下之意，我们难道是平白无故犯法吗？随后，张彩凤也说："这样子凌辱斯文，还考什么试！"张敬、史秉忠、史卜、谷大成、魏应科都答应说再商量。剩下人则沉默不言。

这场会议虽然没有形成明确的决议，但是对于屈谦益遭受官差羞辱以及有人策划罢考这一信息的传播，显然起到了明显的促进作用。

等到考试日期临近，辛大烈又威逼利诱他的外甥童生张文烈到时候相助。张文烈开始有些害怕，说："这是犯法的事情，恐怕不太好。"舅舅辛大烈鼓励说："有我在，你尽管放心。"张文烈也便答应了。

三

十一月二十七日开始，是为期三天的童试报名日期。这天，屈炳遇见童生张元儒，告诉了自己一家被羞辱的事情，还说打算组织罢考，目的是让知县害怕，从而将打他们一家的吴起治罪，以泄心头之恨。

随后，屈炳口述让张元儒写了一份号召阻止参加考试的传单。传单上本来想借用本县举人马登云的名字，但想到人家和知县交好，就随便编了个名字。最后，又把本地有名望的一位生员的名字写上（并未参与），又写了自己和儿子屈谦益的名字。写完，让张元儒把传单扔到县衙，要让知县看得到。

转眼便是两天后，十一月二十九日，童试报名的截止之日。屈炳等人前期的动员宣传非常成功，在报名的前两天中，扶风县童生竟无一人报名。

知县张于畊感觉诧异，令家人私下访查，这才发现了前天张元儒扔到县衙马号的传单。只见上面写着：

> 张公纵役辱士，颠倒词讼，真斯文扫地。凡我同侪文武童生，有一人应考者，男盗女娼。诸位老先生，慎勿自贻羞辱。[①]

---

① 台北故宫博物院藏清代档案《奏报扶风县生监阻众罢考现在拿究缘由折》，乾隆十八年十二月十五日，陕甘总督永常、西安巡抚钟音奏。详见附录三。

后面署了几位本县生员的名字。张于畊这才如梦方醒，一面下令差拿署名人员，一面亲自对徘徊观望的童生们晓以利害，劝说报名应考。

在这报名的最后一天，罢考事件的组织者屈炳没有出头，辛大烈却仍带着他的外甥张文烈，在街上叫骂阻止童生报名。有位十六岁的童生高省三，受到感染，也一同帮骂，结果大概是因为年纪小，被官差捉拿了。童生安宁和乔玉书没敢上街阻止，但在寓所怂恿同住的童生不要去考试。

有一点需要注意，罢考事件乃是为生员屈谦益讨公道而发，但是这一连串的组织、开会、鼓动，屈谦益本人却没有参与进来。这段时间，他赶赴省城西安呈控去了。

次日，十二月一日，正是考试当天。显然，屈炳、辛大烈等人之前的广泛宣传和动员起了作用。这天考试点名时，应考的童生们入场时犹犹豫豫，很不积极。等到点名完毕，公布考题时，已经到了中午。

有人感觉今天试卷根本做不完，考场内开始议论纷纷。

张文烈虽曾跟着舅舅当街阻止其他童生报名，但其实自己也报了名，他计划要在场内搞事情。就在考场秩序已然不够安定的时候，张文烈当众诉说差役如何羞辱斯文，官府又如何置之不理。

这时，有位叫杨大度的考生，也跟着鼓动："试卷做不完，不如出去！"于是，考生们一哄而散，没有人完成试卷。

维护秩序的差役们，见到这番情景，显然无力阻拦，只是把走在最后面的两位考生捉拿回去，以便交差。

从目前的结果来看，屈炳、辛大烈等人策划、实施的罢考活动，取得了极大的成功。本次县试，扶风县考生无一人完卷。扶风县士子与知县的巨大矛盾冲突，必然是传扬开了。

按照士子们最初的设想，这次的罢考，会让知县张于畊难堪，甚至畏惧。因为知县的重要职责之一，即文教工作，而张于畊却站在了读书人的对立面。就算他们组织罢考涉嫌犯法，那么调查下来，根由还是知县纵容差役羞辱、殴打生员。

然而，接下来事情的发展，却完全出乎他们的预料。知县张于畊将罢考事件汇报至凤翔府，凤翔府再汇报给陕西巡抚、陕甘总督。

督、抚闻报后，立即派人前往扶风县弹压，并将涉及罢考人员全部捉拿至省城西安。随后，先将所有参与生员一律褫革，又施行了严厉的审问。

四

此次扶风罢考，并非清代首次士子罢考事件。早在康熙朝，便已陆续发生过数起罢考事件。其中缘由，或为挽留受士民爱戴的官员，或为被处罚的官员鸣冤叫屈，当然，也有与扶风罢考案类似，是为抗议地方官"侮辱斯文"。

康熙三十年（1691），江宁府知府陈鹏年不愿加赋，两江总督阿山便罗织罪名予以参劾，欲置之于死地。陈鹏年入狱后，童生为其鸣冤而罢考。此时，康熙帝正驻跸江宁织造府，江宁织造曹寅借机奏报陈鹏年之冤及士子罢考事件。陈鹏年得以免罪，后又被起复。至于罢考的士子，未被追究任何罪责。

康熙帝对士子们的宽容，在四年前的江南乡试案中，体现更为充分。

康熙二十六年（1687），江南乡试放榜后，士子们见录取者多为富家子弟，认为乃是考官受贿徇私，故而群情激奋，集体至文庙鸣钟击鼓，又在棂星门外跪哭。此时，担任房考官的常熟知县杨振藻经过，被愤怒的士子殴打了一顿，其所乘轿子亦被砸毁。

之后，士子们又去主考官米汉雯驻所，鼓噪谩骂。米下令捉拿，共捉了十三人。

此事上报朝廷后，康熙帝赦免了所抓诸人。后经礼部"磨勘"，有十位取中的举人遭遇不同程度的处罚，而主副考官亦遭革职。①

不过，到了雍正朝，情况出现剧烈变化。

雍正二年（1724），河南封丘县将值汛期，知县唐绥祖为加固堤坝，按照田亩征调夫役。此次征调，按照朝廷"一体当差"的新政策，生员亦在范围之内。封丘县生员因此大为不满，于岁考之际发动罢考，参与罢考人数达一百三十多人，应考者仅二十三人。

此事奏报朝廷后，雍正帝一改康熙时期对士子的宽容作风，不仅将发动罢考的生员王逊斩立决。就连河南学政张廷璐、开归道陈时夏等官员，也因为对生员不够强硬被指"包庇袒护"，而受到责罚。

此后，雍正朝还发生了几起罢考案，处罚同样十分严厉。

雍正十二年（1734）九月十六日，针对生员罢考案件，雍正帝下发了极为严厉的谕旨：

> 各省生童，往往有因与地方有司争竞龃龉，而相率罢考者。或经教官劝谕，或同城武弁排解，然后寝息其事。此风最为恶劣。士为四民之首，读书明理，尤当祗遵法度，恪守宪章。化气质之偏，祛嚣凌之习。况国

---

① 此次江南乡试案经过，见叶梦珠《阅世编》卷二《科举五》。

家之设考试也，原以优待士子，与以上进之阶，论秀书升，遭逢令典。

凡尔生童，不知感戴国恩，鼓舞奋勉，而乃以私心之忿，借罢考为挟制官长之具。何市井无赖至于此乎！盖因庸懦之督抚、学臣，希图省事，草草完结，不加严惩，以致相习成风。士气一骄，士品日流于下，关系非浅。

各省生童等，如果该地方官有不公、不法、凌辱士子等情，自应赴该地方上司衙门控告，秉公剖断。嗣后，倘不行控告，而邀约罢考者，即将罢考之人停其考试。若合邑合学俱罢考，亦即全停考试。天下人才众多，何须此浮薄乖张之辈？是乃伊等自甘暴弃，外于教育生成，即摒弃亦何足悯惜！如此定例，亦整饬士习之一端。着该部妥议通行。①

之后，礼部按照雍正帝的意思，拟定了对罢考事件的处罚标准：

---

① 《钦定学政全书》卷二十六《整饬士习》，素尔讷等纂修，乾隆三十九年武英殿刊本。上谕发布日期，见《清世宗实录》卷之一百四十七，雍正十二年九月戊子。

遵旨议定：……如有豪横之徒，逞其一时私忿，辄敢聚众罢考，挟制官长者，照山陕题定光棍之例，分别首从治罪。其逼勒同行罢考之生员，褫其衣顶，童生记名档案，俱停考试。如合邑、合学同罢考，即将合邑、合学罢考生员全褫衣顶，童生全停考试，仍照例分别杖责。

议定结果，规定对罢考者照"山陕题定光棍之例"，按首犯、从犯分别治罪。那么，"山陕题定光棍之例"又是什么刑律呢？《大清律例》有载：

山陕两省刁恶顽梗之辈，假地方公事，强行出头，逼勒平民，约会抗粮，聚众联谋，敛钱构讼，抗官塞署。或有冤抑，不于上司控告，擅自聚众至四五十人者。地方官与同城武职，无论是非曲直，拿解审究。为首者，照光棍例拟斩立决；为从，拟绞监候；其逼勒同行之人，各杖一百。[①]

从例文内容来看，此条本针对的是地方上组织抗粮、抗

---

① 《大清律例》卷十九《兵律军政》"激变良民"条。又见《大清会典事例》中卷七七一《刑部·兵律军政》。

官、擅自聚众的滋事人群。用今天的话来说，叫作社会不安定因素。

扶风县一众鼓动罢考的生员，自以为最大的资本，即他们乃是"四民之首"的士人，知县纵容差役殴打、羞辱屈谦益，就是羞辱斯文。然而，在朝廷的法度中，一旦士子行为稍有越轨，地位实在也与聚众闹事的光棍没什么两样。^①

乾隆帝即位后，延续了雍正帝对罢考事件的严厉处置态度。乾隆元年（1736），福建巡抚卢焯奏称莆田发生童生阻考事件，即照"山陕题定光棍例"定罪。

乾隆九年（1744）正月，闽浙总督那苏图奏：

> （福建）民间如联盟、械斗、谤讪、抗官、拒捕、罢考、罢市、造军火器械、揭旗聚众等事，干系甚大，密速赶办，严加惩治。其余平常小疵，仍当加以教导，如再不率，然后案治。^②

乾隆帝对其所奏甚是满意：

---

① 作者按：清代律例中的"光棍"一词，指敲诈财物等暴力犯罪的无赖人员，而非指一般单身男子（所谓"光棍汉"）。

② 《清高宗实录》卷之二百九，乾隆九年正月戊申。

所见是矣。若能行之以实，日积月累，自可抒朕南顾之忧。

那苏图的上奏中，将士子罢考，与械斗、抗官、造军火器械等并列为"干系甚大"之事，而非只需加以教导的"平常小疵"。乾隆帝评价"所见是矣"。可见，此时，士子罢考已是君臣共识的恶性事件。

此外，乾隆帝本身，也对陕西士子持有成见：

乾隆七年议准：陕西风气刚强，士习不逊。应令学政申礼义廉耻之防，以动其天性；示尊卑上下之分，以戢其强悍。[①]

乾隆十八年（1753），扶风罢考案爆发，正是发生在这样一个君臣对士子罢考深恶痛绝的年代。

五

陕甘总督、陕西巡抚援引"山陕题定光棍条例"，对扶

---

① 《钦定学政全书》卷二十六《整饬士习》，素尔讷等纂修，乾隆三十九年武英殿刊本。

风罢考案作了严厉的处罚。

罢考事件最主要的策划、组织者屈炳，照"光棍为首例"，拟斩立决。

重要组织者辛大烈，照"光棍为从例"，拟绞监候。

张文烈、刘浚、安宁、乔玉书，均照"为从拟绞例"，酌减一等，各杖一百，流三千里，至配所折责四十板。

高省三、杨大度、李果秀、胡子义，均照"逼勒同行例"，杖一百，各折责四十板。

张彩凤、段文玉，均照不应重律，杖八十，发学戒饬。

帮助屈炳写传单的张元儒，则因已经身亡，无需判处。

至于最初被差役殴打、羞辱的生员屈谦益，在组织罢考和实际罢考时，虽然并未在扶风县，但是，由于他明知其父屈炳有意策动罢考却不劝阻，也照不应重律，杖八十，发学戒饬。

而一开始欠县衙钱的粮行老板，也即屈炳的弟弟屈耀，照不应重律，杖八十，折责三十板，并革去斗行。

冲突的另一方。打人的县役吴起，照不应重律，杖八十，折责三十板，革役。

吴起儿子吴永年，杖一百，加棚号两个月，满日折责四十板。

帮助吴起打人的差役梁万奇、李寿，俱照不应重律，杖八十，各折责三十板，均革役。

而当初屈耀拖欠的那一千五百余文钱，还是应该如数缴纳。

陕甘总督永常、陕西巡抚钟音于乾隆十九年（1754）二月十二日上奏，汇报此事缘由和拟处理结果。乾隆帝对奏折的朱批只有简单的四个字：览奏俱悉。

对事态扩大显然负有责任的知县张于眄，也在这年被免职。但是时间要晚一些。督、抚在另外的奏折中说明了原因：

> 屈炳创意阻考，原为挟制该令，今即参劾，诚恐滋长刁风，转致效尤，殊有未便。是以臣等再四思维，此时姑置该令于不问，统俟此案办理完结后，再将该令察核题参，庶刁风不致滋长，而官方亦得整肃矣。[①]

简单来说，就是免职官员，也要按朝廷的规矩免职，不能让"刁民"以为是因为他们的力量。

此事还有一个尾声。

我在翻检《扶风县志》时，发现此案的关键人物屈谦

[①] 关于扶风罢考事件经过，除前述台北故宫博物院藏《奏报扶风县生监阻众罢考现在拿究缘由折》外，主要参考了《史料旬刊》第二十六期《陕西扶风县罢考案》中收录的两份督抚永常、钟音乾隆十九年二月奏折，故宫博物院文献馆编，1931年。详见附录三。

益，后来还位列本县贡生名录中。^①只是，不知道每年家祭之时，他是怀着什么样的心境。而当初曾在樊家酒铺大会上大喊"这样凌辱斯文，何必考试"的张彩凤，晚年居然成了扶风县的乡饮介宾，以德高望重的长者身份，每年主持乡饮酒礼。

秀才与捕快

一

乾隆五十四年（1789）三月，萧关道上，有两个人赶着车刚翻越了永寿梁。车是空车，牲口拉起来并不吃力，两人也一路有说有笑。

两人是甘肃安化县（治今甘肃庆阳市庆城县）人，哥哥郑大智，弟弟郑大鲲。

去年粮食收成不错，富余出几石来，当时粮价低，两人没舍得卖。如今到了青黄不接的时候，听闻陕西永寿县粮价好。虽说这一路要跨越宁、邠二州，路程近五百里，中间更是上塬坡，过泾河，越梁山，但兄弟俩还是决定出这一趟远门。所幸一路平安，他们顺利在永寿县监军镇卖了粮食，踏

---

① 乾隆《扶风县志》卷十四《科名记第十一·贡表》乾隆年，《科名记第十一·乡饮宾表》乾隆年。

上了回家的路。

三月十二日，行至宁州境内，兄弟二人分开。弟弟郑大鲲带着钱赶车回家，哥哥郑大智转向宁州焦村方向，前去看望住在那里的侄女。

天黑不久，郑大智走到了一个叫李家庄的地方。此地距离焦村尚远，他正在犹豫是暂先借宿一晚明早再走，还是索性加快脚步连夜赶到。

"你是哪里人？要去哪里？"

忽然，一声喝问传来，吓了郑大智一跳。他循声看去，那人凶神恶煞，看衣服像是衙役。郑大智是个读书人，一向少有出门，此刻在异乡，又已天黑，为免节外生枝，便没有搭理，继续赶路。

谁知，那人却快步追上，一把抓住郑大智的辫子，说要捉拿他。郑大智被吓坏了，心怦怦地猛跳起来，一边急忙说"我是去焦村看侄女"，一边努力挣扎想要摆脱。

可是，他一个文弱书生，哪里挣脱得开。那人眼见他还敢反抗，直接将郑大智按倒在地，朝他的头狠狠踢了几下。郑大智的右眼皮、鼻梁都受了伤。

附近的几个村民李朋、李心德、李扶听到喊闹声，跑过来查看。这人向村民说，自己叫马登蛟，乃是本州的捕快，刚抓获了一个贼人。还要几人帮他一起押到旁边的空庙里。

村民几人怕惹出事来，先是不肯。但马登蛟随即威胁，若是不肯，就定他们是这贼人的同伙，到时候一起审问。几人只好听从，把郑大智押到庙中。马登蛟说自己出去一趟，要求几人将郑大智看押住，若是放跑了，一样要治罪。

不一会儿，马登蛟回到庙中。手里多了几样东西，一串铁链，一根铁索，皮绳、麻绳各一，还有一根木棍。这些都是他对付"贼人"的执法器械。

马登蛟先用铁链、铁锁将郑大智锁起来，见他试图反抗，便叫李朋等用力按压头。郑大智的额头被压到地面擦破了。

用铁链锁住后，马登蛟又用麻绳把郑大智双手双脚牢牢捆住。之后，再用皮绳拴住，吊在了房梁上。

仅仅一个时辰之前，郑大智还在憧憬着即将见到侄女的喜悦。而随后的时间里，一种远超他理解能力的恐怖与噩梦，开始接二连三地上演。其间，他甚至数次有不真实的感觉，猜想是不是只是自己赶路累了在做梦，可是刺痛却提醒着他此刻的真实。

郑大智努力回想过，实在没想起来在哪里见过马登蛟。其实，马登蛟也并不认识他。两人往日无怨，近日无仇。

马登蛟今天喝问、控制、捆绑、吊起郑大智的唯一理由，居然只是郑大智的穿着。郑大智当日头上裹着条手巾，腰上缠着件狗皮，手里还抱着件袍子。

西北春天易起沙尘，夜间山区也尚有寒气，对于赶路的人来说，这身打扮本也无足为奇。

可马登蛟见他只身一人，又无车马，看着就可疑。问他时，又不好好答话，只想逃走，便认定此人是犯了案，心虚。

当然，这些只是马登蛟的猜想。或者也可以干脆说，当安化县生员路过宁州李家庄时，宁州捕快马登蛟看他不顺眼，就抓了。

对，就是不顺眼。

二

马登蛟跋扈得如此任性，也并非稀罕事情，而是当时捕快们的普遍状态。雍正年间，就曾有官员认为捕快多为市井无赖，奏请革除。

江南巡抚曾谏言说：州县为抓捕盗贼，设有捕快这种差役，国家制度中并无记载，《赋役全书》也没有捕役的工食标准。各地充当捕快的，大都是市井无赖。缉拿盗贼时，每每有放纵盗贼、牵连良民的弊端。请把各地的捕快一概革除。缉拿盗贼的事务，交由民壮进行。[①]

---

① 《皇朝文献通考》卷二十三《职役考三》：先是，江南抚臣尝言："州县捕盗，设有捕快一役，不载经制，《全书》并无工食。充此役者，率皆市井无赖。承缉盗贼，每多纵盗扳良之弊，请一概革除。其缉拿之责，宜任民壮，以专责成。"

不过，讨论之后，朝臣认为捕快一职非常重要，不能撤销。

理由也是简单明了：捕快虽是个低贱职位，责任却很重大。一般的良善民众，还胜任不了。盗贼们行踪诡秘，又性情凶悍，州县中有专职的捕缉人员，才能抓获。况且，对捕快们的考核也很严厉，赏罚分明。[①]

巡抚义愤填膺说"充此役者，率皆市井无赖"，朝臣硬刚说捕快职责正是"良善之民，所不能为者"。巡抚说捕快"每多纵盗扳良之弊"，朝臣答复说"捕盗有限，轻则加以扑责，重则质其妻子"。

一言以蔽之：你巡抚只看得到一些表面现象，我们朝臣更懂得统驭天下的根本逻辑。

三

将郑大智吊在梁上后，马登蛟才真正开始了"审讯"，问郑大智是哪里人，身上的狗皮、袍子是怎么来的。

郑大智答说，自己是安化县生员，狗皮、袍子都是自

---

① 《皇朝文献通考》卷二十三《职役考三》：臣等谨案，捕快一项，其役颇贱，其责实重。盖良善之民，所不能为者。盗贼踪迹诡秘，性情凶悍，州县专役捕缉，乃可擒获。其捕盗有限，轻则加以扑责，重则质其妻子。能获要盗，赏亦随之。大抵捕役不可废，令民壮协助之为宜耳。

家的。前番与弟弟前去陕西永寿县卖粮，回来时，弟弟先回家，自己到宁州来看望侄女。

旁边的李朋等人听明白了，这是错抓了个良民，便赶紧劝马登蛟先把人放下来。马登蛟自己也有了几分心虚，就把郑大智放了下来。李朋等几位村民见人已放下，就赶紧离开了。

如果马登蛟这个时候，赶紧为郑大智松绑，再说几句软话，也许这场误会即能化解，后面的悲剧也就不会发生。

只是，铁链、皮绳和木棍赋予的力量，早已彻底吞噬了马登蛟在对待"嫌犯"时的任何示弱。或者更具体地说，能够收缴铁链、皮绳和木棍的那一方，才会让马登蛟畏惧。至于秀才什么的，根本就无须顾忌。

两人之间的力量对比如此分明。马登蛟处在如此强势的位置，又何须低声下气说好话？即便他已经怀疑之前的判断错了，也有自己的一套处理方式。

马登蛟把郑大智从梁上放下来不久，又将他拴在院子中的树上。在他看来，拴在树上，已不比吊在梁上受苦，只不过暂时不能让对方走动而已。待明日查明确系良民，放了也就是了。

郑大智刚被从半空放下来的时候，长出了一口气，以为这梦魇总算要结束了。岂料，不多久，又被拴到了树上。

这个莫名其妙被羞辱、殴打了半夜的秀才终于受不了。

郑大智大声痛骂，说一定要去告马登蛟。马登蛟被骂得心头火起，也就不管那么多了，抄起木棍就用力打郑大智的腿。

吵闹、喊叫声又引得经过的两个路人进来，两人看这情形，便劝马登蛟放人。到这时，马登蛟方将郑大智释放。

郑大智带着浑身的伤，步履蹒跚地回了家。回到家就倒下了。眼部、鼻梁被踢伤，额头被擦伤，右腿被打伤，还有身上各处的勒伤。

在被伤痛、羞辱、惊吓折磨了十多天后，三月二十五日，郑大智死在了家中。

一个过路的生员，只因为被一名捕快看着不顺眼，便被活活折磨死了。

四

弟弟郑大鲲到宁州告状，此案进入司法程序。很快查明，此案乃是宁州捕快马登蛟诬陷良民、拷打致死。案件经府、道、藩司、臬司逐级汇报，一直呈报到陕甘总督勒保处。

勒保遂于四月十五日专折上奏，其中除汇报案情外，还请旨将"昏庸溺职""不能约束捕役"的宁州知州陆国栋革职。

此后，乾隆帝针对此案发出谕旨。

对于案件本身，即捕役马登蛟打死生员郑大智，乾隆帝反应平平。他说，捕役诬陷良民，私自拷打致死，固然触犯律法。但是郑大智的衣服装饰既不像个生员，马登蛟喝问他时又不作答，形迹也确实可疑。这里面是不是还有别的内情，要详细审明。①

倒是对陕甘总督说要把惹事捕役的上司宁州知州陆国栋参革，乾隆帝有些不同意见：

> 该署州陆国栋，如果平日昏庸溺职，即应早行参劾。若不过因捕役诬拿生员，不能约束，止须奏请解任。俟审明有无知情纵容之处，再行分别办理。今勒保遽行参革，亦恐启将来劣生恃符之渐。

这是说，至于署理宁州知州的陆国栋，如果平时就昏庸溺职，当然应该早日参劾。如果不过因为捕役诬陷捉拿生员，没有及时约束，奏请解任就行。等到查明有没有知情纵容的地方，再作处理。今天勒保直接参奏要将他革职，乾隆

---

① 此案经过主要参考了台北故宫博物院藏清代档案《奏为特参昏庸不职之署宁州牧安化县知县陆国栋者请旨革职事》，乾隆五十四年五月十五日，陕甘总督勒保奏；《奏为臣遵旨审明宁州捕役马登蛟疑窃拷毙生员郑大智一案定拟具奏事》，乾隆五十四年八月三日，陕甘总督勒保奏。此处引自勒保八月三日奏折。详见附录四。

帝担心会开启将来顽劣生员凭借身份滋长刁风的趋势。

凶案的当事双方，捕役与生员，乾隆帝并不关心，查明事实，该怎么处理就怎么处理。但是当地方大员提议要将地方官参革时，一下子牵动了乾隆帝的敏感神经。他认为这时候解任就行，等进一步查明案情再说。如果一上来就革职，恐怕会给有些顽劣生员发出错误信号。

这里说一下解任与革职的区别。两者是近义词，都指解除官员当前的职务。但解任是中性词，并非一定因罪责解除职务，比如也有因病解任。解任之后，原来的官品还在，以后仍可补用。而革职则是对官员的一种严厉的惩处措施，罪责重的往往是革职永不叙用，甚至直接革职拿问，进一步治罪。

乾隆帝忧心如果直接将宁州知州陆国栋革职，会让一些生员接收错误信号：看看，我们生员终究是惹不起的，被捕快打了，州县老爷直接玩完。

一个赶路生员无端被捕快打死，乾隆帝最关心的是，如果"正义"主持得太快，将来生员们会不会就难管了。

收到谕旨后，陕甘总督勒保奉命行事。捕役马登蛟判处斩监候，秋后处斩。协同马登蛟按捺郑大智的李朋等三位李家庄村民，各打三十板。宁州知州陆国栋解任后，交部照例议处。此案即告完结。

— ● 第六章 ● —

财　富

绅　富

说过"士"，那么再来看看"绅"。虽然士绅、绅士的说法常把二者统合而言，但究竟还是有所区别的。

前文说过，明清时期所谓"士"，即指读书人，用今天的话来说，就是知识分子。而"绅"，本意指古代官员束腰的大带，所以严格意义中地方的"绅"，是指退职在乡的官员。

但正如大多数尊贵的称呼都会被泛化使用一样，"绅"字也不例外。到了明清，举凡有一定财力，在地方有些声望的人，都一概被称呼为"乡绅"了，未必曾做过官。况且，弄个装点门面的出身乃至官衔，也不是什么难事。所以，这里用"绅富"来称呼这个群体。

就方志编纂的原则来看，财富的多寡，从来都不是人物能否被记入志书的决定因素。毕竟，方志中所记人物，是要能够激励风俗，起到教化人心的作用，岂能只以财富排名次？这显得多庸俗啊。

但是，这并不是说，财富在将人物记入方志这件事上，便毫无用武之地。毕竟，做很多事都是要花费成本的。

举一个非常直接的例子，乾隆《岐山县志》卷七《人物》中，记录了几位捐赠粮食的"输粟者"：

> 李钟豪，庵营人。乾隆五年，出粟二百余石赈饥，邑令表其门。
>
> 赵恺，怀贤里人。乾隆五年，出粟二百余石济饥，邑令表其门。
>
> 王遴，资福里邑庠生。乾隆五年，出粟百余石济饥，邑令表其门。
>
> 李如楷，麦禾营人。乾隆五年，出钱五十余缗、麦二十石济饥。又代输本营民欠粮六十余石，邑令表其门。
>
> 庞荣华，在城里人。乾隆五年，出粟百石、钱五十

余缗济饥，邑令表其门。

张发义，兴福里人。乾隆六年，完本里社仓民欠八十余石，邑令表其门。

卢贵，益店里监生。乾隆十八年，代输本里民欠一百余两，邑令表其门。

苏绍瞻，仁智里人。乾隆三十五年，出麦三十石、钱百余缗济饥，里人匾其门。

出粮出钱，赈济乡里，当然是应该肯定的义举。如此心地善良又慷慨大方的义举，载入县志，有何不可？然而心地善良的人多矣，想要如此慷慨大方，却必须有足够财力。灾荒之年，能拿出千斤、数千斤粮食的，必然是有相当田产的富户。

又如，县志记载：

鲁班桥，在县东十五里。……国朝乾隆二十八年，武生郭迎祥、益店里民贾行宽各捐赀五百两，又募资千余两，重建石桥。①

为地方公益事业慷慨解囊，比如造桥铺路、修缮祠庙、

---

① 乾隆《岐山县志》卷二《建置·桥梁》。

修建书院等，本身当然是极大的好事，方志予以记载，也丝毫不过分。只是这类殊荣，与捐粮赈灾一样，注定只能属于少数人。

财富的力量

一

对于财产丰厚的富户来说，为了求得声名，除了赈济乡里、捐助地方建设外，他们还有一个选择——捐纳。所谓捐纳，就是民众向朝廷捐献一定数额的财产，然后朝廷授予其相应的官职和身份。说得直接一点，就是买官。

与许多人想象的不同，在明清两朝很长的时间中，花钱买官是一项公开的制度，而非见不得光的私下交易。

清代第一次大规模开放捐纳，是在康熙十三年（1674）。当时，为了平定三藩之乱，朝廷需要大笔军费。可彼时天下安定未久，尚待休养生息，民众承受常规赋税已然相当困难，遑论加税？而且，前明派征"辽饷"导致基层崩溃，殷鉴不远，清廷也知道此时普遍性增加赋税，绝非适当办法。这种情况下，就想到了捐纳。

虽然目的都是增加朝廷财政收入，但是与整体性加税不同，捐纳是针对那些家资丰厚的富户。富户们捐献银两，朝廷再授予一定官职或身份。如此一来，既能在短期内获得不菲的收入，占人口大多数的底层民众又不会增加负担。

根据史料记载，三年间，就捐纳了五百多名知县。此次捐纳，共增加收入二百多万两白银①，在保证军需、缓解财政危机上，起到了巨大的作用。

但是，卖官鬻爵，总归不是什么光彩事。再加上，知县乃是"亲民之官"，凡一县的钱粮、刑狱、文教，俱要由知县负责办理。所以局势稍一趋缓，便有官员上奏请求停止捐纳。

康熙十七年（1678），监察御史陆祚蕃上疏：

> 窃惟知县一官，刑名钱谷，实有专司。抚字催科，皆宜尽善。我朝定鼎以来，设官置吏，首严兹选。
>
> 迩因军需旁午，需饷浩烦，暂开加纳一途，原属权宜不得已之计。但事例既行，人皆奔走于功名，不得鉴衡流品。或生长富贵，未识诗书；或年力未强，不娴民社。一旦膺百里之任，不免措置乖方，有伤治道。
>
> 更有虑者，捐重资以邀禄仕，非必尽出于有余。既

---

① 《清史列传》卷七《宋德宜传》：（康熙十六年）德宜又疏言："频年发帑行师，度支不继。皇上俯允廷臣之请，开例捐输。……计开列三载，所入二百万有余。捐纳最多者，莫如知县，至五百余人。"

据于一时，势必取偿于百姓。纵使督抚不时举劾，其间爱惜功名，自励廉节者，未必乏人。然求什一于千百之中，窃恐官方之日敞，而民隐之日塞也。

臣思今日之要务，莫急于安民；安民之要务，莫先于察吏；而吏之与民疴痒相关、厉害迫切者，断自县令始。请自今以后，将捐纳知县一例，明示一期，以今年几月为止。[1]

陆御史的这番话，重点是说，那些花钱捐纳知县的，难保有不少人是怀着做生意的心态。先努力筹钱买官，哪怕弄得一时拮据，也在所不惜。等到上任后，便大肆压榨百姓，不但要收回当初买官的本钱，更是要大赚一笔。正所谓"将本求利"。如此长期任用捐纳知县，地方治理恐怕就不堪设想了。

在反对声音下，此次大规模捐纳告终。

不过，有些事情一旦尝到甜头，哪怕明知有害，也会很容易再次实施。而后，清廷又因赈灾、军需、河工诸事，陆续开过几次捐纳。

作为一县之长的知县，以捐纳任用，争议太多，后来又

---

[1]　《皇清奏议》卷二十陆祚蕃《请停捐纳知县疏》。都城国史官琴川居士活字本。

改为捐纳儒学官；然而，因为对捐纳者要求过宽，以至于生员身份都不必有，同样引发了争议。

康熙三十三年（1694），江南学政许汝霖上疏，反对捐纳儒学官：

> 窃惟捐纳一途，皇上不得已而偶行之。从此筮仕，岂必尽无人才？独是教职，虽微训士之责，实重进士、举人、岁贡得充其任。后因生员援贡授教，其途始杂。
>
> 近乃以俊秀而亦得为之。年甫成童，胸无点墨，未尝一识宫墙之径。忽然南面而临其上，欲使三四十岁、五六十岁淹博宿儒，执经而修弟子之礼。心既有所不服，教又安所施？臣愚，谓俊秀受教，似宜永停。[1]

许汝霖是翰林出身，学问自然是一等的。对于连生员都没考上的人（即所谓俊秀），居然花上一笔钱，就能捐纳个儒学官，实在难以认同，要求永远停止俊秀捐纳学官。

对于理由，许翰林也说得很清楚：有些年轻人，根本就认识不了几个字，还不知道学校门朝哪边开呢。只因为家里出了一笔钱，忽然就成了县里的教育局领导兼高级教师，站

---

[1] 《皇清奏议》卷二十二许汝霖《请停捐纳教官疏》。都城国史官琴川居士活字本。

在讲台前开始叽叽给人上课了。底下那些三四十岁、五六十岁的读书人，反而要对他起立敬礼，心里能服气吗？跟他能学到东西吗？

这么一反对，后来便又把可捐纳的官职调整为同知、州同、县丞、主簿之类。

二

乾隆《岐山县志》中，记载了数位捐官衔的人员：

> 国朝以例捐衔者，十二人：
>
> 郭谦，同知，由选贡。
>
> 郭百祥、郭访、郭特芳，州同，俱由监生。
>
> 牛学圣，县丞，由监生。
>
> 宋应奎，县丞，由附生。
>
> 王遇铨、郭诚，千总，俱由武生。
>
> 张树琇、杨渊、梁泽、吕哲谋，俱从九。

这类捐官衔，只是买一个"官"的空名，既不会真的履任，也无俸禄。

相比于捐纳官职的时断时续，且始终伴随争议。另一项捐纳的实行时间跨度更长、范围更大，这便是捐监。

所谓"监"，即指国子监。捐监，即通过捐纳，获得国子监生的身份。这种监生，一般称之为"例监"。"例"是依例捐纳的意思。与捐官直接获得官位不同，捐监获得的只是身份的转变，并不授官，所以捐监被称为"捐出身"。

以乾隆三年（1738）为例，一位普通民众，哪怕连生员都不是，只要花上一百零八两银子，便可成为"国子监生"。①

前面说过，由各地选送的贡生，可至京城国子监读书。从这个意义上来说，将贡生称作监生，似乎也无不妥。但是，在清代，贡生与监生，却又是两个有着清晰区别的概念。

具体而言，由生员身份，以岁贡、恩贡、拔贡、优贡、副贡等方式进入国子监的，称为贡生；而以俊秀（未考取生员）身份，通过捐纳等途径获得国子监生身份的，则只能称为监生。

捐纳监生，一方面，对于求捐者来说，身份要求门槛低，价格也公道，一百零八两银子，买不了吃亏，买不了上当，却可买上一个国子监生的名号，成为"太学生"，自然

---

① 《乾隆三年至三十一年纳谷捐监史料（上）》所录《两江总督那苏图议复捐监奏折》中谓："又户部现行捐例，俊秀捐银一百八两，附生捐银九十两，增生捐银八十两，廪生捐银六十两，武生捐银一百两，青衣生捐银一百五十两，俱准作监生。"（载《历史档案》1991年第4期。）

热衷的人就多。

另一方面，对于朝廷来说，所谓监生，不过是给个虚名，收钱登记一下即可，乃无本万利。所以，但凡监生捐例开设，都会有数量众多的人员捐纳，例监生群体也就由此始终维持着一个庞大的体量。

捐监虽然单笔金额不大，但因为数量多，累积起来，也是相当可观的财富了。加之，捐监中，官府所给出的仅仅是个国子监生的名义，无需什么实际付出。有些"脑筋灵活"又胆大妄为的地方官，便打起了这上面的主意。其中，以甘肃布政使王亶望捐监冒赈案最为震撼。

乾隆三十九年（1774），陕甘总督勒尔谨上奏，以官仓储粮不足为由，申请甘肃重开捐监。乾隆帝准行，强调捐监要以本色（即粮食）方式实行，并调王亶望任甘肃布政使主持其事。①

王亶望，山西临汾人，已故江苏巡抚王师之子。王亶

---

① 《清高宗实录》卷九百五十七：乾隆三十九年四月庚子。谕军机大臣等："勒尔谨奏报肃州、安西两州收捐监粮一折，已批交该部议奏矣。甘省捐监一事，上年止准令肃州以西收捐本色。昨据该督以甘省通省仓储，一时未能全行足额，奏请仍照旧例，口内各属，一体收捐。业经部议，准令本色报捐，仍饬该管上司核实稽查，勿使滋弊。业已允行，第念此事，必须能事之藩司，实力经理，方为有益。尹嘉铨谨厚有余，而整饬不足，是以改擢京职。特调王亶望前往甘省。"

望的仕途自甘肃开始，先是做过山丹、皋兰诸县知县，后来升任宁夏、巩昌、兰州诸府知府及肃州道台。乾隆三十九年（1774）时，已在浙江布政使任上。[①]

王亶望虽然仅仅是举人出身，但执行能力强，是乾隆帝心目中的一位"能吏"。此次用王亶望，既是看中他对甘肃情况熟悉，更是认可其办事能力。

由富裕的浙江平调至荒苦的甘肃，看似苦差，但王亶望却干出了"非凡"的政绩。

王亶望一到甘肃，便立马大展身手，在甘肃全境各府州县，积极推行捐监，不过，却是只收折色（银两），并不收粮食。为了使得各州县积极推行，王亶望实行"雨露均沾"，各州县官员均能分得好处。当然，大头肯定是进了自己的腰包。

就这样，借着为官仓收储粮食的理由开放捐监，甘肃各级官员开始一场疯狂敛财。

王亶望对于贪污捐纳银两如此信手拈来，大概也跟自己早年的一个经历有关。王亶望中举后并未能接着考中进士，而当时举人授官，往往要经过多年的等待。王亶望等不及，便走了捷径，他捐纳了一笔银两，得以优先选用，然后被分

---

① 王亶望历任官职，综合自《清高宗实录》、《清史稿》卷三百三十《王亶望传》、台北故宫博物院藏清代档案《王师列传附王亶望传》。

发至甘肃做了知县。

换言之，王亶望最初在甘肃的知县位子，差不多是买来的。当初在甘肃花出去的钱，王亶望此刻是在一百倍、一千倍地再赚回来。

甘肃捐监进行得如火如荼，只有等到向朝廷汇报时，王亶望才编造出一个收取粮食的数字。仅仅实行半年，王亶望便向乾隆帝上奏汇报，称收取监生一万九千余名，共得豆麦八十二万多石。

这一"亮眼"的成绩，引起了乾隆帝的怀疑。

他在谕旨中，用"四不可解"，对王亶望的"漂亮政绩"提出了四个方面的质疑：

第一，甘肃民众以贫困者居多，怎么一下子就有两万多人有能力捐监？如果说是很多外省人也到甘肃捐监了，京城现在就能捐，何必舍近求远？

第二，甘肃向来被说是土地贫瘠，民众家中的粮食储蓄不多，自己吃都不一定够，怎么还能有这么多余粮？如果说是商人从外地贩运来，运输成本那么高，哪个商人这么傻？

第三，半年便收了八十多万石粮食，这一年便能收一百六十多万石，年复一年，不知道要收多少，收这么多粮食做什么？放在仓库霉坏吗？

第四，如果说每年春天购买粮种要花费大笔资金，有了例监粮，便省了这笔开支。可既然甘肃民间有这么多粮，官府从中劝谕，让其自然流通就行，何必以捐监收取后再出借，反倒多了一层手续？①

针对种种疑问，乾隆帝也曾令陕甘总督勒尔谨认真核查，甘肃捐监一事有无流弊。但勒尔谨却帮王亶望遮掩，使其蒙混过关。随后又增派人员调查，但又被以粮仓造假等方式蒙骗。

于是，王亶望等甘肃大小官员，就继续大行其道，不断推行捐监，将收取的巨额银两私吞。

至于账面上存在的大量粮食怎么办？他们又采取了一个"聪明"的办法——谎报灾情。

地方上遭了灾，需要有粮食赈济灾民吧？如果不是官府通过捐监聚集了这么多粮食，短时间内如何能筹集到赈灾粮？这样一来，通过捐监储存粮食就显得很有必要了。而且，账面上的粮食也有了核销的理由——都赈灾了呀。

于是，在王亶望等贪官污吏的谋划下，甘肃捐监，就形成了一个完美的逻辑闭环：捐监收取银两，声称收取了粮食，谎报灾情，冒称赈灾，账面粮食核销，捐监银落入自己腰包。

以乾隆四十一年（1776）为例，甘肃捐监达六万三千余名。相应地，这年甘肃"灾情"也就特别严重，赈灾耗费粮食

---

① 参见《清高宗实录》卷之九百七十一，乾隆三十九年十一月戊辰。

有一百七十余万石。①

如此这般，表面来看，仅仅让朝廷付出了发给监生出身这种微不足道的代价，就实现了大范围赈灾。主持官员，简直还有大功劳呢。

果然，乾隆四十二年（1777）五月，因为主持甘肃捐监、赈灾等工作颇有劳绩，王亶望升任浙江巡抚。

继任的甘肃布政使王廷赞，面对如此巨大的财富诱惑，也便如法炮制。在大肆侵吞捐监银两的同时，这些贪官们又开辟了一项新的贪污门路——新建粮仓。

历年以来，甘肃捐监，名义上都是以收取粮食的方式实行。既然官府收取了大量粮食，旧有粮仓自然不敷使用，那么新建粮仓就成为一项迫切需求了，这在逻辑上行得通。

于是，甘肃方面持续申请新建粮仓，自然也就得到了允准。但实际上，甘肃捐监根本没有收取粮食，所谓大量存粮只是账面上的假数据，所谓的储存需求，也就根本不存在。如此一来，新建粮仓，又成为甘肃官员贪污的一个借口。

可是，纸终究包不住火，阴谋总有败露的一天。随着时

---

① 《钦定兰州纪略》卷十二载：同日，阿桂又奏言："甘省收捐监粮，惟开例之始为多，近来报捐者，已属寥寥。臣将历年所捐数目比较，惟乾隆四十一年王亶望任内，收捐监生至六万三千余名为最多，而是年赈恤案内，所动粮数至一百七十余万石，亦较历年为甚。其中情弊，王亶望百喙难逃。"

间流逝，甘肃捐监冒赈案露出的马脚越来越多。

乾隆四十六年（1781），甘肃发生了由宗教派别引发的冲突，并迅速演变为叛乱。王廷赞为了表忠心，上疏称愿意捐银四万两用作兵饷。

乾隆帝一看，一个偏远省份的布政使居然这么有钱？再一想，升任浙江巡抚的王亶望，之前居然能捐银五十万两修筑海塘，这甘肃出来的官怎么都发财了？

同时，派去剿灭叛乱的和珅、阿桂等人的奏报称，甘肃连日阴雨，影响了作战。乾隆帝又发现，甘肃并不像王亶望、王廷赞等人说的那样"干旱频仍"。

这一连串的疑点，使乾隆帝对甘肃捐监产生了巨大怀疑。于是，对甘肃历年捐监展开大规模调查，这起持续多年的贪腐事件方才彻底暴露。

经过调查，由乾隆三十九年（1774）甘肃开捐，到乾隆四十六年案发，不过七年间，甘肃收捐监生不下二十万人，所收捐银在一千万两以上。其中大部分捐银都被以王亶望、王廷赞为首的甘肃官员侵吞。

最终，王亶望处斩，王廷赞处绞，勒尔谨勒令自尽。涉入此案的甘肃大小官员有近两百名之多，其中五十多位被处斩。就这，还是因为此案乃是集体性、塌方性的严重腐败，涉及官员实在太多，在判决时特地较常例放宽的结果。

三

乾隆四十四年（1779），《岐山县志》重修完成之年，正是邻省甘肃捐监如火如荼之时。不过在这部《岐山县志》卷六的"例监"类目中，对清代岐山例监的记载却非常简单：

> 国朝二人：
>
> 乔国械，广东英德巡检。
>
> 杨廷壁，乾隆四十四年，分发河工试用，从九。

此时清代已建立一百三十余年，岐山全县难道只有两人捐过监生？这着实非常奇怪。而另一项门槛更高的捐纳——例贡，县志中却记载了十位：

> 国朝十人：
>
> 杨奇，大名府通判。
>
> 梁应斗，涿州州同。
>
> 杨宗雉，由监捐考定通判。
>
> 李延寿，由监生。俱见旧志。
>
> 李邵生，居一子，衡阳知县，工诗文，善书，详居

一传。

　　乔子焕，由监生，候铨州同。

　　孟德美，由附生。

　　郭千祥，由监生，现任安庆府通判。

　　郭兰芳，由附生，云南试用盐大使。

　　郭谊，由监生。

　　捐纳例贡，门槛较捐纳例监要高。要么捐纳者首先具备生员身份，然后再报捐；或者先行捐纳为例监，二次捐纳为例贡。

　　由此，就通常情况而言，一地的例贡生数量，肯定是远少于例监生数的。然而《岐山县志》里记载的名录，例贡生反倒远多于例监生。

　　观察这份例贡名录，其中也有些蹊跷：杨宗雏、李延寿、乔子焕、郭千祥、郭谊等人都是先捐过监生的，之后才又捐了贡生。何以他们没有列在"例监"名录中？

　　如果说，是因为这些人又捐得了高一级的"例贡"出身，所以不再列入"例监"类。那么，前引岐山十余位"捐衔"人员中，也有郭百祥、牛学圣等数人是监生出身，何以也没有列举？

　　乾隆《岐山县志》中例监、例贡生的比例，使人疑惑的地方很多。那么，我们看看相邻县域的情况。

考乾隆《凤翔县志》，在卷五《选举·例监》中，一口气罗列了三百零七人。与这个数据相比，岐山县的区区两名简直连零头都不够。岐山、凤翔两县相邻，经济、民情、风俗相似，在民间对待捐监这件事情上，怎么可能产生如此大的差别？

再考乾隆三十年（1765）及五十年《宝鸡县志》、乾隆四十六年《扶风县志》、乾隆《陇州志》等凤翔府所属州县方志中，关于监生的记载情况。

这几部方志中，记载的监生数量同样不多。乾隆五十年（1785）《宝鸡县志》记载二十四名，已是相对最多，乾隆四十六年《扶风县志》仅记七名，而乾隆《陇州志》则和《岐山县志》一样，仅有两名。

不过，其中有个需要注意的点：这几部方志记载监生的类名多不叫"例监"，而是"职监"或"捐职监生"。也就是说，其中所列，仅为在捐监后又进一步捐纳过官职的人。[1]这就说得通了，捐监的人虽多，但是其中会进一步捐官的只是一小部分。

这么看来，虽然乾隆《岐山县志》中的监生门类写作"例监"，但实际上所载的只是后来又捐了职位的，所以才

---

① 　其中，《扶风县志》虽然也将门类写作"例监"，但所列具体人员，仍然都是捐了职位的。

出现了仅有两人的情况。清初至乾隆四十四年（1779），岐山县捐监的整体人数，应该与凤翔县相仿，有数百人之多。

望族兴起

一

乾隆年间，岐山县经历了数十年的社会恢复和初步发展，本地尚较少巨商大贾。但是日后几家望族，却都已在这个时候崭露头角。

比如，《岐山县志》卷七《人物》中记载的郭氏兄弟：郭玒为润德里人，幼年时贫穷，与哥哥郭玘种田经商。郭玒比哥哥小很多，更会做生意。几十年后，兄弟俩的财产积累至二十余万贯。①当时哥哥七十多岁了，有五个儿子，郭玒

①　作者按：郭玒、郭玘兄弟经商积累的财富"二十余万"，县志中并未说明单位。但以古时的表达习惯，不外乎"文"和"贯"。一贯钱，可粗略折算为一两银子。若是二十余万文，则折算为白银不过二百余两，算不得"富家"。且前文引述的捐献五百两修桥的郭迎祥，正是郭玘之子，其分得家产的七分之一，不过三十两，纵然急公好义，又何来五百两修桥？且郭氏子弟又尝捐监、捐衔、捐封、捐修书院，事事所需不菲，二百两银子如何能够？可见，郭玒、郭玘兄弟留给子孙的家产，乃是二十余万贯家财，七分之后每人得三万贯。

五十多，才生了一个儿子郭百祥。

郭玭因为哥哥年迈，每件事情都要安慰哥哥。曾经对哥哥说："经常见到世人以房分作标准，以为这样分家是平均的。但是在自己身上平均，却不能对子侄辈平均，仍然不算平均。谁又不是郭家的后人呢？依靠先人的庇护，我们得以丰衣足食。哥哥百年之后，如果子侄们不想合在一起吃饭，当按照人数为准分家，不看房分。"

后来，郭玘去世，郭玭又生了二儿子郭千祥，于是把家产分为七份。哥哥郭玘五个儿子分到十五万贯，自己两个儿子分到六万贯。本县富户里面为人恭谨宽厚的，没有谁能超过郭玭。后来，郭玭小儿子郭千祥做了安庆通判，郭玭也得到了承德郎的封号。①

传记中叙述郭玭事迹时，特地强调了其中的反差。首先强调郭玭比兄长郭玘"更善理家赀"。也就是说，这二十余万贯的家产，本身就是郭玭的贡献多。即便两兄弟平分家

---

① 乾隆《岐山县志》卷七《人物》：郭玭，润德里人。幼贫，与兄玘力农服贾。而玭年甚幼，于玘更善理家赀。数十年，积赀至二十余万。时兄玘年七十余，有子五人，玭年五十余，始生子百祥。玭以兄年迈，每事必慰其心。尝语曰："每见世人执房分之说以分赀，自为均矣。然均于其身，而不能均于子侄，犹弗均也。且孰非郭氏子哉！赖先人余荫，丰衣足食。兄终年后，子侄或不欲同爨，当以人为例，勿拘房分也。"玘殁，玭又生季子千祥。因七分其赀，玘子五人，凡得十五万，玭子二人，六万。邑人为富家长厚，无若玭者。后玭子千祥，官安庆通判，以覃恩赠玭承德郎。

产，郭玳甚至都吃些亏。

继而表述，哥哥郭玘有五个儿子，郭玳只有一个。在这种情况下，郭玳又为哥哥着想，提出了一个对自己更不利的财产分割方案。即不以兄弟俩的人数论，而按下一代也即子侄辈的人数论。后来，郭玘去世，郭玳果然按照子侄辈的人数均分了家产。

方志的纂修者，显然是在强调，这种分割方式，才是将郭玳载入县志的关键。为此，还特意将郭玳传记列入"恭兄友弟"的门类。

但是，如果将兄弟二人的事迹稍稍做一些调整，比如，总的家产不是二十万贯，而是二十贯。其他一切不变，照旧是弟弟把家产七分，给哥哥五个儿子共分十五贯，自己两个儿子共分六贯。

理论上来说，事件性质完全一样。但如此一来，郭玳还能以"长厚"而入志吗？恐怕是很成问题的。

如果对郭氏兄弟后代的情况进行一番梳理，对于二人载入方志的缘由，会有不少新的发现。

郭玘的五个儿子中，长子郭发祥为雍正十三年（1735）拔贡生，其子郭谦又为乾隆十八年拔贡生。这一支有重视教育的家风，后来在晚清时出了举人和进士。另外，县志中还记载郭玘次子郭迎祥曾捐资修桥，前文已述。

以"长厚"闻名的郭玳，其小儿子郭亓祥，后来做了安庆通判。考清代档案，郭千祥于乾隆四十年（1775）任安徽安庆府通判，乾隆四十八年调任凤阳府通判。

在前文引述过的"例贡"名录中，郭千祥在列。郭千祥的贡生出身是捐纳而来，这一点确定无疑。那么，其步入仕途的通判官职呢？

由于资料缺乏，尚不能做出明确论断。不过，捐纳通判，在当时亦属常事。正六品的通判职位，曾多次出现在清代"捐纳事例"中。

郭千祥的兄长郭百祥，则是先捐了例监生，再以例监的出身捐了州同衔。父辈留下的财产，已经足以使兄弟俩摆脱平民身份，弄个一官半职。

郭千祥于乾隆四十年（1775）任安庆府通判[1]，四年之后，乾隆《岐山县志》修成刊刻。郭家的家资既丰，又出了这么位实任的六品官，在彼时的岐山县，已非一般的地主、富商家庭能够相比。

此时正逢纂修县志，郭玳得以在县志中立传，除了他自身行事"长厚"外，恐怕也有更深层次的原因。

这里可以提供一个线索，以为参考。前面提到过，郭玳

---

[1] 参见中国第一历史档案馆档案目录，乾隆四十年四月二十八日，吏部尚书官保《题为汇题乾隆四十年三月新选安庆府通判郭千祥等员呈请省亲等案事》；乾隆四十三年七月初二日，安徽巡抚闵鹗元《为安庆府通判郭千祥试俸期满三年请销试俸事》。

传记是列在"恭兄友弟"类的。县志卷七《人物》中，先交代一句"恭兄友弟见称者，二人"，然后却列出了武永清、何沄和郭玑三个人的传记。在多个刻本中，"二"字均比较清晰，可以确定绝非"三"字因印刷等原因的误认。

卷七《人物》中，有过多次数目统计，都基本准确，何以在这里竟连"二"与"三"都弄错了呢？一个合理的解释，便是这第三篇郭玑的传记，乃是在刊刻前临时添加进去的，匆忙间疏忽了前文曾有"二人"这个数目统计，以至于出现了前后不对应的问题。

二

前面在讲述岐山知县郭履恒创建凤鸣书院时，曾提到由本地士绅共同集资三千六百两银子。这群绅士之中，即有郭玑之子。《创建凤鸣书院记》文末记：

> 佐余谋者，学博蒋君兆甲；始膺分理者，邑绅士蔡君毓章、吴君江、郭君百祥、宋君应奎、王君遇铨及诸生梁子必遇也。其师生修脯、膏火之条目，助金多寡之姓氏，例得备书碑阴，以垂不朽云。

分理的诸位绅士，蔡毓章和吴江，分别是举人和拔贡生，代表着"士"。之后的郭百祥，则就是"绅"了。

随后的宋应奎，则是岐山另一富户宋家的代表人物。

宋家在明代即出过大人物。先祖宋德，为成化十一年（1475）进士，历任浙江道御史，四川按察司佥事、副使。县志卷七《人物》当中有传。

没有足够的资料来判断，宋家在明清易代后，是否仍然保持了相当的实力。但至少到乾隆年间时，又已经是岐山绅富之一。

宋应奎之父宋建中，为乾隆三十二年（1767）岁贡生。宋应奎自身本来只是附生，既未能考中举人，也未如父亲一样出贡。不过，家资丰厚，捐了个县丞衔。说起来，多少也是个官了，非一般平民家的生员可比。

宋应奎的弟弟叫宋兆奎，同样捐了官，并且乃是正四品的道员。只不过，文献中只有宋兆奎"签选江西盐法道"的记录，应当并未实际赴任。

与郭家相仿，宋家也重视教育，此后读书的门风得到了传承。宋兆奎之子宋兑成，后来做过儒学官。[①]宋兑成之子、宋兆奎之孙宋金鉴，则中了道光三十年（1850）进士，亦是清代岐山县唯一的翰林院庶吉士。

显亲扬名，是传统孝道中非常重要的一个方面，故而

---

① 乾隆五十一年，宋家的宋占奎考中丙午科陕西乡试举人。

封赠制度古已有之。所谓"封赠"，即将官员的官阶、官职授予父母及先辈。对于在世者称为"封"，已殁者称为"赠"。文献中常见到官员的父祖辈名前也有相同官衔，往往便是封赠而得，并非真的有过同样官职。

封赠制度有一套严格规范，品级越高，所能向上追赠的世代也就越多。一品封赠三代；二品、三品封赠二代；四品至七品封赠一代；八品、九品至本身而止。而且，常规的覃恩封赠，并非官员可自动获得，而是要等到朝廷有重大节庆活动时，官员办理呈请封赠手续才可获得。

不过，既然连实任的官职，都能通过花钱捐纳获得，这种纯粹赐予名号的封赠，又怎么会毫无变通余地呢？捐纳封赠，因而出现。只要官员缴纳一定数额的银两，就可获得封典，与捐衔、捐监相仿。

县志卷六"封赠"类中，专门单列了一组"以例捐封赠者"名录。当中共八人，均出自郭、宋两家。

比如，宋应奎为自己捐纳正八品"县丞衔"后，又通过捐纳，将正八品的散官"修职郎"，追赠父亲宋建中，同时追赠母亲李氏为八品孺人。郭谦在为自己捐纳正五品的"同知衔"后，又捐纳将正五品散官"奉政大夫"追赠其父郭发祥，并貤赠其祖郭玘，而母亲、祖母也一并得赠为宜人。

三

除了郭、宋两家，岐山武家在乾隆年间，也已经有了兴旺的气象。县志卷七《人物》载：

> 武永清，在城里人。为人方正，父母早亡，事兄某如事亲。以贫故为商文县。有余赀，则徒步归视其兄，赡衣食焉。后卒于文县，文县人知其敬兄也，榇归时，泣而送者三百人。

武永清的本传，与郭玳一样，都是放在"恭兄友弟"类的。从叙述来看，武永清对哥哥确实孝敬，而且孝敬得已经不合常理。毕竟，如果只是家贫，则当是兄长照顾弟弟。

不过，乾隆《岐山县志》没有直接说的是，卷六《选举》当中所记的乾隆二十七年（1762）举人、乾隆四十四年时正在河南武安县知县任上的武达观，正是武永清的儿子。武永清能在县志立传，恐怕也与此不无关系。

武家在后来的一百多年中，经商不及郭、宋两家，但在读书做官上却人才辈出，一共出过四位举人、七位州县官员。

至于当时绅富的财产来源，主要是田租和经商两个方面，即郭玳本传所谓"力农服贾"。

清代中前期，岐山县土地兼并尚轻，并无占据大量土地的大地主。同时，受自然条件所限，本地也较少出产高附加值的农作物。因此，纯粹土地带来的收益，并不易在短时间内积累大量财富。

而经商就不同了，太史公云"夫用贫求富，农不如工，工不如商"[1]。经商积累财富的速度，要远胜于从事农业和手工业。

《岐山县志》中，除了明确记载郭氏兄弟乃是由经商发家外，在武永清本传中，也说其"为商文县"。可见，武氏的原始财富积累，也与经商有密切关系。

至于岐山另一世家宋氏，乾隆《岐山县志》记载宋应奎捐纳"县丞衔"，又为父亲宋建中例捐封赠，又曾在创建凤鸣书院时捐银，可见彼时已经财力不菲。

县志中虽未明确提到宋家经商，但从其他资料来看，乾隆年间的岐山宋氏，也是富商。在宋应奎之子宋炳麟墓志铭中，曾有这样的记述：

　　　　入学时，年已二十有八。其时，执家有人，犹得从容诵读，筑室南溪之南以自乐。癸巳，金埻卒，公左右

---

[1]　《史记》卷一百二十九《列传第六十九·货殖列传》。

无所倚。家人妇子之嘻嗃、货殖营运之谍谋内外交乘，
而含沙射影之徒诈索财贿者，又复时出不测。以此疲精
力、耗心神，几十有余年。[①]

虽然墓志铭中的这段，意在惋惜宋炳麟不得专心读书，
但同时也清楚表明了，父亲宋应奎留给他的商业版图，规模
庞大。

宋应奎之侄宋兑成的墓志铭中也说：

> 甫成童，即知向学，自惟家世书香，耻为纨绔膏
> 梁子。……当是时，同堂兄弟六人，分司家务，毋以涸
> 公。公亦思孝友家风，事亲之后，端在从兄。因不问家
> 生业，惟乘间奋然于学，力求无愧古人。
>
> 岁稍歉，施面于门，日五六百人，自秋历春，至
> 丰收未已，以为常。筑城垣，修学署，添书院膏火，军
> 兴筹饷，集团练费，先后输捐数万金，家几告匮矣而无
> 悔色。[②]

---

① 王树堂：《砚云亭文稿》所录《例授奉政大夫候铨同知文圃宋公墓志
铭》，清代刊本。

② 郑士范：《绿漪寮集》所录《诰封通奉大夫刑部贵州司郎中原任乾
州武功县教谕酉山宋公墓志铭》，宣统二年刊本。

"耻为纨绔膏粱子"的前提是，确实有条件成为坐享其成的纨绔膏粱子弟。"不问家生业"，说明家中有产业。

至于年岁歉收的时候，每天能给五六百人施舍面粉一直施舍到丰收；能够在修城墙、学署，给书院添膏火银，捐助军饷、团练等事项上，先后捐出数万两银，更是无一不说明宋家的产业之大、财富之巨。

四

岐山郭、宋等家族能够通过经商积累大量财富，与家中人员勤劳、有商业头脑又教子有方等诸多因素有关，但最根本的原因还是在于，当时有了较好的社会环境。清代中叶，社会长期保持安定为商业发展创造了便利条件，陕西商帮再度崛起，成为全国性的重要商业力量。

陕西商人利用独特的地理优势，将西北地区出产的皮毛、羊皮、名贵药材等集中加工，贩运至东南沿海等地。又从当地采购布匹、绸缎、茶叶、铁器等，在西北各地贩卖。陕西商人在往来路途上，均携带有货物，且所贩售的，又是当地较少出产而价值高的货物，因此从中赚取了丰厚的利润。

这一时期，又有不少陕西商人跋涉蜀道，前往四川经营盐业。川盐从生产到运销，几乎全程都有陕西商人参与。

如此趋之若鹜，是因为经营盐业，利润远较其他行业更为丰厚。明代万历年间任常熟县知县的耿橘，曾在《平洋策》中说：

> 吴中风俗，农事之获利倍而劳最，愚懦之民为之；工之获利二而劳多，雕巧之民为之；商贾之获利三而劳轻，心计之民为之；贩盐之获利五而无劳，豪滑之民为之。[①]

耿橘此论，虽就当时苏州私盐泛滥而言，但经营盐业之利润丰厚，却是全国皆然的。

在产盐重地自贡，陕西盐商集资建起了规模庞大的西秦会馆。乾隆十七年（1752），李芝所撰《西秦会馆关圣帝庙碑记》记载了创建经过：

> 至若客子天涯，辰稀星散，情联桑梓，地据名胜。剪棘刊茅，邃壮丹台，隆摸绛阙，则又怀睦亲以敦本，于礼协，于情安，非徒重因果为感应云尔。此西秦会馆关帝庙所由建与。

---

① 顾炎武：《天下郡国利病书》第二千七百七十册，清代光绪五年蜀南桐花书屋薛氏家塾刊本。

尔乃南北风同，雨旸会恰，三秦客友，运榷黔滇。运樯万艘，出没于穷渍、宕柔之内，福海安流，默助之庥，实惟神佑。夫蒙艺利者，仰社功；庆安澜者，歌禹绩。憩棠遗珮，异地讴思，灵威所凭，肸斯在。矧夫忠烈，义耿舟宵者耶！客斯土者，摩挲遐慕。爰卜井街东北，新构圣祠，累常度室，布寻度堂，缭以周垣，修庑旁列。

起乾隆元年丙辰，至十七年壬辰春告讫。工费一万有奇。①

记文说，此地陕西商人一为和睦亲近，二为答谢"神佑"，集资创建了西秦会馆关圣帝庙。建设工期长达十七年，耗费一万余两白银。

此外，陕西商人还在四川经营茶叶贩运、典当等。清代四川各地建立的陕西会馆达数十处，由此可见蜀地陕西商人的规模之大。

位于四川东南的贵州，食盐来源多仰给四川，此即所谓"川盐入黔"。陕西商人在四川盐业中占据举足轻重的地位，那么运销贵州的盐路中，自然也少不了他们的身影。

---

① 郭广岚：《骊珠重辉·西秦会馆木雕石雕艺术》，四川美术出版社2016年版，第344页。部分文字据碑记拓片校改。

前引《西秦会馆关圣帝庙碑记》中，有"三秦客友，运榷滇黔，运樯万艘"的记载，可见四川的陕西盐商，是依靠水路，将大量的食盐运入贵州销售。

运盐水路中，最为重要的一条便是赤水河水路。由于"川盐入黔"的施行，位于赤水河边的仁怀茅台村，借水陆码头之利，迅速发展成为一个繁荣的商镇。清代遵义籍学者郑珍在诗中说："蜀盐走贵州，秦商聚茅台。……三代井法废，大利归贾魁。"①

在茅台镇的陕西商人中，即有岐山籍商人。1959年《人民日报》曾刊载《茅台酒之乡》一文，当中写道：

> 1704年，陕西凤翔府岐山县有一姓郭的盐商经商到了此地，见这小小渔村依山傍水，风光明媚，便定居下来，并且在这里招雇工人开了个小作坊，仿照山西杏花村的汾酒和陕西凤翔的西凤酒的酿造方法，制成了茅酒。以后，茅台成立了成义、荣和、恒兴三个厂号，自称华茅、王茅、粳茅三家，专业经营，酿造规模和制作技术都有了一定的发展。②

---

① 郑珍：《巢经巢诗钞》卷六《吴公岭》，咸丰四年刊本。

② 参见1959年7月28日《人民日报》，何世红撰。

茅台酒如今是高度知名的白酒，由其巨大商业利益所驱动，茅台酒创始来源也是众说纷纭。不过，在20世纪50年代，《人民日报》这样的权威媒体刊文，精确记载了茅台酒创始的时间（1704年）和创始者籍贯（陕西岐山）、姓氏（郭），言之凿凿，不能轻易忽视。

1704年，为康熙四十三年，正是岐山县郭玳、郭玘兄弟全力经商的时候。郭氏兄弟能在数十年之内，由"幼贫"的起点，发展至坐拥"二十余万"的巨额财富，经营盐业这种利润丰厚的行业，正是合理解释之一。

从现有文献来看，清代的康熙、雍正年间，并未见岐山县有第二家郭姓大贾。也就是说，贵州茅台酒，很可能即源自岐山县郭玳、郭玘兄弟一家。

第七章

齐 民

食货志

一

前面几章分别讲述了清代县域中的官吏、士人、绅富。他们是当时县里的头面人物，也是县志中人物记述的主体。但就绝对数量来说，这几类人却只占县域人口的极少数。占据县域人口绝对比例的，是最普通的民众，即大部分的农民和少部分的手工业者。

只是，包括县志在内的绝大多数文献当中，这些平民阶层都被有意无意地忽视，以至于今天只能为他们勾画一个模糊的集体面目。

民以食为天，内陆居民的日常所食，绝大部分都来自土地产出，所以，土地也就成为民众最为看重的东西。

前文曾述及，在经历明清易代时的天灾、兵燹反复摧残后，岐山县人口遭遇大量损失。在清代初期相当长的时间中，存在着严重的土地撂荒现象。

一直到清朝建立三十余年后的康熙十八年（1679），岐山县的土地，依然是"田苦瘠，而其荒者几与常田埒"的局面。土地大量荒芜，除了人口数量少之外，还有一个重要因素是赋税负担较重。

康熙中期以后，随着清王朝对于中原地区的稳固控制，赋税、力役负担下降，岐山社会经济的恢复和发展才逐渐加快。流亡百姓回归，荒芜土地重新被开垦，人口开始恢复增长。在没有严重自然灾害时，百姓通过辛勤劳作，可勉强糊口。

之所以要加上一个"没有严重自然灾害"的前提，是因为当时的岐山县土地中，绝大部分都是"靠天收"。道光元年（1821）成书的《秦疆治略》，对于岐山县的农业灌溉情况记载说，除了石头河下游的七十余顷、珍珠泉等少量山泉周边外，绝大多数土地并无灌溉条件。[①]

清代关中气候偏旱，在作物选择上，就必须考虑耐旱能力。乾隆《岐山县志》中，并没有明确列举当时县域的主要作物，不过，通过地理、风俗相近的邻县，仍然可以一窥当时的农业种植情况。

《凤翔县志》中记载：

黍、稷、稻（粳、糯二种）、粱、麦、大麦、粟、荞、麻、荏、青稞、豆（黑、白、黄、绿、邠、豌、小、槐）。[②]

《宝鸡县志》则记载：

谷属：穈、粟、黍、稻；麦属：辂、麦、荞；豆属：豌豆、绿豆、黑豆、黄豆、小豆、槐豆；芝麻、火

① 《秦疆治略·凤翔府·岐山县》：马碛里地处渭河以南，在石头河下游，水流甚大，计灌地七十余顷。又有沈公渠、珍珠泉，计灌田数十亩至百余不等。其西北乡之润德泉，下游均属园地，并无稻田。他如横水、雍水、沣水所经之地，皆地高水泻，不能停蓄，以故均无水地。此外并无近水可开之区，亦无沮洳淤塞之处。（清道光刊本。）

② 乾隆《凤翔县志》卷三《物产·谷类》。

麻、菜子、荏子。①

《扶风县志》载有：

> 黍、稷、粱、大麦、小麦、燕麦（今无）、荞麦、
> 黄豆、黑豆、白豆、青豆、豌豆、小豆、绿豆、槐豆、
> 菜子、麻子、芝麻（又名苣胜）、穄、粟谷、青稞。②

对比可以发现，岐山这几个邻县的粮食作物品种相当接近。主要谷物有黍（即黄米、糜子）、稷、粟（即小米）、水稻、小麦、大麦、荞麦、青稞。主要经济作物有菜子、麻子、荏子、芝麻。此外，还有各种类型的豆。其中，粟是典型的耐旱谷物。

就种植的范围来说，当以小麦最为广泛。以至于在乾隆年间，在每年小麦成熟时，都有大量甘肃东部民众成规模地前往关中，充当割麦工，称作"麦客"。乾隆五十年（1785）《宝鸡县志》载：

> 麦秋刈获，必需麦客。其人俱秦陇之民，自西徂

---

① 乾隆三十年《宝鸡县志》卷一《物产·谷类》。
② 雍正《扶风县志》卷一《物产·五谷类》。

东，良莠不一，穿窬肮箧，无所不有。曩年，岐山、汧阳均遭巨案，朋来聚匦，亦先事之宜防者也。[①]

这里说收割小麦时，"必需麦客"，可见小麦种植的范围之广。短时间内如此大规模的人员流动，必然对治安带来隐忧。这里提到岐山县曾因麦客前来，引发"巨案"，可见是出过大事的。可惜，目前并无文献能了解其中详情。

每年粮食收获之后，亲友间还会走动一番，互相关心一下收成。乾隆五十年（1785）《宝鸡县志》卷十二《风俗》就记载："亲友除履端贺岁外，惟收获后，一问庄稼丰啬而已。"

关于乾隆年间西府地区的农作物，还有一点需要讨论，这便是玉米的引入。长期以来，曾有人将清代中期人口的快速增长，归功于玉米这种高产作物的普及。

在关中地区，早在康熙《咸宁县志》中就曾以"玉麦"的称呼，提到过玉米。[②]然而，在岐山县所在的西府地区，情况却并非如此。笔者在考察了西府所属八个州县的方志后，发现在乾隆年间及之前，从未有玉米种植的记录。

西府方志中关于玉米的最早记录，要迟至嘉庆二十四年

---

① 乾隆五十年《宝鸡县志》卷十二《风俗》。

② 康熙《咸宁县志》卷一《星奥·物产》。

（1819）修纂的《扶风县志》：

> 近则瘠地皆种包谷（一名玉米，省志谓之"玉蜀
> 黍"），盖南山客民所植，浸及于平地矣。①

即使给玉米在扶风县的扩散留出一定时间，那么其引入
的时间，最早也应该只能及至嘉庆初年，否则"近则"又从
何说起呢？

嘉庆十八年（1813），岐山县南部辖区三才峡发生变
乱，旋即遭到弹压。时任岐山县知县廖祚晖，与陕西巡抚朱
勋因变乱缘由产生龃龉。嘉庆十九年（1814）十一月，朝
廷令陕甘总督先福秉公查明。次年正月，先福复奏，当中有
这样一句：

> 嘉庆十八年秋间，南山一带雨多天寒，岐山、郿
> 县、盩厔等处包谷青空，收成五六分不等。缘包谷登场
> 本迟，抚臣朱勋于十月十一日，附报奏请勘办，实无讳
> 灾情弊。②

---

① 嘉庆《扶风县志》卷四《赋役·土产》。

② 台北故宫博物院藏清代档案《奏为审明勒休知县挟忿诬禀遵旨参奏
治罪仰祈圣鉴事》，嘉庆二十年正月二十七日，陕甘总督先福奏。

这里说，嘉庆十八年（1813），岐山、眉县、周至三县南部山区，因为气候不佳，玉米收成不好。正与前引《扶风县志》中，说玉米"盖南山客民所植"相合。

可见，至少截至乾隆《岐山县志》成书的乾隆中后期，岐山县的人口快速增长，与玉米并无关系。

乾隆后期，由于人口快速增加，西府地区已开垦的土地已经悉数耕种，甚至开始频繁出现土地纠纷。《宝鸡县志》载：

> 陆海平畴，世守其业，越畔而耕者，不过寻丈之间耳。然投牒质成，丈必以弓，甲赢乙缩，按之量数，均未及亩。废时失事，所得讵偿所失乎？[1]

其实，这也从侧面体现了在乾隆末期，快速增长的人口，已经使得土地的农业生产潜力趋近极限。此后，随着玉米等高产作物的引入和普及，人口才得以进一步增长。

二

在满足生存最为迫切的"吃"的需求后，再来关注另一

---

[1]　乾隆五十年《宝鸡县志》卷十二《风俗》。

大基本需求——穿。

检视西府诸县方志中关于棉花、布匹类的记录。《凤翔县志》中，记载有"棉布、毡、苇席"①。《宝鸡县志》中，记载有"棉、布、丝、缣"②。《扶风县志》中，则有"棉布、丝、麻、苇席、羊皮、毡"③。《眉县志》中，也记有"棉花、棉布、丝、麻、苇席、皮硝、羊皮、毡"④。

可见，清代中叶，西府地区部分州县有棉花种植，而各州县百姓均有纺织棉布的习惯。

雍正《扶风县志》卷一《风俗》记载："服不贵奇淫，袍布毡巾而已。……男惟耕，女惟织。"乾隆《陇州续志》卷一《风俗》中，也说"衣多用布，即缙绅罕被服都丽者"。

这说明，当时西府百姓的衣着，以棉布为主，虽也出产丝、缣，但本地百姓较少穿着华丽的服饰。

乾隆《岐山县志》中，虽未明确说明本地出产棉布，但在卷七《人物》中，记载依靠"纺绩"生活的守节妇女即有十九人。这说明，当时岐山县亦是"男耕女织"的生活状态。

---

① 乾隆《凤翔县志》卷三《物产·货属》。

② 乾隆三十年《宝鸡县志》卷一《物产·食货类》。

③ 雍正《扶风县志》卷一《物产·杂货类》。

④ 雍正《眉县志》卷一《物产·杂货类》。

当时的棉布纺织，是用纯粹的手工方式。先用纺车将棉花搓成棉条，纺成棉线，再用织布机编织，而后印染。每一道工序中间又分为若干步，整个过程既要投入一定的体力，持续时间又长。故而，女性为家庭生活所付出的劳动，同样十分艰辛。

从前引县志所记的物产来看，西府各县的手工业并不发达。除棉布外，也就是苇席、毛毡这样附加值较低的产品。

乾隆《岐山县志》中还记载，本县出产砚台与木材。其中，砚台并非上品，而南山中的木材则供应范围颇广。[1]

另外，烧酒和挂面，也是岐山两种典型的出产。岐山挂面，又以面条极细而著称。

乾隆年间，岐山县可能也已有了一定规模的造纸业。《秦疆治略》记载，道光初年的岐山县"南乡有纸厂七座，厂主、雇工均系湖广、四川人"。在乾隆中后期，川、楚民众因为生存压力，开始成规模向陕西等地移民。那么岐山南部这些造纸作坊，很有可能便是在乾隆末期已经开设了的。

---

[1]　乾隆《岐山县志》卷一《地理·物产》：窟山南沟之石，文理可观，土人多为砚以市之，然其质不佳，故无称之者。惟南山材木，出于斜谷，远近取给，利赖涝焉，此则岐之甲于他邑者。

三

了解"吃"与"穿"之后，再来看"住"。康熙初年，李昌期在赴任岐山知县时，有这样一番见闻：

> 余来岐，乙巳之冬杪也。入其疆，见民多营窟而处，曰："异矣！夫木处则颠，土处不虞病乎？"然亦古"陶复陶穴"意也，犹未足深怪。[①]

李昌期所说的居民多"营窟而处"，即是指此地百姓多居住于窑洞之中。窑洞，是黄土高原地区的典型的居住方式，一般选择山崖开挖而成，顶部呈拱形。窑洞常被说有"冬暖夏凉"等诸多优点，但其实，最主要的还是，相较于在平地建造房屋，建设窑洞更加节省材料成本。

《秦疆治略》中说扶风县"北乡多山，山窝所居，窑多房少"。[②]岐山与扶风相比，不仅同样北部多山，南部也有一些山麓地带。其中，自然同样也是居住窑洞者多，居住普通房屋者少。

---

① 乾隆《岐山县志》卷八《杂记·凝紫楼记》。

② 《秦疆治略·凤翔府·扶风县》。

这一点，从乾隆《岐山县志》所记载的各村名称中便可窥见一二。在县志卷二《建置·乡里》所记载的村名中，仅是直接带"窑"字的村子，就有二十四个之多，如武家窑、徐家窑、刘家窑、舒家窑等。这类以"窑"命名的村落，其居住形式，自然是以窑洞为主。而其余村名不带"窑"字的，也未见得村中没有窑洞。

居住环境已经不佳，空间又多逼仄。《陇州续志》载：

> 居室俭陋，厦房十居四五。三间五架，即属上户。村落间多系土窑。榻灶鸡豚，群聚逼处。或有父女、翁媳同室者，虽迫于贫寒，亦蔑礼甚矣。[1]

这里提到的"厦房"，也是关中地区的一种特色建筑。与传统民居"人字行"的对称结构相比，厦房只有其中一半，屋顶只有一个平面，俗称"房子半边盖"。厦房的优点，也在于建筑成本较人字形房屋更低。

纵然彼时建造房屋，所需材料不过砖、土坯和木料，但对普通陇州百姓来说，依然是沉重负担。能有三间厦房，已经属于上等人家。百姓居住条件逼仄，很多家庭被迫多人挤在同一间房内，甚至有父女、公公媳妇同住者。

---

① 乾隆《陇州续志》卷一《风俗》。

　　乾隆年间的岐山县或许稍好一些，不至于上等人家才能有三间厦房，但大部分百姓的居住条件还是非常简陋。

　　在村子外围修建一圈夯土墙，从而聚堡而居，也是当时西府村落的一个典型特征。《宝鸡县志》记载，乡村百姓聚堡而居，堡外又浚挖深壕。[①]

　　在乾隆《岐山县志》卷二《建置·乡里》所记载村名中，直接带"堡"字的村子，多达四十六个。可见，乾隆年间的岐山乡间，同样盛行在村子外围修建堡墙。聚堡而居的最大好处，就是有利于守卫，有益于同村民众协力维持治安。

风　俗

一

　　人类文明的发展和传承，离不开人口繁衍，如此，婚姻便有着特别的意义。关中西府地区的婚姻习俗，受传统礼仪文化的影响，有一套烦琐、复杂的流程。

---

　　① 乾隆五十年《宝鸡县志》卷十二《风俗》：乡民聚堡而居，启闭有常。堡外浚以深壕，守望相助。有一非类，则谁何之矣。以故窃钩者鲜，佩刀持梃更属罕见。杀人爰书，一岁不三四上也。连年年丰人乐，熙熙春台，因其欲然不扰之而已。

《凤翔县志》中，对此做过详细的描述：

> 首则媒妇通名，姑往看妇，送首饰之类，谓之"小看"。次则行聘，女家制酒筵，两姓诸亲携拜礼往会亲。嗣遇时节，为妇送果品之类，谓之"追节"。将娶，则预令媒妇往通，姑又亲往报期，然后行纳币之礼。娶前一日，婿家又择亲族一妇人，携仪物往女家，谓之"上头"。及期亲迎，方行，奠雁用红丝系铜雁一对，置彩桌上，婿乘马张盖，鼓乐前导。至女家，迎亲归而合卺。是日，两姓亲族俱会，新妇即出拜翁姑。翌日，婚往妇家，谓之"谢亲"，妇家大张筵乐以待。三日，婿家请妇家客，新婚、新妇先后出拜两姓亲族，各与拜礼，谓之"做三日"。过是，则五日、十日，妇家请婿，谓之"转五住十"云。①

整个过程极为冗长、烦琐。即便除开前面下聘等程序，光是婚期前后，就要持续十余天。当中的花费，也是一笔不菲的开支。能够真正完整执行这个流程，办一场风光婚礼的，还得是上等人家。至于还要准备两只铜雁做"奠雁礼"的，更是要家大业大的绅富之家，才能如此讲究。至于普通

---

① 雍正《凤翔县志》卷一《风俗》。

百姓，糊口尚且勉强，举办婚礼时势必简单很多。

事实上，娶亲的支出，又绝不止举办婚礼。之前的纳币、下聘，更是所需不菲。而且，当时的社会风气中，也已经出现了嫁女唯财的现象。《凤翔县志》就说"婚娶多有论财"。

《眉县志》则说得更为直白：

绅士之家，惟择门第而不论财。至于齐民，有"养女接贫"之谣。不第论财，甚且滋伪。[1]

绅士人家，自己并不缺钱，结姻亲时，自然更看重面子。对于有些贫困家庭，养育的女儿成了家庭脱贫的希望。如此一来，嫁女儿，就如同出售商品一般，只关注财礼多寡，并不在乎对方的年龄、品行。

乾隆年间的陕西巡抚陈宏谋，即曾对当时陕西民间的这一习俗作出过批评：

慎重婚配。夫妇为人伦之首，无论贫富贵贱，必须年岁相当，庶可永期偕老。陕省陋习相沿，每将幼女许配老夫，有相悬至二三十岁者。是许配之时，已有必不

—————————

① 雍正《眉县志》卷一《风俗》。

能偕老之势，止图贪得财礼，不顾子女终身，最为忍心害理。[①]

然而，既然是"陋习相沿"，自然不可能靠巡抚大人的一纸劝谕文书就能改变。在"婚娶多有论财"的现实之下，必然有相当部分的贫穷家庭的男子是无力娶妻的。

在旧时的社会中，始终维持着相当数量的单身男子群体，或者直接称之为"光棍汉"群体。个中缘由，也并不难理解。

古时重男轻女，所以在长大成人的群体之中，就已经呈明显的男多女少的现象。再者，绅富人家，一名男子除娶妻外，往往还会纳妾；就是不纳妾的，如遇妻子过世，通常也会续弦。

如此一来，普通百姓当中，男女比例则更为悬殊，经过"论财"的婚配方式后，自然会有相当数量的贫困男子被迫单身。

---

① 陈宏谋：《培远堂偶存稿》卷十九《巡历乡村兴除事宜檄》，《清代诗文集汇编》第280册。

二

清代初期至乾隆年间，经济社会得到了极大的恢复和发展。这种发展，并不仅仅体现在人口增长上，社会风气也在这期间发生了很大的变化。

顺治《扶风县志》中，时任扶风知县的刘瀚芳，曾对当时扶风县社会风气做过一些批评。

刘瀚芳给清初的扶风百姓，总结了他难以理解的三大缺点。第一便是"刁民太多"，动不动就由口角引起官司，由喝酒引发斗殴，互相揭发起来，就是父子兄弟也不在乎。第二则是又穷又懒，粮食靠天收。第三则是自私，以逃避赋税、力役为荣。①

总结下来，就是无事生非，有事逃避。

也许，刘瀚芳的三点批评并非无的放矢，但对于刚刚饱

---

① 顺治《扶风县志》卷一《风俗》：古语云："乱则思安，安则乐恬退，而渐享其治。"乃扶民乱则愈刁，讼端起于咄啐，干戈兴自杯酒，告讦之风连及父兄。此其刁不可解也。贫则思勤，勤则衣食足，而渐臻于富。乃扶民贫则愈懒，昼夜未闻操作，收刈委之天时，蔬果之属，仰给外县。此其懒不可解也。瘠则思义，义则急公亲上，而渐趋于醇。乃扶民瘠则愈浇，以逋赋为得计，以避役为胜算，否则鸟举兽散去，而之他郡也，如散履然。此其浇不可解也。

受创伤的百姓来说，还是过于刻薄了。

从来都是"仓廪实而知礼节"。清代初年，西府百姓在经历了连年自然灾害和战乱的双重摧残后，又要为平蜀战争承担繁重的军需转运工作。欲要马儿跑得快，总得给足够的草料吧？想要割到一茬又一茬茂盛的韭菜，总得有足够的养分和时间吧？

相对而言，顺治《岐山县志》中，面对相似的问题，评价则更有温度一些：

> 降及于今，礼让衰则争讼起，忠直泯则奸伪生。岂土之有异欤？良以运际鼎革，兵燹频仍，迁徙流离，四方失业，浸淫效尚，渐没天良。抚字之余，徒增悯叹。主风会者，训方型俗，以起敝扶衰，可无加意欤？[①]

等到了雍正、乾隆年间，扶风县的社会风气为之大变。雍正《扶风县志》载：

> 近年以来，扶之士修其行，敦诗说礼，而屏迹城市者不少。民新其德，兴仁讲让，而绝讼公庭者实多。器不尚工巧，木盎磁漆而已；服不贵奇淫，袍布毡巾而

---

① 顺治《岐山县志》卷一《风土志》。

已；饮食不嗜多品，豆粥麦饭而已。赌博清也，雀符静也。男惟耕，女惟织，而两税不逋也。世说古今人不相及，岂其然乎？[1]

等到社会秩序恢复，百姓得以安居、温饱。自然，士子也就注重修养，学诗讲礼；百姓重视德行，讲究起了仁义礼让，不再轻易打官司。至于所谓不崇尚精巧器具，不穿贵重衣服，不好精致饮食，恐怕还是因为大多数民众物质条件仍然有限。

男耕女织，不再逃避赋税，也是因为这个时候，百姓通过努力劳作，终于有能力承担赋税了而已。

《岐山县志》卷五《风俗》中说，乾隆年间的岐山百姓"风俗淳良，不鞭笞而赋早输，一招呼而役即赴"，也是同样的原因。

中国百姓的吃苦耐劳精神，乃是世界诸民族当中所罕有的。只要附加在他们身上的负担和义务，是通过辛勤劳作尚能勉强承担的，便会承担起来，努力过上太平日子。只是，许多时候竟然连这一点卑微的愿望也不能得到满足。

随着社会经济的恢复发展，大部分百姓得以温饱，自然会对社会秩序的稳定提供正向的作用。但同时不可避免地，

---

[1] 雍正《扶风县志》卷一《风俗》。

也会出现一些负面现象。

雍正《扶风县志》又曾提到，彼时扶风县有"耽嗜晨饮"的习俗①。所谓耽嗜晨饮，指有清早饮酒的习惯。

乾隆《宝鸡县志》中也说：

> 邑民素不饮茶，早起入市群饮烧酒，日中复饮黄酒。于是，优狎谤殴，哗然肤诉矣。随事儆之，业已无及，概为厉禁，则城中市沽者三百户，俱废业矣。惟严惩沉酗者，责令沽者先首，徇者罚之，庶几稍为约束。然伐性伤生，得无惧乎？②

《扶风县志》和《宝鸡县志》都提到，在清代中叶时，本县百姓有清晨饮酒的习惯，地方官员为此产生忧虑。凤翔县方志中，虽然未明确记载当地有"喝早酒"的习俗，但凤翔县历来是西府地区最知名的酿酒基地，恐怕不可避免。如此一来，三个邻县有此风气，岐山县也就不可能不受影响。

酒的酿造，需要消耗大量的粮食，一地喝酒风气的形成，必然与此地粮食产出有很大关联。彼时社会基本维持稳定，又有大量粮食可供酿酒，可见粮食的产出，始终维持在

----

① 雍正《扶风县志》卷一《风俗》。
② 乾隆五十年《宝鸡县志》卷十二《风俗》。

一个较好的水平。

乾隆五十年（1785）《宝鸡县志》中，时任宝鸡知县邓梦琴曾提到，彼时宝鸡县一度出现了赌博恶习：

> 陕俗戏会，类多博戏。前在旬阳，申其禁约，博徒因以敛迹。平川村落相望，乡民祈报，百劳一泽，原可下通人情。仍遵前抚陈文恭公兴革事宜，夜戏赌博，两者交禁。鼠窃狼斗，由兹益绝。客冬伏腊时，有持尊酒来献者，云自禁博后，已赎回鬻田数亩矣。一笑却之。①

关于岐山风俗，《岐山县志》中说：

> 但民间储蓄无多，人知勤俭，故迄今虽无豪富之家，而流离失业者亦鲜。然逐末者多竞夸财利、较粮锱铢，或不以《诗》《书》礼让为风，是又当防微杜渐者。②

前文曾讲述过岐山县几个列入祀典的祠庙，如文庙、

---

① 乾隆五十年《宝鸡县志》卷十二《风俗》。
② 乾隆《岐山县志》卷五《风俗》。

城隍庙、周公庙等。但那些是由官方组织祭祀，过于正式和威严。与百姓生活更为密切的，还要属散处各乡村的一众寺庙。

乾隆《岐山县志》虽然对此缺载，但光绪《岐山县志》卷三《祠祀》中，曾详细罗列了乡间寺庙，有近五十座之多。其中，绝大部分在乾隆年间便已经建成。著名的有县城西南边的实相寺、北部山区的崛山寺、县城西南十里的资福观、杜城村的圣寿寺、青化镇的玉皇阁等。

正是这些遍布各乡各村的寺庙，成了当时大多数百姓的精神寄托。他们来寺庙烧香拜神，或祈求家人平安，或祈求五谷丰登。至于遇到灾荒、疾病，寺庙更成了帮助他们度过艰难时日的精神支柱。

三

生老病死，本是自然规律。每个人终有一天，都会走到生命的尽头。对于逝者，西府地区有一整套丧礼。乾隆《凤翔县志》中，对此有详细记载：

> 丧礼：父母没，或次日，或三日棺殓。孝子以白布缠头，寝息苫块。讣报亲友，挂纸幡于门外。或用金鼓，亦有不用者。亲友赴吊，随答白布、麻巾，期止三

日。遇七期、百日，或行家奠，或作佛事。亲友备仪，赠铭旌，行奠礼。临葬，绅士家先期刊刻墓志行述。择吉日点穴。请亲友，报葬期，议执事，具外椁。葬前三日，亲友备仪致奠，即日备馔谢客，各送墓志行述。先一夕，孝子行奠，请知礼者相礼。葬日晨兴，行遣奠礼，扶柩往墓所。鼓乐前导，亲友祖奠。预请尊贵者至墓所，祀土书主。葬毕，迎主归，行虞祭礼。三日，孝子、孝妇具酒馔，至墓祭奠，谓之"复山"。至于齐民，称家有无，以为隆杀，仪节不甚相远也。①

县志的编纂者，通常均为本地有功名、有声望者，他们熟悉的，自然也是绅富人家那一套礼仪。对普通人家来说，不仅绝无墓志行状之类，即所谓外椁，也一概省略，不过薄棺一具而已。甚至有的贫苦人家，连棺木也无力筹备，只以苇席裹身，草草安葬。

当时，西府地区在葬礼期间，有请戏班子唱戏的习俗。严格来说，这并不符合儒家的礼制规范。乾隆年间凤翔县知县罗鳌，就曾对这一现象大加抨击：

　　丧葬之事，于情为戚，于礼属凶。乃有不知礼义，

---

① 乾隆《凤翔县志》卷一《风俗》。

临期而演戏者。衰麻要经，方掰踊于门中；彩舞霓裳，旋鼓歌于户外。大违乎礼，奚忍于心？甚有不为亲具一椁，而夸耀于演戏几台。意谓厚其亲，而不知戾于其亲；意欲免人笑，而不知适贻人笑。伤风败俗，恶习相沿，所宜广谕穷乡，以大加惩创者也。①

罗鳌从正统儒家礼制的角度出发，对葬礼中表演戏曲非常反感。只是这一风俗既然在关中延续已久，又岂是他区区一任知县所能改易的？时至今日，关中乡村的葬礼中，请来戏班唱戏，仍然是很普遍的现象。

此外，罗鳌还批评了西府另一项丧葬陋习，即对年少逝者长期不下葬：

至于少年身死，容有敛入棺，而不埋入土者。委之路侧，日晒风飘，棺缝裂开，尸骸暴露。他人瞥见，犹且酸心，况属亲人，胡弗沁颡？妄言早葬则凶，不知本于何说。甚且血躯已腐，付诸烈焰之中，魂魄俱沉，疑为祟妖之作。讵知行善，自然免祸？不因禳解之有方。作非终究召殃，岂以袯除之无术？前邑侯任公，深疾其弊，曾为严禁。但愚民久而怙习，不能痛改前愆。更有

---

① 乾隆《凤翔县志》卷七《艺文·请禁葬亲演戏暴露少柩孩尸议》。

婴孩一殇，遽弃原野，徒果犬狐之腹，不为抔土之埋。试思，既为膝下儿孙，暴露亦当不忍，况是己身骨血，委充更复何情？①

对年少者长期不葬的习俗，眉县也有。雍正《眉县志》载：

> 更有异者，亡人如年少，不论男妇，露棺于外不葬。亦有葬后不拘年岁，或家中男妇有病，急请端工法师起看，云尸凶，竟多抛露。至孩提病殁，从不殓埋，弃外狼藉。此右辅习气之最恶者，不知起于何时。当今律令申明，均蒙圣化熏陶，竟不禁而自改矣。②

至于最后说什么"当今律令申明，均蒙圣化熏陶"，这些现象已经"不禁而自改"，恐怕也未必，至多也只是一时收敛。毕竟很难想象，眉县这些不知道起源于何时的陋习，竟然能在雍正年间短时间内消失，而在本府附郭县凤翔县，却又还长期存在。

对于安葬后的逝者，则要每年按期祭奠。乾隆《凤翔县

---

① 乾隆《凤翔县志》卷七《艺文·请禁葬亲演戏暴露少柩孩尸议》。

② 雍正《眉县志》卷一《风俗》。

志》载：

> 祭礼：每岁元旦，无论贫富，备庶羞、香楮祭祖先。族大者，合族会祭。祭毕，饮福受胙。清明节前数日，合族奠远祖墓，次各赴亲支墓，亲友拜扫。七月十五日夕，荐新麻、新谷，谓之"祭麻谷"。十月初一日夜，家家祭奠，剪楮衣焚之，谓之"送寒衣"。冬至祭先，多在黄昏时。除夕，设主祭献，随人丰俭。绅士守礼之家，又于二分、二至日，设主献鲜，每朔望、忌辰，荐新致奠。[①]

短了三钱三

一

乾隆四十四年（1779），《岐山县志》重修完成，于十月间正式刊刻印刷。由此，为我们留下了一个了解彼时岐山县社会百态的窗口。就在这部县志刊刻的前夕，在距岐山县千里之外的直隶井陉县，却有一众人在刑场迎来了生命的终结。这一幕巨大惨剧的根由，还得从一年前说起。

---

① 乾隆《凤翔县志》卷一《风俗》。

乾隆四十三年（1778），已经是周尚亲担任井陉县知县的第九个年头。此时，他对本县的一切政务都已经熟稔于心，虽有时不免对仕途停滞不前产生些许抱怨，但在大多数时候，还是能够尽心履行职责。

这年秋收后，照例要收购粮食以补充县仓。周尚亲查点仓库后，向上级申报采买秋粮三千石。一开始，定的收购价格是每石九钱银子，后来发现这低于市场价，并不容易收储，于是又调价至九钱三分。

周尚亲拨出县署官银两千七百九十两，为便于收购，派人先到钱铺将银两换成散钱。可是，井陉县总共也只有两家钱铺，两家合力一时也无法凑出这么多散钱来。这只是个小问题，周尚亲决定先以每石六钱银子收购，剩余部分日后再补。

八月，开始收购粮食。虽然支付的粮款有缺额，但因为是官仓收购，井陉县百姓也就深信不疑，到十月时，所需的三千石粮食业已收购齐备。至此，收购事宜已接近完成，所缺的一点点工作，仅仅是那每石三钱三分的"尾款"。

可就是这总计九百九十两银子，却让此事不断发展升级，最终引来乾隆帝的注意，酿成大案。

周尚亲看着这近千两银子，生出了贪念：既然三千石粮食已经收齐，那这些银子还有必要再付出去吗？如果不用付，这银子不就是自己的了吗？那……就不付了。

　　知县周尚亲这边已无意补发欠款。另一边，井陉各乡卖出粮食的农民，自然也就左等右等都等不到欠款。转眼就到了年底。

　　这里来算一笔账。假设这三千石收购自三百户，户均十石，则每户短发三两三钱银子；若是收购自一千户，户均三石，则每户不过短发一两银子。

　　周尚亲心生侵占之意，可能便是觉得这九百多两银子摊到每家每户时，都只有些许，当不至酿出什么事来。

　　可是，他错了。不论是二三两银子，还是哪怕一两银子，对于终年靠着几亩田过活的农民来说，已是不小的数字。乾隆四十三年（1778）井陉粮价较往年略高，正说明本年粮食产量不及往年，也就是说，民众的生活本就更艰难些。

　　于是，有"谣言"开始在井陉各乡村流传，说是前番收购粮食的欠款，不会再补发了。

　　次年正月，周尚亲也听到些动静，说是有人准备上告。他心里慌张，于是紧急召集各乡总，补发了欠款。可是，已经迟了。

二

　　前番收购粮食时，共在三十二个村庄开展。但此次召集补发欠款时，却只有二十八村派人来领。金柱村、威坡村等四个村，始终不肯来领补款。

金柱村多梁姓人家，其中有一家崇尚读书，父亲梁进文与两个儿子梁绿野、梁谋野都是生员，小儿子梁秀野将来也大有希望进学。据后来朝廷调查的奏报说，这梁家老大梁绿野素来多管闲事，武断乡曲，甚至曾因侵收其他村民施舍的赈粥钱文，被知县发到儒学官那里戒饬过。金柱村此番拒收补款，就是梁绿野在搞事情。

威坡村有个生员李望春，也是和梁绿野一样的想法。二人合力，共同号召了金柱、威坡等四村拒收粮食补款。

拒收粮款其实只是梁绿野、李望春计划的第一步，在认定知县周尚亲意图贪污侵占款项后，他们决心要彻底告发。

首先开始全面动员。由李望春写传单，单上写明知县周尚亲贪污粮款情形，并号召村民到上级正定府一起呈告。传单一共写了六份，开始还只是借由传单一村村地传递，很快，消息便由口耳之间传遍了每一家。

在串联多人后，井陉一众村民赶至正定府，向知府方立经呈控井陉县知县周尚亲。呈状由李望春、李馥等五人署名，但并无梁绿野。

方立经听闻井陉县来了一百余名村民，要告知县，自然非常重视。先是听了县民呈告缘由，又传来知县周尚亲询问。周尚亲辩称，自己并非有意要少给粮钱，只是县里钱铺一时凑不出那么多零钱，才分两次给。

方立经了解事情经过后，作出判断：不论周尚亲有无侵占粮款的意愿，至少眼下大部分村庄的粮款已经补发完结。若不是李望春等人阻挠，此刻应该是全部粮款都已补发完结。因为这么一点点事情，李望春等人就敢煽动一大帮人来集体上告，若是其他事情，岂不是将来有一天还要闹得更大？此事决不能遂了这帮刁民的愿。

于是，知府方立经做出裁决，井陉县民控告知县周尚亲"短价买谷"不实，传谕金柱、威坡等村领取补款。李望春、梁绿野等恶意煽动村民闹事，捉拿问罪。

事件发展到这里，所牵涉的只是李望春等少数人，随同上访的其他村民，大概率不会被追究。即便是对李望春等问罪，至多也是威慑训诫性质，不至于过重。毕竟，方立经心里清楚，村民上告实乃事出有因。可是，接下来抓捕的连番波折，最终让事情彻底失控。

捉拿行动在威坡村比较顺利，李望春、李馥等联名呈控人员被官差抓回拘禁。而在金柱村，行动碰到了大麻烦。

赶赴金柱村捉拿梁绿野的行动，由井陉县典史李纯亲自带队。乾隆四十四年（1779）二月十一日，李纯带人到金柱村缉拿梁绿野，一无所获。这是因为，在两天之前，梁绿野已听到风声逃了。

二月十二日，典史李纯向知县周尚亲报告，梁绿野未在村中，不知去向。周尚亲左思右想，令李纯再次进村缉查。

这第二次抓捕，由于出发得比较晚，行至卜村时，天已经黑了，李纯等人于是便就地住宿，准备第二天再到金柱村。

听闻官差要再来村里抓自己儿子，梁进文也行动了。一方面，他安排小儿子梁秀野带着百余人，到正定府找正在主持修缮隆兴寺的工部右侍郎刘浩，向其控诉求情。另一方面，他在金柱村也做了一番周密的安排，准备对付将要到来的典史、官差诸人。

二月十三日，典史李纯带着差役到了金柱村。令李纯意外的是，梁进文主动会见，且态度很好，邀请他到家里搜查。李纯也就不客气，径直走进梁进文家里。

岂料，刚进房间内，梁进文忽然脸色大变，严厉质问李纯何以擅自闯入民宅内室。不等李纯反应过来，早已埋伏好的金柱村的妇女们就已经拿着枣树枝、木棒等家伙冲过来喊闹。同时，又有梁和尚等七八名壮汉在门外阻拦差役。

一县主管刑狱的典史老爷，在这小小的金柱村，此时非但动弹不得，甚至可能要被村妇们厮打。

前文曾说过，据后来官员奏报说，梁绿野平素便是个"武断乡曲"的人。此论若是实，梁绿野何以能发动大量村民前去正定府呈控知县？听闻他要被抓，何以又有百余名乡亲找刘侍郎求情？典史、官差来村，又何以不论壮丁、妇孺都听从梁父指挥，控制了官差人等？

　　种种迹象表明，梁进文、梁绿野父子，起码在金柱村，有着相当的威信。唯有如此，连番的控告县官、出访求情、村中设阵，才会发生。

　　乾隆四十四年（1779）二月十三日这天，直隶井陉县典史李纯，在赴本县金柱村缉拿煽动控告县官的梁绿野时，被村民团团围困。后来，由村民梁纯保、梁三学岗挽着关进一间空房。

　　随来的差役曾惠和李义，干脆被梁纯保、梁添福、梁锦等人绑了起来，关进了牛棚。据说，两个差役还被打出了一点伤。

　　梁进文组织村民扣押了本县典史，还关押了差役。但是认定他们是"擅入民宅内室"，自己有理。甚至，就在当天，他还骑着自己的骡子上路，准备控告。

　　在路上，梁进文碰到了外甥，外甥劝他这典史老爷可关不得，于是梁进文连夜又赶回了村中。这时，又有别村生员赶来劝说，梁进文这才把差役从牛棚放出。第二天，二月十四日，天一明，梁进文护送典史李纯出村回县。

三

　　前面一节，便是乾隆四十四年（1779）井陉县所谓刁民上控、拒捕、殴差一案的主要经过。所依据的资料，是一个多月后，由乾隆帝亲自指派的三位部院大臣的会审定拟奏折。

不过，这里面有太多的疑问。

既然说梁绿野是阻止村民领取粮食欠款、串联众人告状的主使，何以给知府的呈状中，竟无梁绿野的名字？

既然典史李纯前去金柱村抓捕梁绿野时，梁已闻风逃走，其父梁进文又何必在村中大费周章设下陷阱，把典史、差役等人控制起来，甚至还打了差役？

不管梁绿野有无罪责，典史、差役来村缉拿，毕竟是奉命而来，梁进文何以胆大包天至于对抗、殴打？

在对抗、殴打之后，梁进文居然还觉得自己受了委屈，骑着骡子出门，准备去控诉典史等人。

这种种不合情理之处，不免让人心生疑云。

两天两夜未归的李纯等人回到县署，讲述了在金柱村遭遇后，知县周尚亲大吃一惊：简直是反了！一面紧急向上级禀报，一面会同参将带领兵差前往缉拿。

直隶总督周元理接到报告后，下令清河道沈鸣皋与游击李宪章，带领人马赴金柱村处置，同时紧急将此事奏报朝廷。

二月十七日，周元理上奏，他称井陉知县周尚亲在收购粮食时，前后分两次付款，只是因为钱铺一时无法凑齐零钱。而生员李望春、梁绿野二人，此前曾因行为不轨被知县处罚，阻收补价，上控知县，乃是"怀挟宿嫌，希图报复"。

在奏报中，周元理详细描述了二月十三日，亦即四天之前，金柱村民是如何在梁进文的指挥下，挟持典史、殴打差役。其中还附上了一段据称是梁进文的供词：

> 因闻典史来村拿人，即时邀众抗拒，主使梁纯保、梁天福、梁统并未获之梁三学岗等，及村邻男妇多人，将典史拦入空房，并各用枣条将差役殴打拴缚属实。①

一言以蔽之，周元理认定这是一起刁民集体"抗官殴差"的大案。

接到奏折的乾隆帝显然非常震怒，在前引金柱村多人"将典史拦入空房"一句旁，朱批了"可恶"两字。下旨令周元理将已经抓获的各犯，严行审讯，并抓紧缉拿在逃的梁绿野等人。

二月二十七日，直隶总督周元理上奏对案件的审拟情

---

① 台北故宫博物院藏清代档案《奏为查办李馥等呈控井陉县知县周尚亲一案遵旨奏闻事》，乾隆四十四年二月十七日，直隶总督周元理奏。详见附录五。

况。在奏折中说，井陉县知县周尚亲被控各款，均不属实。此案乃是刁劣生员梁绿野、李望春串联刁民诬告县官于先，继而梁进文又煽动一众刁民在金柱村"抗官殴差"于后。拟对梁进文、李望春、梁绿野等多人判处极刑，并对其他数十位涉案村民分别判处流放、杖责。

对于周元理的审理意见，乾隆帝批示交由三法司核议。通常来说，如果刑部、督察院和大理寺核查案由、律法适用没有什么问题，即会就此结案。

二月二十九日，乾隆帝再下旨，要求对在逃案犯严厉缉拿。不仅要求张家口、古北口、山海关等地的道台、都统等文武官员加紧缉拿，甚至依据籍贯和姓氏猜测，这反了天的井陉县梁姓村民，是不是已故大学士梁清标的子孙？[①]

梁清标是正定府正定县人，明末进士，降清后仕途青云直上，六部中做过四部的尚书，后拜保和殿大学士，康熙中

[①] 《清高宗实录》卷之一千七十七：乾隆四十四年二月甲申。着周元理迅速选派明干员弁，设法加紧屡缉，勿使一人漏网。今又获几人否？但恐该犯自揣罪重，未必敢潜匿近地，或竟逃窜出口，冀延残喘，亦未可定。着并传谕张家口、古北口、山海关各都统、副都统、提督、总兵等，密派兵役，于各关隘，严行稽查物色。并着热河道明山保、口北道尚安，于所属地方及偏僻山沟等处，详细搜查，务即弋获。毋得仅以海捕具文塞责具奏。再，该犯等籍隶正定，又多系梁姓，是否系故大学士梁清标子孙？着查明速奏。如果倚恃故绅，把持滋事，尤不可不严行惩创，从重究办。将此由五百里传谕知之。

叶过世。

"井陉事件"发生时，距离梁清标故去已接近九十年。乾隆帝仍然迅速联想到他，可见此事对帝王内心的冲击——究竟是什么原因，在距离京师不远的正定地方，居然还有如此胆大妄为的刁民？是谁给了他们勇气？

当然，很快查明，金柱村的梁姓村民与已故大学士梁清标并无亲属关系。

四

乾隆帝的严令缉拿，很快便有了效果。三月四日，步军统领衙门奏报：昨日在京城德胜门外，发现一人形迹可疑，盘查之后，发现即井陉案的在逃要犯梁绿野。

在对梁绿野的讯问中，其指控井陉县知县周尚亲，有短价买谷、短价买驿马料豆、借修庙造桥勒派钱文、追缴奉免淤滩地租等诸多行为。

而关于梁绿野自己如何被通缉，井陉县典史李纯等如何在金柱村与村民冲突，梁绿野则供述了一个与审理官员奏报大不相同的经过：

> 但告状并无我的名字，我因赴正定府买药，乃周知县密禀此事系我唆使。本府就将我拿问，讯明与我无

干，押令我即刻回家。我于二月初四日，往景州游学去了。

后来，有村人来给我送信，说因本府将众人监禁，又差李典史来拿我，到我家内搜查。那时，我女人卧病在床，乃李典史将我女人盖的棉被掀起搜看。因此众邻妇不依，将李典史揪打了一顿。众差人也与乡民争闹一场而散。后来，李典史回县通禀，有官兵到村，将一村之人尽行锁拿，也有逃散者。现将我父亲监禁在狱。

我闻信不敢回县，所以改名王之起逃走，来京欲要申诉冤情。于三月初三日，才至德胜门外小关地方，即被拿获。①

原来，梁绿野不但未在控诉知县的呈状中列名，甚至也未参与当日到正定知府处控告。知府方立经一度将梁绿野捉拿，不过经审问与呈控事件无关，就令其回家了。

得到自由的梁绿野，并未回家，而是去了景州。后来是因为井陉县知县周尚亲向知府汇报，说梁绿野是幕后主使，才又重新缉捕梁绿野。

---

① 台北故宫博物院藏清代档案《奏报拿获聚众殴差拒捕案之井陉县生员梁绿野请旨严审定拟事》，乾隆四十四年三月四日，福隆安、和珅奏。详见附录五。

不过，梁绿野去往数百里外的景州，是真的前去"游学"，还是顾忌知县周尚亲还会给自己找麻烦，而暂时躲避一阵，尚不清楚。不过可以确定的是，周尚亲随后确实对缉拿梁绿野非常在意。

至于第二次，也即二月十三日那天，典史、差役人等在金柱村与包括一众妇女在内的村民冲突。直接原因乃是典史李纯在梁家搜查时过于蛮横，甚至连卧病在床的梁绿野妻子的棉被，都要掀起来检查一番。这在讲究男女大防的古代，简直是莫大的羞辱。也无怪乎就连邻里妇女们都看不下去，上前揪打。

如此，前番提到的一系列疑问，方才得以解答。怪不得，金柱村的男男女女们敢于对抗甚至殴打官差；怪不得，打了之后，梁进文仍然觉得委屈，骑上骡子想要去告状。

三月四日，获奏梁绿野拿获，乾隆帝即下令刑部侍郎喀宁阿、钱汝诚前往正定府，会同直隶总督周元理，共同审理井陉一案。梁绿野随同押赴正定。

同时，在这期间，又抓获了一名井陉案犯梁二观（又名梁鹿鸣），他同样坚供知县周尚亲之前短价买粮，意图贪污。

这期间，乾隆帝比较了直隶总督周元理二月十七日、二月二十七日两次上奏后，产生了怀疑。

开始周元理还说，刁民的罪是刁民的罪，如果井陉知县周尚亲"果有派累情事"，也要严参查办。可是在审拟的复奏中，又说周尚亲竟是一点问题也没有。难道那些村民是吃了豹子胆了，居然无事生非、胆大妄为到这个程度？

另外，分别抓获的梁绿野、梁二观，在审问中都坚称是井陉县知县周尚亲贪污粮款，方有联合上控之事。

乾隆帝不放心，三月七日，又派军机大臣、兵部尚书福隆安赶赴正定，会同两位刑部侍郎喀宁阿、钱汝诚，共同审理井陉一案。

三月九日，乾隆帝在谕旨中说了一番自己的疑问：

> 果如所言，何致村民聚集多人，赴府控告？恐系周元理袒徇劣员，欲为开脱，所言殊未足信。即如梁绿野、梁二观在京所控，井陉县民百余人赴正定府，向刘浩处喊冤。该督时亦在隆兴寺内，始交清河道沈鸣皋查讯。该督折内，何以未将此一层叙入？显有欲图消弭，化大事为小事之意，则所奏更难免无粉饰。①

在福隆安尚未赶到正定时，乾隆帝接获了喀宁阿、钱汝诚的上奏。当中说，梁绿野称所控井陉县知县周尚亲"借公科敛、短价派买"等事，俱有经手承办、各村乡总等人可以对质查证。而梁进文父子久思控告，也"自必确有凭据"。

---

① 《清高宗实录》卷之一千七十八，乾隆四十四年三月癸巳。

两位侍郎初步判断，此案果有内情。

三月十二日，为避免直隶大小官员仍存观望心态，乾隆帝下令将总督周元理解任，听候查办。

之后，在福隆安、喀宁阿、钱汝诚的联合会审下，知县周尚亲贪污粮款之事，确定无疑。

五

三月十六日，福隆安等联合上奏：

> 据周尚亲供称："上年买补仓谷三千石，将银换钱给发。因本县止有钱铺两座，一时钱文不能凑齐，随每石先发价六钱。后来见谷已收完，也就不想补发了。不料，外间议论纷纷，要控告短发价值。因此传谕各乡总补发，二十八庄随都领去，惟金柱等四庄，屡传不到，直到控府后，始俱补领。这是实情，不敢狡辩"等语。
>
> 质之管门家人骆荣即骆三，管仓书办梁璧，亦供认不讳。是周尚亲短价派买谷石，先侵后吐，已无疑义。①

---

① 台北故宫博物院藏清代档案《奏为遵旨会审井陉县刁民聚众上控抗官殴差案定拟具奏事》，乾隆四十四年三月十六日，兵部尚书福隆安、刑部侍郎喀宁阿、钱汝诚奏。详见附录五。

如此一来，使乾隆帝大为震惊的井陉县"抗官殴差案"，便是一起典型的贪劣地方官因一己私利，导致"激变县民"，酿成大案。

对直隶各级官员的惩治很快展开。

直接责任人井陉县知县周尚亲，拟绞监候，秋后处决。

直隶总督周元理，袒护劣员，念其年老，仍赏给三品职衔，在正定隆兴寺管理庙工效力赎罪；直隶按察使文禄革职，发往新疆效力赎罪；清河道沈鸣皋、正定府知府方立经俱革职，发往军台效力赎罪；甚至就连曾被金柱村民找过的工部侍郎刘浩，也因为没有及时将情况奏闻而被革职，赏给三品衔，令同周元理一道在隆兴寺管理寺庙工程。

直隶一省的各级官员，自总督周元理以下，牵连甚众。案件的直接关联官员，井陉县知县周尚亲直接被判死刑。

那么，周尚亲被杀的原因是什么？

首先，排除贪污。周尚亲在收购粮食时，试图贪占近一千两银子，确凿无疑。三位大臣在审拟奏折中也说：

> 今周尚亲身为知县，不思洁己爱民，乃于领价采买仓谷，辄敢短发价值，赃至九百余两之多。虽后经补发，仍与入己无异。

虽然，一上来就申明周尚亲贪污事实。但是，随后话锋一转：

> 且梁进文等聚众上控，抗官殴差，究由该参员婪赃激变。肇启衅端，情罪较重。未便仅依监守盗仓库钱粮入己数未至一千两以上拟流，应将周尚亲照因公科敛财物入己计赃以枉法论八十两绞监候律，拟绞监候，秋后处决。

井陉县民梁进文等人的"聚众上控""抗官殴差"，是因为周尚亲贪污引发。事端由此开始，故而罪情也就较重。

如此，就不适宜依照"监守盗仓库钱粮入己数未至一千两以上"律例①，仅拟处流放，而须照"因公科敛财物入己计赃以枉法论八十两绞监候律"②，拟处绞监候，于秋后

---

① 《大清律例》卷二十三《刑律·盗贼上》"监守自盗仓库钱粮"第十条例文：监守盗仓库钱粮除审非入己者，各照本条律例定拟外，其入己数在一百两以下至四十两者，仍照本律问拟准徒五年；其自一百两以上至三百三十两，杖一百、流二千里；至六百六十两，杖一百、流二千五百里；至一千两，杖一百、流三千里。

② 《大清律例》卷三十一《刑律·受赃》"因公科敛"律文：凡有司官吏人等，非奉上司明文，因公擅自科敛所属财物，及管军官吏科敛军人钱粮赏赐者（虽不入己），杖六十。赃重者，坐赃论。入己者，并计赃以枉法论。又，同卷"官吏受财"律文：凡官吏（因枉法、不枉法事）受财者，计赃科断。枉法赃，一两以下，杖七十。……八十两（实），绞（监候）。

处决。

也就是说，周尚亲试图贪占一千两银子这件事，以刑律论，固然也是严重罪行，但根本罪不至死。判周尚亲死刑，是因为他惹出了大事。

一千两银子，对于平头百姓来说，固然是一笔巨大的财富，但对于州县官员来说，只是普通一笔钱而已。清代乾隆、嘉庆时期，一位州县官员的一年的用度，即达五六千两至一万两银子①。而正式的俸禄与养廉银不过一千余两。

除非有极少数州县官员，家赀丰厚，且愿意搭上家产以保绝对的清廉。否则，州县官员在俸禄、养廉银之外，再行收受陋规乃至一定程度的侵占，本就是普遍现象，上司与朝廷对此心知肚明。

如此一来，经过数次审理，最后直至皇帝近臣、部院大臣亲自下场，方才查出周尚亲贪污近一千两，反倒说明，其并非贪得无厌的官员。

周尚亲被杀的真正原因，是治理无方，在他的治下，出现了胆敢"聚控、抗官"的"刁民"。

不过千把两银子，在别人早就不动声色地收入囊中。

---

① 参见谢振定《察吏八则》：州县宜节其用。除署中修缮日用应酬外，本道本府有规礼、有摊捐项、有帮贴项、有一切解费册费考棚费，多者万余金，少亦不减五六千金。（见《皇朝经世文编》卷二十《吏政六·大吏》。）

他却要在清清楚楚的粮价上克扣，最后闹得民怨沸腾收不了场。某种程度来说，周尚亲倒是死于不善贪污。

井陉县的那些上控、抗官殴差的村民，又是被如何处置的呢？

首先来看梁进文，当初儿子梁绿野与李望春等号召村民"构讼"时，梁进文算是"与谋"者。等到典史、差役来村捉拿梁绿野时，梁进文更是组织村民抗官殴差的"首恶渠魁"。梁进文被判斩立决，并枭首示众①。

梁纯保、梁三学岗，为二月十三日当天，强挽典史、捆殴差役的具体人员，判斩立决。梁添福因曾协助梁纯保等捆绑差役，判绞监候。一同参与捆绑差役的梁锦，在逃到获鹿县后，自缢身亡，不再判处。

梁绿野，前期组织村民聚众上控，于通缉时潜逃，陷其父梁进文于"重辟"，判斩立决。

---

① 《大清律例》卷十九《兵律·军政》"激变良民"第四条律文：凡直省刁民，因事哄堂塞署，逞凶殴官，聚众至四五十人者，为首依例斩决，仍照强盗杀人例枭示。其同谋聚众，转相纠约，下手殴官者，虽属为从，其同恶相济，审与首犯无异，亦应照光棍例拟斩立决。其余从犯，照例拟绞监候。被胁同行者，照例各杖一百。如遇此等案件，该督抚先将实在情形奏闻，严饬所属，立拿正犯，速讯明确，分别究拟。如实系首恶通案渠魁，该督抚一面题，一面将首犯于该地方即行斩枭，并将犯事缘由及正法人犯姓名刻示，遍贴城乡，俾愚民咸知警惕。

梁进文幼子梁秀野，曾听从其父安排，率人至正定府喊冤，但鉴于其在"抗官殴差"事件中并未在场，判杖一百、徒三千里。

生员李望春，为前期书写传单、聚众告官的主谋，但鉴于金柱村"抗官殴差"事件中，并未在场，本拟判绞监候。因李望春于三月十五日在狱中病故，也就无须判处。

此外，李馥等四人判杖一百、徒三年；梁贵荣等六人被判杖一百、枷号一个月；当日与妇女一起拦住街门的梁和尚等七人、跟随梁秀野到正定府求情的田士量等二十二人，均判杖一百、折四十板；梁鹿鸣因曾逃脱，判杖七十、徒一年半。

在这起井陉县"抗官殴差"大案中，有近五十名村民被处刑，其中七人死刑（梁锦若非自缢，也定当判绞监候）。尤其是梁进文、梁绿野父子二人，甚至无须等到秋后，当年三月，就在钦差的监督下，被斩杀于正定府。

这年九月十七日，那位在前一年收购粮食中企图贪污九百余两银子，从而引发一系列村民上控、抗官、殴差、天子震怒、钦差会审的井陉县知县周尚亲，在直隶按察使达尔吉善等文武官员见证下，于保定府被处绞刑。

至此，震动一时的井陉大案告一段落。

六

不过，留给人们的问题依然不少。

在井陉县这起"抗官殴差"大案中，朝廷明明已经调查清楚，此事爆发缘由，乃是知县周尚亲不给农民付足粮价，意图侵占粮款；事件前夕，梁绿野等率一众村民上控知县，所控是实；后期梁绿野因畏惧躲避，梁进文虽曾一度率领村民将典史等人控制，但次日便即护送出村，差役所受的也只是"微伤"；尤其是村民与典史李纯等人爆发冲突，是因李纯在搜查中过于粗暴无礼。

这种情况下，朝廷何以仍然对村民处罚得如此之严厉？

三月二十日，乾隆帝下发谕旨，对包括井陉案在内的数起"抗官案"做了总结。前面这个问题，可以在这份谕旨中得到答案：

> 一月之中，聚众抗官之案，竟有三起。是外省人心风俗，未免浇漓，甚为可恶。但闻百姓等，因素知朕养黎元，体恤备至。遂尔渐生骄纵，此则自速罪戾，不能承受朕恩矣。殊不知朕平日所抚绥惠爱者，乃良善平民。若强悍之徒，敢于纠众抗官，必执法严惩，不稍轻纵。所谓稂莠不除，嘉禾不植，剪奸顽正所以全善

类也。

　　夫地方官果有科派累民之事，自应重究。而奸民胆敢借端抗官，亦诛所必加。是以从前曾降谕旨："凡有此等案件，不宜同时并办，致启刁风。但应确切查明，俟本案办结后，仍将酿事之地方官，另行参奏。"

　　若梁进文等之纠众拒捕，亦不能因衅起劣员，遂将刁民曲从末减也。朕综理庶务，一秉大公至正，明罚敕法。惟视其人之自取，从不肯畸重畸轻。凡我群黎，岂尚不能深悉朕意乎？^①

　　乾隆帝说，听说百姓素来知道朕对他们体恤备至，便生出了骄傲、放纵之心，这就是自己招来罪戾，不能享受朕的恩惠了。殊不知，朕平日里安抚、爱护的，乃是良善平民。如果是强悍之徒，竟敢纠集众人对抗官府，一定严厉惩治，不会有半点轻纵。

　　地方官果真有科派累民的行为，固然应严厉究办。但是，奸民要是胆敢找借口对抗官府，也一定会遭遇重刑。

　　所以，朕从前就降下谕旨：凡有这类官员不法、奸民借端抗官的案件，不宜同时审理，以免助长了民间的刁风。只是应当确切查明，等奸民案件办理完结之后，再将酿成事端

---

　　① 《清高宗实录》卷之一千七十九，乾隆四十四年三月甲辰。

的地方官另外参奏。

像梁进文等人纠众拒捕，便不能因为冲突源于贪劣官员，就对刁民委曲顺从而从轻论罪。

在乾隆帝的认识里，典史虽小，那也是朝廷命官，差役虽贱，那也是官府命令的执行人。梁进文等人敢于对抗搜缉，那就必须死。至于所谓梁进文儿媳妇的尊严、名节，在维护权力的暴力机器面前，根本就不值一提。

讽刺的是，民众对于男女大防、妇女名节的重视，正是统治者们不断地"教化"而塑造出的。

复盘整个事件，梁进文、梁绿野等人如想要避免这场灾祸，恐怕在一开始就不能出头，必须默默接受知县周尚亲的低价盘剥。

这是因为，导致他们被处极刑的直接原因，固然是在村里那场与官差的冲突，但是自李望春、梁绿野他们不满知县低价收粮起，就已经成了周尚亲的眼中钉、肉中刺。

他们曾经按照程序，向上级正定知府控告过。但是官官相护，非但没有告成，反而自己被追究。他们曾经找过恰巧在正定的朝廷大员、工部侍郎刘浩，可对方以事不关己根本不予理会。

当金柱村冲突爆发，父亲梁进文被抓后，被通缉的梁绿野只身来到京城。他还有最后一点希望，他觉得直隶的地方官都是官官相护，百姓没有说理的地方，自己到京城告御状，说不定冤情能够得到昭雪。

他们都太天真了。

他们不知道的是，他们所期望的那种"王法"，从来都只存在于他们的想象当中。

当朝廷为"使阖属人民共知儆戒"，将梁进文的头颅在金柱村展示时，不知道他们有没有想明白这一点。

四民论

一

早在先秦时期的《管子》一书，便把民众划分为"士农工商"四类。《管子·小匡》载："士农工商四民者，国之石民也。"这里的"石"，指柱础石。也就是说，士人、农民、工人、商人这四类民众，是支撑国家的基础。

《汉书》中，对"士农工商"给出过精确的定义：学习以做官叫作士，开辟土地生产粮食叫作农，利用技术制成器物叫作工，流通财物买卖货物叫作商。[①]

在相当长的历史中，"士农工商"即是对平民的类别划

---

① 《汉书》卷二十四上《食货志第四上》：学以居位曰士，辟土殖谷曰农，作巧成器曰工，通财鬻货曰商。

分，也是等级划分。或者，至少是价值观层面的等级划分。

排在首位的"士"为官员的备选群体，这里暂且不谈。重点看看排在第二的农和末位的商。

自西汉以来，历朝在法令层面上，几乎都坚持"重农抑商"的政策。《汉书》载：西汉建立，平定天下后，汉高祖下令商人不得穿丝绸衣服、不得乘车，并制定重税，以限制商人。汉惠帝、吕后执政时期，考虑到天下初步安定，就又放松了一些对商人的法律限制，但仍然规定商人子弟没有资格成为官吏。①

不过，纵然在法令层面对商人实行了持续的限制，但到汉文帝时，商人的生活，还是远远优于农人。

晁错对此有详细的论述：

> 今农夫五口之家，其服役者不下二人，其能耕者不过百亩，百亩之收不过百石。春耕，夏耘，秋获，冬藏，伐薪樵，治官府，给徭役。春不得避风尘，夏不得避暑热，秋不得避阴雨，冬不得避寒冻，四时之间，亡日休息。又私自送往迎来，吊死问疾，养孤长幼在其

---

① 《汉书》卷二十四下《食货志第四下》：天下已平，高祖乃令贾人不得衣丝乘车，重税租以困辱之。孝惠、高后时，为天下初定，复弛商贾之律，然市井子孙亦不得为官吏。

中。勤苦如此，尚复被水旱之灾，急政暴赋，赋敛不时，朝令而暮改。当具有者半贾而卖，亡者取倍称之息，于是有卖田宅、鬻子孙以偿债者矣。而商贾大者积贮倍息，小者坐列贩卖，操其奇赢，日游都市，乘上之急，所卖必倍。故其男不耕耘，女不蚕织，衣必文采，食必粱肉。亡农夫之苦，有仟伯之得。因其富厚，交通王侯，力过吏势，以利相倾；千里游遨，冠盖相望，乘坚策肥，履丝曳缟。此商人所以兼并农人，农人所以流亡者也。今法律贱商人，商人已富贵矣；尊农夫，农夫已贫贱矣。[①]

晁错认为，虽然当时在政策法令层面，是"贱商人、尊农夫"，但现实之中，商人不事生产，却生活优渥，而农人终年辛劳，却极为贫困。这非常不合理。

晁错对农夫、商人处境的分析，可谓一针见血。他对商人的排斥和贬低，也是古人的主流看法。长期以来，农业被视为根本，农人地位靠前，手工业者生产一些生活必要器具，地位次之，商人排在最末，经商被称为"逐末"。

北魏贾思勰在《齐民要术》序中就说："舍本逐末，贤哲所非，日富岁贫，饥寒之渐，故商贾之事，阙而不录。"

————————————

① 《汉书》卷二十四上《食货志第四上》。

乾隆帝在即位初年，即发谕旨强调"重农务本"：

> 今天下土地不为不广，民人不为不众。以今之民，耕今之地，使皆尽力焉，则储蓄有备，水旱无虞。乃民之逐末者多，而地之弃置者亦或有之。……朕欲驱天下之民，使皆尽力南亩。而其责则在督抚牧令，必身先化导。毋欲速以不达，毋繁扰而滋事。将使逐末者渐少，奢靡者知戒，蓄积者知劝。①

表面来看，历朝统治者对农民是极为重视的。然而，这种重视的本质，乃是由于粮食生产对于统治秩序的重要性。

农业社会中，财富的最大来源，便是土地的产出，各级官吏以及最高统治者的锦衣玉食，无不从农民身上榨取而来。田赋的征收、徭役的征调，承担主体皆是农民。

同时，如果农民不好好种地，粮食生产出了问题，天下也就要出大问题了。这种情况下，当然重视农业，当然把农民说得很重要、地位很崇高。

可是，这份"崇高"并不具备什么现实意义。肯定你、表扬你、称赞你，让你觉得自己的工作无比重要，这天下离开自己这样的人可不行，从而干活更有劲、更卖力。这才是

---

① 《清高宗实录》卷之四十二，乾隆二年五月庚子。

目的。

至于农民卖力干活有什么好处，就是没有严重天灾的时候能吃饱饭。怎么？难道你还有靠种三五年粮食在城里买套宅院的想法？

如果不幸遇到了严重天灾，或者遭遇战乱，农民就连卖力干活以换取温饱的机会都没有了。比如在明末这种天灾和战乱双重灾祸下，大量的农民要么死于饥荒，要么死于战乱。

好不容易有一部分人苟延残喘到终于改朝换代，统治秩序重新洗牌。可在清初的头几十年，西府农民在人口极大损失的情况下，仍然要承担沉重的赋税和徭役负担，以至于依然出现了大规模的人口逃亡。

一直到了康熙朝后期及雍正、乾隆两朝，社会总算是安定下来，总算是回到了卖力干活基本得以获得温饱生活的时代。

概括而言，统治者的所谓"重农"，相当程度其实是指"重农产"。一旦农民在赋税缴纳和服徭役中，不能满足统治者的要求，便会立即遭受极为残酷的对待。初次征缴，不能完全输纳，便会面临严厉"催科"，抢夺财物、抓人鞭笞，无所不用。往日为统治阶级口中重视的农民，就只有逃亡一条路了。

乱世自不待言，即便是乾隆朝这样所谓的"盛世"，对农民来说，也并不意味着是什么太平盛世。

前文讲述的井陉县"短价买粮"一案，知县周尚亲公开收粮时，说好的每石九钱三，可是只按每石六钱支付，欠款比例超过三分之一。这可是农民忙活大半年、面朝黄土背朝天种出来的粮食，是大部分农民终年唯一的指望。

粮食欠款杳无音信，全县大部分乡村无人敢问，金柱村有部分村民去知府处控告，结果非但没能告成，反倒引来官差进村抓人。一些村民因为看不过官差羞辱妇女，进行拦阻，最终被扣上了"抗官殴差"的大罪，组织者梁进文被斩立决并枭首示众，其他一众村民也遭到严厉惩处。

金柱村的农民到底如何做，才能免于后来的大祸临头？答案只有一个——从一开始就认命，知县要多少粮食都乖乖上交，至于钱愿意给几个，拿着就好了。

长期以来，统治者之所以实行"重农抑商"的政策，除了农业生产是社会必需外，还有相当部分的原因，出自治理的考虑。《吕氏春秋》中有这么一段论述：

> 古先圣王之所以导其民者，先务于农。民农非徒为地利也，贵其志也。民农则朴，朴则易用，易用则边境安，主位尊。民农则重，重则少私义，少私义则公法立，力专一。民农则其产复，其产复则重徙，重徙则死处而无二虑。民舍本而事末则不令，不令则不可以守，

不可以战。民舍本而事末则其产约，其产约则轻迁徙，轻迁徙则国家有患皆有远志，无有居心。民舍本而事末则好智，好智则多诈，多诈则巧法令，以是为非，以非为是。[1]

农人既便于治理，又"敬时爱日，非老不休，非疾不息，非死不舍"，统治者当然会不遗余力地倡导民众做个农人。

二

再来看"士"。"士"掌握知识，是圣贤教诲的传承与践行者，乃至于是文化和文明的象征，排在四民之首。

长期以来，这样一套等级体系，保持了基本稳固的运行。其最根本的原因，乃是相当长时间内，知识与文化本就为贵族阶层所垄断。

这些人，从出生的那天起，就决定了他是四民之首，至于到底能学多少，看自己喜欢不喜欢吧。假如你家是种田的、做木匠的、编筐的，读书能干什么？就是把圣人经书倒

---

[1] 《吕氏春秋·士容论第六·上农》，弘治十二年刊本，日本公文书馆藏。

背如流了，又能去哪里上班呢？

到了唐代，伴随着门阀贵族体系的松动与坍塌，科举制度应运而生。学而优则仕，学习成绩好了，便有机会做官。

唐代初行科举时，依然残存一些身份限定和人情因素。不过，越到后世，科举考试就越在制度层面上公平。一介平民，完全可能通过科举，而位列卿相。所谓"朝为田舍郎，暮登天子堂"。

到了明清时期，科举考试已经发展成为一种流程规范、执行严密、社会认同极高的人才选拔制度。同时，考试资格也已经尽可能地放开。

如此一来，以读书为标志的"士人"，就形成了一个规模空前的群体。文教兴盛的地区，县里一场童生试，应考者可至两三千人。

童生们的家庭出身，也是五花八门，种地的、做工的、经商的，应有尽有。至此，"士"的身份，已经失去了稀缺性和贵族性两个重要性质。那么，支撑其作为"四民之首"的基础也便日渐松动了。

古人认为商人不事生产，就等于不创造价值，不创造价值，却坐拥巨额财富，享受极为丰厚的物质生活，是非常不合理的。从今天的角度来看，商业贸易，本身即有其非常重要的价值，古人的认识有局限性，这一点不必多言。

事实上，随着商品经济的发展，商人对于社会运转产生的作用自然也就日益增强。甚至，在正常的社会运转中，商人已经成了不可缺的一环。这是从社会宏观层面而言。

以个体而言，越是商品经济发达的社会，财富所能体现的价值就越大。当商人的财富所能换回的越来越多时，即便再怎么在价值层面和宣传层面上，仍然把商人排在最末，都已经不具备现实意义了。

到清代时，"士人"早已不再跟贵族有什么天然联系，唯一能够夸耀的，只剩其身份本身。童生如果考中了生员，固然是具备了参加乡试或者成为贡生的资格，一旦中举、出贡，就有机会做官。然而，举人、贡生的名额有限，官职的位置更有限。

另一方面，商人依靠拥有的财富，可以轻松捐个监生，不经童试就直接具备了参加乡试的资格。甚至，还可以继续捐衔、捐官。

两相对比，反倒财富的力量更为直接，效率更高。而"生员"所享受的那一点点赋税优待，根本就入不了商人的眼。

至于法律层面的优待，就更不必说，穷秀才和富商打官司，只有在说书这样爽文性质的民间文学中，秀才赢的概率才会大一些。四民排序的首与末，此时已经模糊到几近消失了。

而如果士人跟权力发生碰撞，则注定结局悲惨。前面讲述的乾隆年间的扶风县生员屈谦益，因为家中跟县衙差役发生一点冲突，自己就被差役儿子按倒，扒开衣服，拔下阴毛塞入口中，又用污泥涂抹身体和面部，可谓极尽羞辱。

其父屈炳为给儿子讨一个说法，控告半年无果，就号召组织了童生罢考。最后，不但屈炳自己被判斩立决，一众参与者也遭到严厉的处罚。

这起案件中，与生员屈谦益家冲突的，不过是一名小小的位列贱籍的皂役，殴打、羞辱屈谦益的更只是皂役之子。屈炳呈控半年，非但没给生员儿子讨个说法，乃至最后落得搭上性命。

所谓"四民之首"，面对的仅仅是基层权力机构的边缘人员的亲属，就如此不堪一击。

雍正帝曾针对童生罢考，毫不遮掩地说过："天下人才众多，何须此浮薄乖张之辈？是乃伊等自甘暴弃，外于教育生成，即摒弃亦何足悯惜！"

所谓的"四民之首"的优越，只是个梦幻泡影，千万别当真。

士人群体作为人才的储备库，统治者给予些许礼遇和优待的姿态，以与其他民众有所区别。可是，这种礼遇和优待的前提，乃是士人完完全全顺从于统治秩序，但凡露出一丝丝违逆的痕迹，便会立即被狰狞的权力所吞噬。

平民阶层的农民、工匠，以自己的辛勤劳作为社会提供粮食、器具，因此也在价值层面被肯定，尤其是农民。可是，一旦因为种种原因，他们所提供的产出未达要求，他们本身的意义随即消失。

商人表面不受肯定，排在四民最末，可是商人持有的财富却拥有巨大的力量，在一定程度上，甚至能与权力互相转化。

如此一来，州县之中，四民的真正排序是，富绅排首位，士人居次位，以农工为主体的齐民排在最末。

三

在四民之上的，是权力的代表——官吏。

前文述及的嘉善县知县莫大勋，在历任数年中，每每不顾灾荒，甚至不顾朝廷的宽限、豁免政策，连年严比。嘉善一县，士农工商，人人深受其害。

然而，那又怎么样呢？莫大勋以卓越的"政绩"升迁做了京官，又列入名宦祠年年祭祀。甚至，在方志中被包装成了一个爱民如子的大好官。

凤翔县知县李庄，因为怀疑两家布铺的掌柜欺诈，便令差役传唤来县质问。之后，见对方居然敢于顶嘴，直接令差役重打几十板，其中掌柜李信当天毙命。

宁州捕快马登蛟，只是看过路的生员郑大智不顺眼，竟至于整夜折磨，踢打、捆吊、棍打，手段用尽，导致郑大智回家十几天后伤重不治而亡。

当然，知县李庄与捕快马登蛟也都受到了一定的惩处。可这是因为恰好闹出了人命，不好收场了。

假如李信、郑大智没有死，那么施暴者李庄、马登蛟恐怕就不会受到惩处。这两起殴打和折磨，就只是那个时代每天都会上演的权力的任性，根本不会成为什么"事件"。

试看，与李信一同挨了几十板的掌柜王举元，官方的处理意见是"伤已平复，无庸议"，伤都好了，还有什么好说的？扶风县生员屈谦益在被差役殴打、羞辱后，倒是走法律程序，上告了小半年，可又有谁理会他了？

相对于被大书特书的"名宦"，在包含方志在内的各种文献中，齐民总是被忽略，以至于只能通过钩沉的零散资料，拼接一个模糊的面貌。而如果他们中偶然有一些人竟被给予了关注，则又往往是符合了官方所倡导的价值，以孝子、节烈的形象出现。这一点，会在后面详细讲述。

第三部分

内　卷

第八章

忠与孝

忠 臣

一

组织编纂地方志，甄别、筛选入志人物时，选取的一个重要标准，便是看人物的言行，是否符合"忠孝节义"。其中"忠"排在头一位。

在中华传统文化中，很早便对君臣关系有过探讨，先秦诸子就曾多有论及。

孔子说："君使臣以礼，臣事君以忠。"这是说，君王使用臣子要以礼相待，臣子侍奉君王要忠诚。这当中有一层隐约的权利义务的对应关系。

孟子同样很重视君臣关系。他说："人莫大焉亡亲戚、君臣、上下。"意思是，人的罪过中没有比不讲亲戚、君臣和上下更大的了。至于君臣关系的内涵，孟子也给过详细的表述：

> 规矩，方员之至也；圣人，人伦之至也。欲为君，尽君道；欲为臣，尽臣道。二者皆法尧舜而已矣。不以舜之所以事尧事君，不敬其君者也；不以尧之所以治民治民，贼其民者也。[1]

此外，孟子还有一番话，把君臣间的权利义务关系表述得更为直接：

> 君之视臣如手足，则臣视君如腹心；君之视臣如犬马，则臣视君如国人；君之视臣如土芥，则臣视君如寇仇。[2]

---

[1] 《孟子·离娄上》。

[2] 《孟子·离娄下》。

也就是说，在儒家先圣的观念中，欲要臣子对君王竭力尽忠，首先需要君王重视臣子。

等到了法家这里，情况出现了巨大的变化。韩非子说：

> 臣事君，子事父，妻事夫。三者顺，则天下治；三者逆，则天下乱。此天下之常道也，明王贤臣而弗易也。则人主虽不肖，臣不敢侵也。[①]

韩非子把臣子侍奉君王，和儿子侍奉父亲、妻子侍奉丈夫，并列为天下不可更改的法则。这里所谓的君臣关系，就只是一种单向的服从关系，是一种天然的责任和义务。

韩非子身处秦国统一六国的前夜，并未能亲眼看到天下一统。但他的很多思想，尤其是对君主权威和地位的拔高，却为后来实现了大一统的王朝所吸收。

比如，上述的君臣、父子、夫妻三个原则，就被汉代儒家吸收成为所谓的"三纲"：君为臣纲，父为子纲，夫为妻纲。

西汉的董仲舒将君主的地位神圣化，把君臣关系描述成一种主从明确、尊卑清晰的关系。如此一来，忠君，自然就是一个丝毫不容怀疑的基本法则。

---

① 《韩非子·忠孝》。

董仲舒说："下事上，如地事天也。"臣子事奉君王，就像地事奉天一样。又说："善皆归于君，恶皆归于臣。"君王永远是圣明的，犯错那一定是因为臣子错了。

经过历代王朝的不断宣扬，臣子对君王无条件地尽忠，也就成了为人臣者最重要的原则。

二

与"孝""节"等相比，"忠"是比较难判断的。承平时代，一个人纵然有心尽忠，也多半无法充分显现。只有等政权、朝廷遇到危机和战乱时，那些挺身而出的人，才更可能表现出自己的"忠"。

像明清易代这样的王朝交替中，是比较容易出"忠臣"的。当然，对于清代所修方志而言，那些忠于明廷组织抗清的人员，自然是不能褒扬的。但对忠于朝廷，而在明末对抗"流寇"的诸臣，则无须避讳，尽可宣扬他们的忠义之举。

乾隆《岐山县志》中，就记载了曹暹、李树声、梁建廷和牛养杰等数位忠臣。

> 曹暹，万历己酉第二乡魁，登天启壬戌进士。任猗氏知县，有德政，人咸感之。巡按江淮，振厉风采，肃清僚吏。寻参议冀宁，平晋藩之乱，释久沉之冤。

及告归，寇攻岐城，出夙养壮丁守御，贼惊溃，城赖
以全。①

曹暹曾在崇祯十一年（1638），为重修的岐山县正街
关帝庙写过一篇碑记，其中有这样几句话：

> 赤白之丸，攻城掠邑，几遍海内。吾郡州县，已
> 破其半，而吾岐独存。帝每著灵显佑，滨危得安，功尤
> 巨焉。

"赤白之丸"，是出自《汉书》的典故。《汉书·尹
赏传》载："长安中奸猾浸多，闾里少年群辈杀吏，受赇报
仇，相与探丸为弹，得赤丸者斫武吏，得黑丸者斫文吏，白
者主治丧。"

曹暹这篇记文里，"赤白之丸"指各路起兵反叛的队
伍。说是当时凤翔府所属州县，有半数已被攻破，但岐山县
城仍然幸存。曹暹把这归功于关帝神灵的庇佑，绝口不提自
己曾对守城作出贡献。

不过，就算岐山县在崇祯十一年（1638）时未被攻
破，崇祯十六年底李自成占据整个关中时，必然独木难支

---

① 乾隆《岐山县志》卷七《人物》。

了。不清楚曹暹这时仍否在世，如若在，恐怕城破之后难以善终。

李树声与曹暹是同科举人。巧合的是，李树声同样曾任山西猗氏县知县。而且，据雍正《猗氏县志》记载，二人还是前后任。曹暹是天启三年（1623）任，李树声是崇祯元年（1628）任。

县志中同样说李树声在猗氏县任上，有施恩德于人。在母亲过世后，李树声返乡丁忧，从此便不再出仕。

后来，李自成军攻破岐山，征调李树声做官。李树声坚决不从，说："我家六代受大明国恩，如今还往哪里去？"当天夜里，在向天呼喊中去世。①

梁建廷为万历四十三年（1615）陕西乡试第三名，次年中进士。曾任大理寺寺正、河南府知府等。曾经请旨，赐予程颢、邵雍两位贤人后代为学官。又曾任川南兵巡道，最后称病归养。

当时正值流贼猖獗，梁建廷供养义兵以保护岐山县城。这一点和曹暹相似。岐山县民众还曾为梁建廷建立祠堂，以

---

① 乾隆《岐山县志》卷七《人物》：李树声，万历己酉举人。知猗氏县，廉静不扰，有德及人。丁内艰，不复仕。闯逆征之使仕，树声曰："吾家六世受国恩，今安往乎？"即夕，呼天而逝。

报答恩德。①

县志中没有明确交代梁建廷的结局。但在其他史料中，还是可以找到线索。谈迁所著《枣林杂俎》载：

> 崇祯癸未冬，寇陷关中，绅民殉难者，其现职别见。……前按察副使岐山梁建廷，……以上俱随营杀于山西红芝驿。②

由此记载可知，梁建廷是在岐山城破后，为李自成军所俘，后来杀于山西红芝驿。

牛养杰，博览群书，又品行正直。侍奉继母时能尽孝道。后来以选贡出任延津县知县，因为太过刚强正直遭罢免。考康熙《延津县志》，牛养杰是在崇祯四年（1631）任延津县知县，崇祯六年离任。

常有人说"性格决定命运"，这在牛养杰身上得到了验证。秉性刚强的他，在李自成军攻陷岐山后，坚持了忠于明廷的气节，牛养杰整理衣冠向宫殿所在的北边朝拜，然后怒

---

① 乾隆《岐山县志》卷七《人物》：梁建廷，万历乙卯第三乡魁，登丙辰进士。官大理寺寺正，多所平反。出守河南，廉明仁恕。尝请旨赐程、邵二贤后裔为博士，俾供祭祀，士论归美。历川南兵巡道，引疾归。值流贼猖獗，养义兵以保护岐城。邑人立祠以报。今祀乡贤。

② 《枣林杂俎·仁集逸典·群忠备遗》。

骂李自成军而死。①

在包括《岐山县志》在内的官修方志中，都有非常明显的价值取向。充分肯定乱世之中守卫城垣的行为，而彻底否定起事作乱的人员，将其贬为贼、寇。

这不难理解，作为朝廷，当然在意秩序稳固，当然要维护他们任命的各级官吏。那成千上万个围起来的城墙里，不都有他们认为的属于朝廷的东西吗？

举凡乱世民变，很大程度上，就是一批不甘心坐以待毙的饥民，去攻打尚存粮食、财物的城池。而尚存一些粮食、财物的城内居民，同样为了生存便拼死抵抗。——"我们不想死，我们杀了你们，就能活了。""我们本来可以不死，还是你们死吧。"然后就"尸山血海"。

除了前述诸位在明末时能够忠于朝廷的忠臣之外，《岐山县志》中还记录了乾隆年间一位在战场阵亡的武将。卷五《官师·武职》载：

> 李廷钧，渭阳里人，由行伍任四川成都府把总。征金川屡有功，历升游击。乾隆三十八年阵亡。

---

① 乾隆《岐山县志》卷七《人物》：牛养杰，博综群书，秉性方正。事后母能孝。由选贡知延津县，坐刚直免。闯逆之变，衣冠向阙北拜，骂贼而死。

李廷钧，渭阳里人，行伍出身，后任成都府把总。把总，是清代绿营的基层军官，正七品，所领之兵称为"汛"。乾隆三十六年（1771），清廷开始第二次征讨大小金川。李廷钧随军出征，并屡立战功，升为游击。清代游击为从三品武官，通常统领营兵。

乾隆三十八年（1773），清军在木果木之战失利，自统帅温福以下，阵亡者达数千人。县志中记李廷钧为这年阵亡，很可能也是阵亡于此战。

孝　子

一

提倡"孝道"，是中华传统文化中非常突出的一个特点。传说上古的帝王虞舜，就非常讲究孝，《孟子》就曾详细地记述过虞舜的孝行。首先，虞舜有这样的一群家人：

> 万章曰："父母使舜完廪，捐阶，瞽瞍焚廪。使浚井，出，从而掩之。象曰：'谟盖都君咸我绩。牛羊父母，仓廪父母，干戈朕，琴朕，弤朕，二嫂使治朕栖。'"[1]

---

[1]　《孟子·万章上》。

所幸，虞舜命大，屡次大难不死，后来还做了帝王。那么，他后来又是怎么对待自己的这些家人的呢？

> 万章问曰："象日以杀舜为事，立为天子，则放之，何也？"孟子曰："封之也，或曰放焉。"万章曰："舜流共工于幽州，放驩兜于崇山，杀三苗于三危，殛鲧于羽山，四罪而天下咸服，诛不仁也。象至不仁，封之有庳。有庳之人奚罪焉？仁人固如是乎？在他人则诛之，在弟则封之。"曰："仁人之于弟也，不藏怒焉，不宿怨焉，亲爱之而已矣。亲之欲其贵也，爱之欲其富也。封之有庳，富贵之也。身为天子，弟为匹夫，可谓亲爱之乎？"①

从万章与孟子的问答中，可以看出来，虞舜对于成天策划杀了自己的弟弟象，可谓是极近亲爱。那么，他又是怎么对待父亲瞽叟呢？

> （孟子）曰："孝子之至，莫大乎尊亲；尊亲之至，莫大乎以天下养。为天子父，尊之至也；以天下

---

① 《孟子·万章上》。

养，养之至也。"①

在孟子口中，虞舜的父亲和弟弟整天处心积虑要弄死他。然而，等虞舜做了天子，却是以天下来供养父亲，又册封弟弟。

对于父亲和弟弟用尽办法尝试谋杀舜，孟子没有表达过一丝一毫的批评，甚至可能根本没觉得有说的必要：抛开他们谋杀虞舜的事实不谈，难道虞舜作为儿子、作为哥哥就没有过错吗？

这世上遭受的来自亲人的委屈，还有比虞舜更大的吗？"原生家庭"存在问题的，有谁比虞舜的"原生家庭问题"更严重？这世上对亲人的孝敬亲爱，还有比虞舜做得更多的吗？也正是因为此，虞舜后来位列"二十四孝"的第一孝子。

孟子讲述的孝道如此，孔子亦然。《孔子家语》中，记载了一件孔子引用虞舜经历教训弟子曾参的事情。

> 曾子耘瓜，误斩其根。曾晰怒建大杖以击其背，曾子仆地而不知人。久之有顷，乃苏，欣然而起，进于曾晰曰："向也参得罪于大人，大人用力教，参得无疾

---

① 《孟子·万章上》。

乎？"退而就房，援琴而歌，欲令曾晰而闻之，知其体康也。孔子闻之而怒，告门弟子曰："参来勿内。"曾参自以为无罪，使人请于孔子。子曰："汝不闻乎，昔瞽瞍有子曰舜，舜之事瞽瞍，欲使之，未尝不在于侧，索而杀之，未尝可得。小棰则待过，大杖则逃走。故瞽瞍不犯不父之罪，而舜不失烝烝之孝。今参事父，委身以待暴怒，殪而不避。既身死而陷父于不义，其不孝孰大焉？汝非天子之民也，杀天子之民，其罪奚若？"①

曾参因为一点点无心的过错，父亲就暴怒了。大概是要笃行老师孔子日常教诲的孝道，曾参不敢逃避，更不敢反抗，就忍着让父亲暴打。不料，差点被打死的曾参，还是惹怒了老师。

孔子怪罪他：你父亲真把你打死了，岂不是因为你成杀人犯了？这天底下还有谁比你更不孝啊！

与孟子讲述虞舜的事情类似，孔子也完全没有对曾参父亲的大棒有过任何微词。孔老夫子毫不在意弟子曾参的性命，在意的只是如果他被打死了，会累及父亲的名声和可能遭受刑责——你失去的只是生命，可是你父亲却被你害得成杀人犯了！

---

① 《孔子家语》卷四《六本》。

亲缘关系一旦构成，作为子女的一方就必须无条件尽孝。孔、孟二圣讲述的孝道，似乎只是一种单方面的义务和责任，是一种完完全全"抛开事实不谈"的道德绑架。

二

这两个会不会是比较极端的特例呢？前面提到过，中国古代有流传极为广泛的"二十四孝"故事，选取了古代有代表性的二十四位孝子的事迹。

据考证，"二十四孝"的提法至少在唐代已经出现，经历五代到宋的广泛传播。到了元代，又经郭居敬等人的整理编订，最终形成了一整套包含正文、配诗、配图的完整故事。最后在明清两代广泛传播，深入人心。

下面选取部分"二十四孝"故事作解读。

恣蚊饱血

晋朝有个叫吴猛的人，八岁时，就对父母很孝敬。家里穷，睡觉的榻上没有帷帐。每到夏天晚上，有很多蚊子叮咬皮肤吸血，吴猛让蚊子尽情吸血，再多也不驱赶，就怕赶走后去叮咬父母了。[①]

古人说的八岁，以周岁来看，往往只是七岁，甚至六

---

① 《锲便蒙二十四孝日记故事》卷一"恣蚊饱血"。

岁。如此小的孩子，正是需要父母爱护的时候，却反过来要他照看父母。

且不说，一个六七岁的小孩子，有没有可能把蚊子都吸引到自己身边，从而达到庇护父母的目的。即便吴猛小朋友有如此行为，父母也应该在肯定孝心后，阻止这种毫无必要的自虐。传扬这样的故事，岂非让所有在父母跟前赶蚊子的人都成了不孝之人了？

为母埋儿

汉代有个叫郭巨的，家里很贫困，有个三岁的儿子，郭巨母亲曾经把自己的食物分给孙子吃。本来嘛，奶奶给孙子东西吃，这实在是件太平常不过的事情了。可是，郭巨不这么看。他对妻子说："家里贫穷，不能好好赡养母亲，儿子又分走了母亲的食物，为什么不活埋了这个儿子呢？"

文中没有描述妻子听到郭巨这个丧尽天良的想法后的反应，但其实也不重要，因为郭巨说干就干了。等到挖坑挖到三尺深时，他发现了一锅金子。上面还写着字，说这些金子是上天赐给他郭巨的，官府不能没收，平民不得抢夺。①

这实在是个阴森恐怖、惨无人道的故事。家里贫困，本来是生产力落后的古人常态，也无须苛责。但是产生把儿子活埋以使母亲得到更好赡养的想法，就是十足的泯灭人

---

① 《锲便蒙二十四孝日记故事》卷一"为母埋儿"。

性了。

文中说郭巨挖坑时发现了一锅金子，想必发了财，就不必再活埋儿子了，郭巨幼子应该得以幸免。可是，挖坑发现财宝，毕竟是件概率极低的偶然事件。试想，要是家里贫困的人效法郭巨孝敬母亲，挖坑数尺后并未发现财宝，对儿子埋还是不埋呢？

由于过于泯灭人性，"郭巨埋儿"的故事，曾给幼年的鲁迅先生造成极大的心理阴影：

> 我最初实在替这孩子捏一把汗，待到掘出黄金一釜，这才觉得轻松。然而我已经不但自己不敢再想做孝子，并且怕我父亲去做孝子了。家景正在坏下去，常听到父母愁柴米；祖母又老了，倘使我的父亲竟学了郭巨，那么，该埋的不正是我么？如果一丝不走样，也掘出一釜黄金来，那自然是如天之福，但是，那时我虽然年纪小，似乎也明白天下未必有这样的巧事。[1]

鲁迅在幼年时，因为祖父周福清涉入科举舞弊案，被判斩监候。家人为了营救，倾尽家财，于是生活一度陷入困顿。恰好此时，知道古代孝子中有为了更好赡养父母而埋掉

---

[1]　参见鲁迅《朝花夕拾·二十四孝图》。

儿子的鲁迅，自然不免为自己的命运担忧起来。

卧冰求鲤

晋朝的王祥，字休征，早年母亲亡故。继母朱氏对他并不慈爱，三番几次在父亲面前说他坏话，导致王祥也失去了父亲的关爱。朱氏想吃鲜鱼，可当时正是天寒地冻，并不容易找鱼。王祥便解开衣服，尝试用自己的身体将冰融化。这时，冰居然自己裂开，而且从中跳出两条鲤鱼，王祥把鱼带回家给朱氏了。[①]

王祥很可怜，早年失去了母亲，父亲娶了个后妈，这后妈不光自己讨厌王祥，还说得没主见的父亲也不关爱王祥了。失去了所有亲人关爱的王祥，还要被后妈刁难，大冬天给后妈找鲜鱼吃。

大概是被虐待出了斯德哥尔摩综合征，王祥觉得应该仍然孝敬后妈，居然解开衣服用身体去融冰。这时，天降神异，冰自开，鱼自出，所以故事结局仍然是好的。可是，如果现实中，孝子们都学王祥这样去卧冰，恐怕在卧出鲤鱼之前，自己被冻死的可能性更大。

尝粪忧心

南齐时有个叫庾黔娄的人，做了孱陵县令。到任不到十天，忽然感觉心慌流汗，担心家中出事，于是弃官回乡。到了

---

① 《锲便蒙二十四孝日记故事》卷一"卧冰求鲤"。

家，才知道父亲已病了两天，大夫说："想要知道病情好转还是加剧，只需要尝病人的粪便，如果味道苦，那就说明会好转。"黔娄尝了父亲粪便，感觉是甜的，于是心中很是忧虑。到了晚上，对着北极星磕头，祈求让自己代替父亲去死。[①]

从现代医学的角度来看，用化验粪便的方式，来分析病人一些生理指标，的确是一种有效的检查手段。但这是借助科学仪器所做的精准检测，绝非人体口腔的味觉感受所能替代的。所谓"尝粪验吉凶"，自然也就不可能是一个有效的检验方式。

而且，文中说尝出来的是"甜味"，代表病情将要加剧，可见庚黔娄的这次品尝，对于父亲的病情也毫无作用。虽然他又曾在晚上祈求让自己代父而死，也并没看到有什么神异现象发生。

也就是说，在这件事中，庚黔娄的尝粪也罢，求神也罢，起到的唯一作用，就是展现了自己的孝心。

这件事被广泛传扬之后，当父母病重时，子女便可能被要求尝粪了。在乾隆《岐山县志》等方志中，就记载了数位"尝粪"的孝子，后面将会讲到。此外，"二十四孝"故事中，还有诸如"鹿乳奉亲""刻木事亲"和"哭竹生笋"等所谓孝子事迹，与前引事例类似，叙事荒诞，不讲逻辑，道

---

① 《锲便蒙二十四孝日记故事》卷一"尝粪忧心"。

德绑架意味浓厚。

孔孟对孝道如此重视，那么以儒家文化为核心价值的中国古代社会，推崇孝道，也便成了"教化"民众最主要的内容之一。再加上以"二十四孝"为代表的一些"典范事例"的广泛传播，孝道，就成了一种从理论到实践都很完整充分的行为准则。

三

在各种地方志中，总会记载相当数量的孝子事迹，以为楷模。乾隆《岐山县志》中就有不少。

> 刘凤岐，同峪里人，嘉靖中任巡检。岐生四十日，母亡，十二岁，父亡。祖母李氏育之成立。岐事李，曲尽孝道，李有疾，必吁天祈代。李年八十卒，葬南山下。岐庐墓侧，负土成坟，虽风雨深夜，虎狼出没，俱不避。有雉兔驯集之异。值女病将革，家人迫劝归视，岐跪告墓侧，不忍离去。女既死，竟得复苏。后岐忽梦李运水来家。次日，邻舍火，延至岐舍，则风反火息。人以为纯孝所感。当事者以"孝孙之第"匾其门。①

---

① 乾隆《岐山县志》卷七《人物》。

这是一个非常典型的劝谕、引导式的故事。刘凤岐对抚养自己长大的祖母非常孝顺，祖母生前竭尽全力照顾她，去世后又坚持守墓。所以，刘凤岐女儿生了重病，也能化险为夷；家中将要发生火灾前，祖母在天之灵也会守护，以保房屋安然无恙。

> 王进收，资福里人，生于明天启五年。家甚贫，甫成童，父死，母雷氏改适他姓于连云栈[①]，进收不知其处凡二十年。然遍访之，每与人言，辄流涕沾襟，不能已。卒知母所，进收星驰往见，伤心悲痛，观者皆为泣下。居数月，他姓亦亡，且无子，进收营葬毕，即以竹篑负母归，采薪以养。母疾，必求药祷神，愿以身代。殁，亦守墓焉。[②]

> 雒兼善，邑庠生，在城里人。父泰皋以家贫服贾雅州，适雅州遭吴逆之乱。兼善年十四，闻之，恐父不测，痛哭彻昼夜，发为半白。即欲驰视，无可劝止者。邻人程宗儒怜其幼弱，遂辅以行。时泰皋亦归，自

---

① 前面讲述清初赋税时说到过，西府民众承担往汉中的粮食转运，需要途经连云栈道，栈道位于秦岭深山之中，艰险而漫长。

② 乾隆《岐山县志》卷七《人物》。

雅州至凤县柴关岭遇焉。兼善悲喜交集，随抵家。依依膝下，不忍一刻离。泰皋教之曰："吾家世业儒，若欲慰吾志，必力学以继家声。晨昏定省之节，固其小者也。"兼善即潜心就傅。越明年，入邑庠，众谓雒氏有子矣。其后，泰皋患痰疾，兼善侍奉汤药，衣不解带者三年。比父卒，哀毁骨立，丧葬以礼，岁时必哭奠主前。母侯氏亦老，且齿落，每食颇艰，兼善必亲调羹食以进，母不饱，亦不忍食。如是者，凡二载，而母齿重生，人皆谓孝所致也。母卒，葬祭哀毁如父丧，而朝夕泣奠，则终身无异云。乾隆十六年建坊旌表，入忠孝祠。[①]

王进收因为幼年时母亲离开，对母亲的思念、依恋也就远超常人。在苦苦寻找二十年终于得知母亲下落的那一刻，情绪激动，星夜上路，也便不难理解。

雒兼善与之略有相似，小时候父亲因为外出经商，没有陪在身旁。忽然听闻远在他乡的父亲可能遭遇危险，尚属少年的他，便再也待不住了，一定要去找寻。

王进收与雒兼善的事迹，不但古人首肯，即使放在今天，读之也使人心生恻隐。

前面说过，中国传统的孝道，是一种单方面的义务与责

---

① 乾隆《岐山县志》卷七《人物》。

任。一旦为人子，就天然处于一种"道德深渊"之中，尽孝道非但没有条件，也没有可能做到完美。如此机制之下，显示孝道，比拼孝道，也就自然"内卷"起来。

刘厚，邑廪生。祖母杨氏病笃，医药不效，厚割左臂肉以啖之，病旋愈。祖患项疽，医曰："药宜人血调敷。"厚即啮指血以调之，疽亦即愈。①

侯秉璧，义丰里人。三岁丧母。继母刘寝疾三载，秉璧侍汤药，亦衣不解带者三年。医有居麟游者，秉璧将以母疾延之，或告以虎踞其途。秉璧往，不惧，往则与虎遇，顾卒不伤。时值冬寒，医谓须桑虫以疗母疾，秉璧忍冻觅之，落其指节。母殁，哀痛至七日不食。乾隆二十一年建坊旌表，入忠孝祠。②

侯秉璧冒着被老虎吃掉的风险，也要去麟游县请医生为继母治病。如此冒着风险、跨越百里山路请的医生，必定是在当地颇有影响的名医。名医一出手，开出的方子果然与众不同，寒冬腊月的，说要用桑虫才能治他母亲的病。

---

① 乾隆《岐山县志》卷七《人物》。
② 乾隆《岐山县志》卷七《人物》。

中医所说的"桑虫"，也叫"桑蠹虫"，一般是指天牛科昆虫星天牛、桑天牛或其他近缘昆虫的幼虫。侯秉璧为了寻找这味桑虫药，把手指头都冻掉了。

至于桑虫有没有治好他母亲的病，传记中没说。其实也无须说，因为整件事情的关键根本不在于桑虫有没有药效，而是在于侯秉璧肯不肯忍着天寒去寻找。

不肯，那就是没良心的不孝子；肯，而且还很积极，都找得把手指头冻掉了，就是大孝子。重点是研究虫子有没有药效吗？当然不是，重点是对人心的考验。

四

> 王特恩，渭阳里人。父庞命患痿痹，恩作小车，身挽以行。父疾剧，医者曰："药罔效者，古有粪味验吉凶之说，果知无济，亦何事汤药为耶？特难决此耳。"恩即取父粪尝之。顾父疾卒不起，恩乃刻木为像，朝夕哭奠焉。其兄某亡，恩又督侄青选力学，以振家声，曰："吾不能显扬父母，将赖此子也。"既卒，青选由廪生为岁贡。而恩之称孝，乡党无间言。①

---

① 乾隆《岐山县志》卷七《人物》。

在王特恩的传记中，讲述了其三重孝行。第一重，是在父亲患病行动不便时，制作小车帮助出行，在后来病情加重时又请医生积极治疗。第二重，是医生说对于父亲的病，药已经无效了，到底是吉是凶，可以通过品尝父亲粪便判断，王特恩照办。第三重，是照顾侄儿成长，并教导读书成才。

三重之中，能做到第一重的人不少，能做到第三重的人也不算罕见，难点在于第二重的尝粪。

前文讲述过"二十四孝"中庚黔娄"尝粪忧心"的故事，但那终究只是一个故事。王特恩所请的医生，居然荒诞到以这种教化人心的故事为根据，说什么"古有粪味验吉凶之说"，提出尝粪可验病情吉凶。

他是医生，无论是以什么样的口吻讲出来，只要他提出有这个办法，王特恩就必然只有一个选择——照办。因为，这种情况下，任何的怀疑、讨论，乃至略微的迟疑，都会被视为拒绝的借口。拒绝尝粪，就等于拒绝判断病情，就等于拒绝治疗，就等于等着父亲早死。如此忤逆不孝之人，还有何颜面苟活人世？

而且，在这种情况下，王特恩以前的种种孝行，反倒还会成为一种负担——"以前看这小子又是制作小车呢，又是拉着在村里转悠呢，原来都是装模作样给人看呢"。

既然，"尝粪忧心"是"二十四孝"中一个典型的孝道故事。那么，受其影响的，也就自然不可能只有一个岐山县的王特恩。早在明代时，此类对尝粪孝子的记载，就已不鲜见。

比如弘治《八闽通志》中，记载了福建连江县一位叫陈文亮的孝子。

陈文亮生下来才七个月，父亲便亡故了。陈文亮对母亲非常孝敬，出去买了点好吃的，一定要带回家给母亲尝尝。母亲曾经得了重病，陈文亮每天晚上都向北极星祈祷，愿意自己减寿使母亲延寿。又品尝母亲粪便，发现味道苦涩，是吉祥的征兆，果然母亲转危为安，这场病又治好了。

一边向"北辰"祈祷，一边尝粪，陈文亮可谓是全方位模仿了孝道楷模庾黔娄。

在母亲过世后，陈文亮非常哀伤悲痛，安葬、祭奠均按照礼仪进行。再后来，因为儿子陈鸿渐，陈文亮获封为刑部郎中。卒年七十三岁。[①]

又是诰封，又是高寿，陈文亮尝粪所验出的吉兆，又岂止于母亲那一场病？恐怕这一层意思，才是当日修志者的真实用意。

---

① 弘治《八闽通志》卷六十三《人物·福州府·孝义》：陈文亮，字景明，连江人。生七月而孤，事母笃孝。或以事出外，得一羹味，必怀以进母。母尝得危疾，文亮每夕恳祷北辰，愿减己年以益母寿。又取粪尝之，验其味苦，母病果瘥。其后母殁，哀毁逾制，葬祭一以礼。以子鸿渐恩，累封刑部郎中。卒年七十三。（明代弘治刊本，日本公文书馆藏。）

又如，万历《仪封县志》中，也记载了一位叫谢钦的尝粪孝子。

与陈文亮一样，谢钦也是年幼丧父，由母亲养育长大。母亲生病，谢钦亲自煎药，又品尝粪便甜苦。母亲去世后，谢钦守孝三年，就连盗贼都不敢靠近。弘治元年（1488）时，谢钦孝敬事迹由知县上报，朝廷下诏建立牌坊、给予旌表匾额，并赐米和冠带。谢钦一直活到了八十九岁。①

这里万历《仪封县志》的修纂者，不再像弘治《八闽通志》修纂者那么含蓄了，直接点明，说知州为谢钦作传时称赞道："由于谢钦的诚心历来为人信服，所以才能得以旌表乡间而又享受长寿。"

乾隆《岐山县志》中侯秉璧、刘厚、王特恩三位的孝道之举，在今人读来简直难以想象，甚至可能觉得阴森、恐怖，引发生理不适。然而在并不久远的两百多年前，他们却是被当作楷模而表彰、传诵。在这些"孝道标杆"之下，谁还敢说自己已经尽孝了？

---

① 万历《仪封县志》卷四《人物·孝行》：谢钦，隐贤乡人。少孤，母卢氏抚育之。母疾，躬煮汤药，尝粪甘苦。及殁，哀毁逾礼三年，庐于墓侧，负土起坟，朝夕哭奠。岁饥，盗起，皆望庐远避。弘治元年，知县杜瑄以闻，诏树坊表门，赐米及冠带。卒年八十九。知州杨仲经为钦作传，谓："本其诚之素孚，故能表乡间而膺寿考也。"（明代万历刊本，国家图书馆藏。）

第九章

女 性

节 烈

一

　　男女大防与贞节观念，很早便已出现。《礼记·曲礼》记载："男女不杂坐，不同椸枷，不同巾栉，不亲授。嫂叔不通问。……女子许嫁，缨，非有大故不入其门。姑、姊、妹、女子子，已嫁而反，兄弟弗与同席而坐，弗与同器而食。"简单一句话：男女有别，授受不亲。亲人间也是如此。

虽然孟子也曾说过：男女授受不亲，礼也；嫂溺援之以手者，权也。①给男女大防的礼制，给予了一点点权变。但那是特例，在通常情况下，必须遵守约束和忌讳。

《礼记》有专门一章讨论婚礼，其中有这样一些内容：

> 天地合而后万物兴焉。夫昏礼，万世之始也。……信，事人也。信，妇德也。壹与之齐，终身不改，故夫死不嫁。
>
> 男子亲迎，男先于女，刚柔之义也。天先乎地，君先乎臣，其义一也。
>
> 出乎大门而先，男帅女，女从男，夫妇之义由此始也。妇人，从人者也：幼从父兄，嫁从夫，夫死从子。②

---

① 《孟子·离娄上》。

② 《礼记·郊特牲》。这段大意是说，天与地相配合，而后万物兴起。婚礼，是后世子孙万代的开始。诚信，是事奉人的基本品质。诚信，是妇人的基本品德。女子一旦与男人为妻，终身不变，因此丈夫死了也不嫁人。男子前往迎亲，男子要先于女子，这体现了男子阳刚进取、女子阴柔顺从。天比地先，君比臣先，道理都是一样的。迎亲队伍出了大门男子先行，代表男子率导女人、女子顺从男子。夫妇关系的原则，也就从这里开始体现。妇人，是顺从的：幼小时候顺从父兄，出嫁后顺从丈夫，丈夫死了再顺从儿子。

两汉以来，儒家思想为统治者不断推崇，像《礼记》这样的儒家经典中的"从一而终"观念，影响也就逐渐扩大。这一点，从史书中"列女"含义的演变中，就可清晰体现出来。

汉代刘向撰写的《列女传》，是我国目前所能见到的最早的妇女史作品。其中收录先秦至汉代女性共百余名，分为母仪、贤明、仁智、贞顺、节义、辩通、孽嬖七篇，分类记载。

刘向的分类标准，是从德、才、节、义等不同方面衡量，凡有一点突出，即可入选立传。可见，刘向所说的"列女"，应该是"列位女性"的意思。

范晔在《后汉书》中设《列女传》，是为正史当中《列女传》之始。范晔继承了刘向的选择标准，曾明确说："余但搜次才行尤高秀者，不必专在一操而已。"

一个典型例子，便是其中为蔡文姬作传。蔡文姬一生中曾三次出嫁，先嫁卫仲道，再嫁匈奴左贤王，生下二子，后又嫁董祀。把三次嫁人的女性归入"列女"，在宋元以后的正统史学中，是不可想象的。但是范晔仍然以蔡文姬博学有才，而为之作传。

到了修《北史·列女传》时，情况开始出现一些变化。序中说："盖妇人之德，虽在于温柔，立节垂名，咸资于贞烈。温柔，仁之本也，贞烈，义之资也。非温柔无以成其仁，非贞烈无以显其义。"其中入选的人物，也以"贞烈"为主，但仍有数名以才识见长者。

而真正发生了根本变化的，则是《新唐书·列女传》。序中说：

> 唐兴，风化陶淬且数百年，而闻家令姓窈窕淑女，至临大难，守礼节，白刃不能移，与哲人烈士争不朽名，寒如霜雪，亦可贵矣。今采获尤显行者著之篇，以绪正父父、子子、夫夫、妇妇之懿云。

在这样的标准之下，入选的女性，皆为宣扬其贞烈、孝义，而以才学见长的女性罕有入选。"列女"的概念，也逐渐等同于"烈女"。

在两宋长期与外族政权对峙的政治局势下，社会风气渐趋保守，学者提出所谓"饿死事小，失节事大"的伦理观念[①]。儒家典籍中的纲常观念开始被广泛宣扬，并要求严格践行。

到了明清时期，由于官方一再提倡鼓励，妇女守贞成为

---

① 《二程遗书》卷二十二《伊川先生语·八》：又问："或有孤孀贫穷无托者，可再嫁否？"曰："只是后世怕寒饿死，故有是说。然饿死事极小，失节事极大！"

一种非常普遍的现象。

二

传统的地方志，一向承载着"教化民众""激励风俗"的重任，其中更是对守贞事迹给予格外的重视。乾隆《岐山县志》中对贞节妇女的记载，就非常丰富。

> 曹氏，润德里李赐妻。年二十四，赐卒。子俊甫八月，誓不改适。事舅姑尽孝，殁则竭力殓葬。督俊力学，不使少懈。俊后登成化中进士。正统时旌表。[①]
>
> 刘氏，李惇妻。年二十五，夫亡。嫠居苦节，教子宪登进士。正德中旌表。[②]

这里的曹氏和刘氏，历经数十年辛苦，都把儿子培养成了进士。到了年老之时，精神可得到些慰藉，物质亦能改善，算是守贞妇女中相对幸运的少数了。

史氏，举人梁茂的妻子。二十五岁时，梁茂过世。守寡独居数十年，就是亲戚、邻居们都很少见到她。梁茂弟弟梁

---

① 乾隆《岐山县志》卷七《人物》。

② 乾隆《岐山县志》卷七《人物》。

伦的妻子谢氏，也是二十五岁时守寡独居，有劝她改嫁的，她就咬破手指发誓守节。弘治初年，谢氏与史氏共同受到旌表。①

罗氏二十岁时，丈夫王得威亡故，没有子嗣。想要殉节，被众人救下。于是毁容以表达坚守贞节。努力纺织，营葬了丈夫。碰到荒年，生存非常艰难，但是始终不放弃守节，辛苦历经五十余年。后来关西道给她家赐了匾额。②

李氏，杨桂的继妻，前妻张氏留下一个儿子杨孝诚，才三岁。李氏生下儿子杨忠诚，才六个月，杨桂去世了，李氏这时才二十四岁。家里很贫困，李氏发誓不改嫁。靠着纺线生活，抚养两个孩子长大，八十岁时去世。③

吕氏，李广生的妻子。小的时候就比较严肃、庄重。二十岁时，丈夫亡故。之后，两个儿子相继夭折。父母因为没有孩子，想要把她改嫁出去，吕氏便剪断头发表明心志，

---

①　乾隆《岐山县志》卷七《人物》：史氏，举人梁茂妻。年二十五，茂卒。孀居数十年，虽亲戚、邻里亦罕见其面。茂弟伦妻谢氏，亦二十五年孀居，有劝改节者，氏啮指出血为誓。弘治初，与史氏同旌表焉。

②　乾隆《岐山县志》卷七《人物》：罗氏，在城里王得威妻。夫亡，罗年二十，无子。誓以死殉，众救得免。因毁容自守，力织营葬。值岁饥，艰于自活，终不改节，苦历五十余年。关西道匾其门。

③　乾隆《岐山县志》卷七《人物》：李氏，在城里杨桂继妻。前妻张氏，遗子孝诚，甫三岁，张卒。李生子忠诚，甫六月，桂亡，李年二十四。家甚贫，誓不改适。纺绩自给，抚二孤成立，卒年八十。

终养公婆。①

杨氏十九岁时，丈夫徐必运亡故。公公婆婆怜悯她年少，劝她改嫁。杨氏把自己弄得蓬头垢面，以示坚拒。之后，公婆继续劝，杨氏说："媳妇我在，就跟儿子在一样。"于是剪断头发表明心志，侍奉公婆。屡次遭遇荒年，以糟糠生活，守节志向始终不改。②

吕氏和杨氏是举人徐钟英的妻妾。徐钟英去世时，吕氏二十九岁，杨氏二十二岁，只有杨氏有个一岁的孩子。于是两人一起立志抚养孩子。终身坚守贞节，都经历了四十多年，在康熙末年过世。③

陈忠先、陈宏先是兄弟俩，在康熙五十八年相继过世。陈忠先妻子蔡氏二十四岁，陈宏先妻子李氏二十一岁。公公年老，孩子年幼，蔡氏、李氏两人于是共同立志守节。公公

---

① 乾隆《岐山县志》卷七《人物》：吕氏，怀贤里李广生妻。幼时即不苟言笑。年二十，广生亡。二子相继夭。父母以氏无子欲嫁之，氏遂剪发矢志，终养舅姑。

② 乾隆《岐山县志》卷七《人物》：杨氏，仁智里徐必运妻。年十九，夫亡。翁姑悯其年少，谕以改适。氏曰蓬头垢面，以示不从。既而，翁姑且劝之，氏曰："媳在，即子在也。"因断发自矢，以事翁姑。屡遭凶岁，糟糠度日，而志卒不改。

③ 乾隆《岐山县志》卷七《人物》：吕氏、杨氏，资福里举人徐钟英妻、妾也。钟英卒，吕年二十九，杨年二十二，而惟杨一子，方岁余。杨与吕同矢志抚孤。苦节终身，均历四十余年，卒康熙末年。

生了疽长期不愈，两人在给用药的同时，还让孩子交替帮吸脓血，使得公公很快就治愈了。公公过世时，正是家里贫困的时候，两人拮据安葬后，靠纺线偿还了借款。同里的人都称赞她们贤惠。两人守节均有三十余年。[①]

李氏，刘隐庵的继妻。抚养前妻儿子刘家驹读书，靠纺线供应学费。后来刘家驹考上生员却又夭折了。李氏在非常贫苦中，辛苦守节几十年，族里人都没见过她笑。[②]

她们在正值青春的时候，遭遇丈夫亡故，或者有个年幼的孩子，或者根本没有子嗣。然后整个人生最重要的事情，就是坚守"从一而终"的铁律——在生活重担压迫的辛劳和孤单寂寞摧残的痛苦中，度过千万个日日夜夜，而后，成为统治阶层价值观里倡导的榜样、推崇的楷模、旌表的对象。

旌表节妇的方式有多种，或者发块匾额，或者竖个石碑，或者立个牌坊。其中，以建立牌坊最为显耀。但是节妇如此之多，每人都单独建立专坊不太容易实现，于是后来便

---

① 乾隆《岐山县志》卷七《人物》：枣林菅陈忠先、宏先，兄弟也，康熙五十八年相继亡。忠先妻蔡氏，年二十四。宏先妻李氏，年二十一。翁老子幼，二氏遂以同节矢志焉。翁患疽久不愈，二氏于医药之暇，各命其子易吮其脓血，疽寻愈。翁殁，值家贫，二氏拮据营葬，纺绩以偿其贷。里人贤之。守节俱三十余年。

② 乾隆《岐山县志》卷七《人物》：李氏，石楼里刘隐庵继妻。抚前子家驹就傅，纺绩以供修脯。及家驹入泮而夭。氏贫苦万状，苦节数十年，族人无或见其笑容者。

兴起了总坊。

所谓总坊，也即建立一座牌坊，把核定旌表的节妇名字都刻上去。如果没有刻满，后续有新旌表的，还可以陆续补刻。

刘氏，王焜的妻子。二十二岁时，守寡独居。后继的公婆杜氏逼她改嫁，刘氏不肯，咬破手指表达决心。杜氏更加嫉妒（杜氏自己是改嫁而来），逼迫得更加厉害，用尽各种方式给刘氏苦头吃。到了冬天，刘氏连件破棉衣都没有，穿着单衣抱着孩子，躺在冰冷房间，也没有怨言。幸好杜氏的两个儿子心肠好些，会送给刘氏衣服和吃的，以成全她的志向。刘氏守节有四十五年。①

王氏和郑氏是一对婆媳。王氏是赵方讳妻子。十九岁时，丈夫亡故，儿子赵积德才两个月大。家里非常贫困，王氏想自杀殉节。公公阻止说："赵家就一个孩子，你死了，他依靠谁？"王氏听从，抚养儿子赵积德长大，给他娶了妻子郑氏，生了孙子赵永康。可是赵积德也夭折了，郑氏二十一岁，立志和婆婆王氏一样守节，但是生活非常困难。邻里有劝郑氏改嫁的，郑氏就抱着儿子哭，把眼泪哭干后哭

---

① 乾隆《岐山县志》卷七《人物》：刘氏，什字营王焜妻。二十二孀居。继姑杜逼氏改适，氏不从，因啮指血以自誓。而杜益嫉之，逼益甚，多方苦之。至冬不得衣败絮，氏衣单抱子，冷卧室中，卒无怨言。赖杜之二子窃给衣食，以全氏志。守节四十五年。

出了血，失明了。同里的人很可怜她。王氏和郑氏守节都有五十多年。①

梁氏，生员庞绍统的妻子。明末岐山遭遇起事军，庞绍统被杀。梁氏这年十九岁，发誓不愿意受到侮辱，就跳井了。还没沉没的时候，乱军离开，邻居在给庞绍统收尸时，听到动静救了她。梁氏立志抚养孩子，终身辛苦守节。知县茹仪凤怜悯她太辛苦，免除了她家的丁徭钱。儿子庞冲云考取了县学生员。②

张氏，陈广祚的妻子。二十一岁时守寡独居。家人老的老，小的小，张氏立志不做其他考虑。婆婆患了眼病，用药治不好，张氏就清洁自己舌头舔舐，几十天后眼病治愈了。邻居有劝她改嫁的，张氏拿起斧头砍断自己指头以表达决

---

① 乾隆《岐山县志》卷七《人物》：王氏、郑氏，姑媳也。王氏，马硕里赵方讳妻。年十九，方讳亡，子积德甫两月。家极贫，氏将以死殉。父止之曰："赵氏仅一孤，汝死，谁依耶？"氏从之，抚积德成立，娶郑氏，生孙永康。而积德亦夭，郑年二十一，矢志同王氏，然艰难万状。邻里或劝郑改适，郑抱子而泣，泪尽血出，遂失明。里人哀之。守节均五十余年。

② 乾隆《岐山县志》卷七《人物》：梁氏，润德里生员庞绍统妻。明季遭贼乱，绍统被害。氏年十九，誓不辱，遂投井。然未及灭顶，贼去，邻人收绍统尸者，闻其声而出之。遂矢志抚孤，苦节终身。知县茹仪凤怜其苦，优免丁徭。子冲云亦入庠。

心。坚守贞节四十二年。[①]

　　忍受公婆折磨的刘氏、哭瞎眼睛的郑氏、跳井的梁氏和砍断手指的张氏，她们宁可忍受虐待，宁可自残，也要使自己符合"好妇女"的标准。以至于生物本能中的趋吉避凶，倒放在一边了。

　　这是封建道德引导、教化的成功，是道德枷锁的功绩，却是文明的悲哀。

　　乾隆《岐山县志》中所登载的守贞妇女非常多。仅乾隆二十年（1755）一年，便有二十二人，其中建坊旌表十二人，给匾旌表十人。上面所引述的，只是其中很小一部分。即便如此，修志者还曾感慨道：

　　　　按，岐之节妇旌表者，自李氏后，至乾隆四年始得历志焉。岐志重修今已有百余年，不传者可胜道哉！

三

　　烈，是性情刚烈的意思，烈女即指遇到危难时，杀生守

------

① 乾隆《岐山县志》卷七《人物》：张氏，枣林营陈广祚妻。二十一岁孀居。亲老子幼，矢志靡他。姑患目疾，医药不效，氏遂洁其舌以舐之，数十而愈。邻人有怜其苦者，劝以改适，氏引斧断指以自誓。守节四十二年。

贞的女子。乾隆《岐山县志》中记载过一些烈女的事迹。

> 李小圆，太慈营李若梓女。七岁，许字王邦宁。
> 及笄未嫁，邦宁适自缢。小圆以己字邦宁，即宜为王氏
> 鬼，乃白其父母，欲亲往吊，然未以死告也。比至枢
> 所，则一恸而绝，母姑急救之，得复苏。因入厨作粥，
> 拜奉舅姑，曰："聊尽妇礼，从此寻夫地下矣。"遂入
> 坐丧次。是夜，大雷震电，屋瓦皆裂，母姑惊，视小
> 圆，小圆已逝。殓三日，面色如生。时万历乙巳三月
> 十一日也。状闻，敕建烈女祠，树坊旌表。[①]

"从一而终"的伦理教化，竟然使得李小圆为从未共同
生活过一天的未婚夫殉节。古时所谓"及笄"，一般指十五
岁，正是美好的花样年华。甚至，以今天标准来看，都还尚未
成年。

道光二十二年（1842），岐山知县周赓盛对乾隆《岐
山县志》作了补刊，增补了明末清初烈女梁珊如的事迹：

> 梁珊如，浙江石门[②]人。父大业明季随友人李沼来

---

① 乾隆《岐山县志》卷七《人物》。

② 石门县，清代之前称崇德县，1958年并入桐乡县，县治位于今浙江
省桐乡市崇福镇。

秦学幕，遭甲申之变，不得南归。时土寇焚掠岐山，珊
如年十六，寇瞰其美，掠之。珊如早蓄利刃以自卫，寇
百端威逼不从，囚之楼中，令两小卒守之。夜出所藏利
刃就经，卒觉之夺去。绝饮食三日，亦无恙。珊如此时
既求死不得，心益急，因绐以愿从，俟两卒去报，即触
壁而死。死之日，天地晦霾。其父先为寇所杀。国家定
鼎伊始，地方大吏剿捕佺偬，未及阐此幽光。为记其
略，以待来者。[①]

到了清代，烈女事迹仍然时有出现。

张氏，在城里王元妻。年十九，元亡。家计甚艰，
或以氏无所依，必改适。元既葬，氏恸哭数日，自缢于
墓侧。时康熙十三年也。乡里哀之。匾其门曰"节烈
完人"。[②]

李氏，诸葛里曹恩妻。乾隆二十九年，氏年十九，
恩亡，无子。氏即欲自尽，家人防之密，遂不食，数日
而死。[③]

---

① 乾隆《岐山县志》卷七《人物》，道光二十二年岐山知县周赓盛增
补本，国家图书馆藏。

② 乾隆《岐山县志》卷七《人物》。

③ 乾隆《岐山县志》卷七《人物》。

　　相比于守节妇女，乾隆《岐山县志》中记载的直接殉节自杀的"烈女、列妇"数量相对较少。其实，倒也不是她们畏惧死亡，从前文引述的那些守节妇女的生活来看，简直是生不如死。殉节只是一瞬间，而守节却是数十年暗无天日的煎熬。

　　最根本的原因，还在于统治阶层，其实并不支持一般情况下的妇女殉节。雍正帝就曾经在谕旨中说过这样一番话：

　　　　至若妇人从一之义，醮而不改，乃天下之正道。而其间节妇烈妇，亦有不同者。烈妇以死殉夫，慷慨相从于地下，固为人所难能。然烈妇难，而节妇尤难。盖从死者取决于一时，而守贞者必历夫永久。从死者致命而遂已，守贞者备尝夫艰难。

　　　　且烈妇之殉节捐躯，其间情事亦有不同者，或迫于贫窭而寡自全之计，或出于愤激而不暇为日后之思。不知夫亡之后，妇职之当尽者更多。上有翁姑，则当奉养以代为子之道。下有后嗣，则当教育以代为父之道。他如修治苹蘩，经理家业，其事难以悉数。安得以一死毕其责乎？是以节妇之旌表，载在典章，而烈妇不在定例之内者。[1]

---

　　①　《清世宗实录》卷之六十七，雍正六年三月壬子。

对于殉节烈妇，雍正帝并不赞成旌表。其中原因，虽然后面也说了一些诸如"为上者之所不忍"云云。但最为关键的，是认为丈夫过世后，妻子要承担起家庭的责任。概括言之：你一死了之，你公婆谁来养老，孩子谁来抚养，难道想靠朝廷不成？

改　嫁

一

在官方不断的提倡、鼓励和支持下，清代妇女守节蔚然成风。与此同时，改嫁现象也依旧大量存在。

改嫁在今天看来是十分自然的事情，在当时却被认为很不光彩，不值得肯定。这种观念的深入人心，也是前文所列诸多守节妇女，在听闻家人欲其改嫁后产生决绝反应的主要诱因之一。

然而，在那个生产力落后的时代，普通人家的生计原本就艰难。一家人终年辛劳忙碌，只为个温饱。一旦青壮年的丈夫过世，无异于家中的顶梁柱倒塌。妻子纵然想守节，也往往无力应付粗重的农活。生计尚且无着，守节就无从谈起。

通常而言，有些家底的人家，更容易出节妇。除了这类家庭的规矩大、讲究多之外，更重要的是，具备一定的物质条件，才能不至于衣食无着，长期守节才能有所保障。

客观上的生计艰难，是尽管改嫁不被提倡，但仍然广泛存在的根本原因。

在一定情况下，夫家、母家往往都会从中积极促成改嫁。比如前引王焜的妻子刘氏，曾被公婆逼迫改嫁。跟刘氏一样，曾遭亲族逼迫改嫁的，不在少数。

> 蔡氏，渭阳里杨其名妻。夫卒，遗孤在抱。亲族有欲嫁之者，势且急，氏投缳落井，凡数次，亲族惧而止。苦节四十年。

> 张氏，仁岐里吕大年妻。夫亡，无子。父母欲嫁之，氏以死拒。抚侄为嗣。苦节三十五年。

> 张氏，石楼里蔡方妻。孀居时，子方数月，家极贫，其父曰："毋自苦为也。"氏即以死誓。后子亦夭，母家兄嫂复以父言逼之，氏遂绝母家。至五十七岁卒。

> 石氏，怀贤里张登仕妻。孀居后，纺绩育子。而亲族有欲夺其志者，氏日夜号泣，触墙就死，血流被面。苦节四十余年。

> 其后破面断发以拒逼嫁者有：高店里白玉辉妻杜

氏，抚子成立，寿七十三。①

这些例子中，寡妇的亲族如此积极劝导乃至逼迫改嫁，其中有的人的确是从生存的角度考虑，希望女子往后的生活相对有个着落。但也有相当一部分人，恐怕就是为了赤裸裸的利益。

乾隆年间的关中地区，存在着寡妇再嫁时，财礼比一般女子更多的现象。乾隆《临潼县志》卷一《地理·风土》载：

> 近则婚多论财，再醮尤甚，至有射利之徒诈冈成风，以寡妇为奇货。非力禁而开导之不可也。

由清末、民初两次社会调查编写而成《民商事习惯调查报告录》一书，也曾记载岐山县寡妇再嫁时，财礼更高：

> 寡妇再醮，率由娘家主婚，婆家议定财礼，由百金至数百金不等，其数恒较处女聘金为多。娶妇者交付财礼，每于夜深人静时舁之而去，从无白昼迎取者。②

---

① 乾隆《岐山县志》卷七《人物》。

② 《民商事习惯调查录》第四编"亲属继承习惯"第十五章"陕西省关于亲属继承习惯之报告"第二节"长安岐山等县习惯"，民国十九年五月，司法行政部印行，第1701页。

虽然此处记载，该习俗是民国初年调查而得的，但清代关中地区寡妇再嫁财礼更高，已是普遍的现象，很难说在岐山县是民国初年才出现的。

乾隆《周至县志》中，记载过这样一位被亲族强行嫁卖最后自刎的妇女事迹：

> 朱氏，昌谷里民吕英妻也。夫亡，誓不二天。夫兄宾因氏无子利其嫁，屡谋逐之，氏不从。宾乃阴得隔县民严姓银六十两，令劫取。至期日傍晚，宾令己妇伴呼氏语，甫至庭中，忽数十人从旁户突入，拥氏上马疾驱。氏大呼，无一人应之。先是，氏见宾意叵测，预置小刀于裙带间。及至旷野，氏知不可脱，乃取裙刀自刎其颈，遂晕绝坠马。见喉骨不断者如缕，血涌不止，众乃惊散。邻人救苏舁归，取桑根捣药敷之，两月始得活。[1]

二

之前曾提到过，乾隆年间的陕西巡抚陈宏谋，曾批评当时陕西民间，有些人出嫁女儿时只看财礼，甚至将女儿嫁

---

[1]　乾隆《周至县志》卷八《人物·列女》。

给大其二三十岁的人。陈宏谋对于寡妇再嫁，同样作出过批评：

> 及至妇女新寡，亲属视为奇货，争图改嫁。虽有贞妇矢志守节，男家、女家亦不能容，只图多得财礼，不顾终身名节。朝廷每年有旌奖节孝之典，岂容如此胡行？
>
> 再有招夫养子，罔惜廉耻。更有兄亡弟续，弟故兄聘，灭伦伤化。愚民不知，误干法纪。一一晓谕，使知节义为重，积习渐除，其灭伦犯法之事，尤不可使有于圣世也。[1]

对于刚守寡的妇女，出于贪图财礼的原因，夫家、娘家往往争相逼迫妇女改嫁。还有一类，则是在丈夫亡故之后，留有子嗣，于是夫家招上门女婿，以期抚养子嗣。再有兄弟之间，娶其所留寡妇。

以巡抚身份，公开发出这样的晓谕，可见寡妇再嫁，是当时陕西的普遍现象，而亲属之所以竭力促成，为的就是"多得财礼"。

陈宏谋晓谕中最后提到，陕西存在兄弟间娶对方所

---

[1] 参见陈宏谋《培远堂偶存稿》卷十九《巡历乡村兴除事宜檄》。

留寡妇的现象。此种现象在西府地区即有，乾隆二十八年（1763）任凤翔知县的罗鳌，对此曾专门作文批评：

　　男女，天地之经，得正则贵；夫妇，人伦之始，有别为先。乃有乡曲愚民，罔知法纪。兄死，而弟入其室，托言不忍外嫁，可使治栖；弟亡，而兄收其妻，假说不愿离门，乐与同梦。续亲之事，罪孰甚焉！

　　夫老少尚不容求配，况公然以伯叔称我者而肆志淫污！同姓且不可为婚，何居然以嫂妇属我者而忍心渎乱！使生者含羞于闺阁，死者抱恨于壤泉，伤败彝伦，大干国法。[①]

　　罗鳌对伦理十分看重，认为民间那些哥哥亡故弟弟娶嫂子、弟弟亡故哥哥娶弟媳，是罪孽很重的事情。什么不忍心外嫁、离门的，都是不能成立的借口。

　　年纪差距过大的老少婚姻尚且不当，何况往日以叔嫂相称的人？罗鳌说这种行为，使得活着的人蒙羞，让死去的人抱恨。批评得相当激烈。

　　实际上，即便今日的21世纪，这种婚姻方式，恐怕还会遇到道德层面的争议，更何况18世纪礼教盛行的中国？

---

　　① 乾隆《凤翔县志》卷七《艺文·请禁续亲童养议》。

前文详述过妇女守节的种种不幸，可是，守节不是一个好的选择，却不能意味着改嫁就是。当夫家、娘家两方亲族争相主持妇女的改嫁时，动因往往就是"只图多得财礼"。妇女本身，不过被当作一件商品来处理。没有人真正关心她们往后，会面临什么样的生存环境。

三

既然，能够借妇女出嫁，以"财礼"之名获得金钱，盯上这笔"财路"的，自然也就不仅仅是妇女的亲属。不法之徒抢夺、劫掠妇女，然后予以"嫁卖"的事例，同样层出不穷。乾隆中叶，安徽妇女刘氏的悲惨遭遇，即此种典型。

乾隆三十一年（1766）五月十七日，天黑不久，安徽英山县（今属湖北省黄冈市）居民徐朝用家的大门忽然哐哐作响。徐朝用开门查看，发现门前站着四个不速之客，为首的一个拿着把铁尺，其余三个未带武器的同样也是凶神恶煞。

徐朝用厉声喝问："什么人？来干什么？"

拿铁尺的声称，徐家娶了一个来历不明的妇人，他们是奉了老爷的差遣来拘拿传唤的。这四人未着制服，也不出示差拘文书，徐朝用根本不信，可是对方人多势众，也不敢阻拦。

这伙人冲进房间，拉住徐朝用弟弟徐朝佐的妻子刘氏，说来历不明的妇人就是她。又听说刘氏还有些衣服首饰在柜子里，就又打开柜子取走，连人带物一起带走。徐朝用跟着出门，发现门外还有三人接应，就更加不敢阻拦，只能看着七人带着刘氏离开，一行人很快消失在夜色之中。

这一场突如其来的横祸，还得从两个月前说起。

这年三月，安徽六安州流氓无赖翁伯林，正要赶赴三百多里外的英山县，去寻找狐朋狗友柳长春索要欠款。结果柳长春没找着，随后在经过徐朝用家时，因为饥饿进门索食。徐家好心给了他一些食物，不承想却被他注意到这徐家媳妇操着北方口音，他怀疑这女人是买回来的。

第二天，翁伯林撞着柳长春，柳跟他一样，兜比脸干净。翁伯林便生出歹心，跟柳长春说什么时候到徐家，把那媳妇抢走卖钱花。柳说可以，到时候叫上自己。

五月初一，翁伯林与柳长春的抢人二人组，到了卢恺所开的饭店，发现朋友苗于周、徐绍南也在店里。翁伯林又对诸人说起自己的抢人发财计划，不但苗、徐二人同意，就连饭店老板卢恺也兴趣浓厚。于是，抢人二人组扩充为抢人五人组。

五月初五，五人动身启程，半路上又遇到狐朋狗友张仲和高英，一听缘由，二人也加入了进来。由此，抢人团伙最终扩充至七人。

并不清楚这期间，七人有没有去其他地方干过什么为非作歹的事情，总之，他们到徐朝用家时，已经是十二天后的五月十七日了。七人先在徐家旁的山林里藏着，柳长春偷偷在徐家外面晃了两圈，确认要抢的目标对象刘氏在家。

天黑之后，七人便出林到了徐家跟前。柳长春拿着铁尺，卢恺踢门，随后两人同翁伯林、苗于周一起闯进徐家，便有了前文所述徐朝佐妻子刘氏被抢走的一幕。

七人押着刘氏到了王天福家里，先把人藏在这里。卢恺想起两个流氓朋友张岐山和罗惟先对买卖人口很熟，就把这事告诉他们，委托找买主，二人答应。

七人团伙商议后，决定由卢恺和翁伯林跟着张岐山、罗惟先，人卖了后把银子带回来。四人出发后，剩下的柳长春等五人就先把刘氏的衣服首饰分了，之后散伙。

那边徐朝佐回家后，听闻哥哥说妻子刘氏被一伙人抢走，连忙赶去知县老爷那里控告。知县下令差役缉拿，可是一无所获。徐朝佐自己也四处寻找，一样是音讯全无。

张岐山、罗惟先等四人带着刘氏，到了邻县罗田县周魁万所开的饭店，将刘氏改姓陈，编造成张岐山的婢女售卖。买主很快就有了。

有个黄冈县商人方洪九，此次外出贩运绸缎，正住在王玉其的客店里。王玉其从中做媒，将刘氏卖给方洪九为妻。共卖得财礼银四十两，王玉其分得"媒银"三两，张岐山等四人每人分了五两银子。剩下的十七两留给没来的那五人。

七月初五，方洪九带着买回来的媳妇踏上了回黄冈老家的路。此次出门，生意好坏先不说，光是买到这么一个称心的媳妇，就是很大的收获了。不过，没等高兴太久，方洪九很快就又失去了一切。

上次卖刘氏虽说得了四十两银子，可是一共十个人分，落到每个人头上也没多少。既然卖女人赚钱这么利索，卖一回是卖，卖两回也是卖，张岐山就提议把刘氏抢回来再卖一回，几人一拍即合。

当方洪九走到英山县螺蛳河时，张岐山、翁伯林等四人追上来拦住了他。这回，四人将刘氏连同方洪九身上的一点衣物钱财一起抢走了。

四人将刘氏抢回，又故伎重施，带到临县蕲水县范步青的客店，又把刘氏改姓王。由店主范步青做媒，刘氏又被卖给一个叫杨万中的人为婢女。这回卖了四十四两银子，中介范步青分了四两，张岐山、翁伯林、卢恺每人十两，罗惟先五两，剩下五两作为公用。至于之前抢的方洪九的东西，也被张岐山换钱花了。

刘氏第二次被卖后，买主杨万中却并没想着把她留在自己身边，而是又转手卖给了本县关胜宗的儿子做老婆。

就这样，短短几个月里，刘氏被迫辗转于安徽、湖北一带的三个县，中间被抢两次，被卖三回。

文献中并没有介绍她这位北方口音的女子，究竟是哪里人，是怎么嫁进徐朝佐家里的。我们权且当作是正常的婚嫁吧。可是，自从乾隆三十一年（1766）三月，在被路过的翁伯林注意到后，她的命运就陷入无法摆脱也难以避免的黑暗循环之中。

也许，五月十七日那天晚上，被七人劫持出徐家时，她就想过最坏的结果，想过死。然而，接下来，似乎又不是最坏的结果。她被卖给了黄冈县的商人方洪九，他是真想将她当老婆的。

也许，在从罗田县回黄冈时，方洪九给她描绘过未来的生活，自己这些年做生意是如何积攒了些家财，跟了自己如何衣食无愁，等等。

她大概一度也想过，也许，这就是自己命里注定的。日后若能就此安稳生活，也不算是非常糟糕。可是，命运甚至没给她过多的憧憬，或者说自我安慰的时间。很快，幻想破灭，如梦魇般狰狞的四人再次出现，第二次把她掳走。接下来，是第二次被卖，第三次被卖。

后来，官府拿获其中几人，分别判处翁伯林、张岐山斩立决，卢恺、苗于周秋后处斩，罗惟先死在了狱中。而刘氏最终被送回了徐家。经历这连番颠沛、惊险摧残的她，不知道还能不能像从前那样生活。①

---

① 刘氏被转卖一案经过，主要依据《驳案新编》卷四《户律婚姻》所载判例"改依抢夺路行妇女为首例"，日本东京大学东洋文化研究所藏清代刊本。详见附录六。

典　妻

一

古时妇女如青年丧夫，或坚持守节，或被夫家、母家改嫁，固然要承受巨大的痛苦和难以预料的风险。但其实，纵使丈夫在世，也未必能够实现所谓"从一而终"的愿望。因为，还有一种现象的存在，让这种愿望化为乌有。这便是典妻。

典妻，又叫质妻、租妻、借妻，指男子为换取钱财，将妻子典给其他男子若干期限。

"典"字与金钱相关，最为常见的是"典当"。在典当行为中，出典方以物品交由承典方抵押，以换取钱财。约定期限到时，如能支付款项，可赎回原物，如无力赎回，则抵押物所有权即归属承典方。

"典妻"的"典"，含义便如同"典当"的"典"。所不同的是，典当行中抵押的是有价物品，典妻中抵押的则是妻子这个人。

出典妻子的一方，或因遭遇天灾，或因疾病缠身，或者有赌博等不良嗜好，短时间内需要一定钱财，却又无力筹措，于是将妻子典给他人。典期通常一年起步，以两三年者为多，也有长达八年十年的。

承典方也即"新夫"，通常为稍有财力之人。公开的理由往往是正妻未能生子或生子已夭，为避免"不孝有三，无后为大"，故而典妻，以求生子。既然以求子为由，典妻所生之子，当然归属新夫家，典期结束，便与生母毫无瓜葛。也由此，又有地方把典妻叫"租肚皮"。

至于典价，也即典妻所得金额，则视妇女的年纪、容貌、生育情况而定，少则十余两，多也不过数十两，少有超过百两的。

在典期之内，妻子自然要在"新夫"家里生活，且不得与前夫见面。只有典期到期，前夫支付赎金后，妻子才能回归原来家庭。有的约定到期无须支付或只需要支付少量赎金，往往是典钱较少，形同租赁。

典妻现象出现得很早，至少在宋代时，就已经出现了。《续资治通鉴长编》记载："因饥馑，民有雇鬻妻子及遗弃幼稚而为人收养者。"①郑侠为宋神宗献《流民图》时，也说"天下忧苦，质妻卖女，父子不保，迁移逃走，困顿蓝缕，拆屋伐桑，争货于市"②。

雇妻、质妻，在这里也都与典妻同义。

而在宋代话本小说《错斩崔宁》中，典妻现象就被描述

---

① 《续资治通鉴长编》卷一百一十四《仁宗·景祐元年》。

② 《续资治通鉴长编》卷二百五十二《神宗·熙宁七年》。

得更为清楚。南宋时期，临安有个叫刘贵的人，有妻王氏，妾陈氏，因做生意赔了本钱，生活拮据。刘贵带着王氏去给丈人王员外祝寿时，丈人襄助了他十五贯钱。之后，王氏多留娘家几日，刘贵带钱回家。留守家中的陈氏询问钱财时，发生了这样一幕：

> 那刘官人一来有了几分酒，二来怪他开得门迟了，且戏言吓他一吓，便道："说出来，又恐你见怪；不说时，又须通你得知。只是我一时无奈，无计可施，只得把你典与一个客人，又因舍不得你，只典得十五贯钱。若是我有些好处，加利赎你回来；若是照前这般不顺溜，只索罢了！"①

后面还说，他已经写好了文书，方才便是吃了承典人的酒。故事编得也是逻辑融洽。陈氏当真，便独自出门，欲要回家跟父母道别，却半路生出波折，这是后话。

---

① 《京本通俗小说》第十五卷《错斩崔宁》。这段是说，回到家的刘贵，因本身有几分酒劲，又因陈氏开门略迟，心生不满，便故意编出一个段子来吓唬她。说因为无可奈何，只能把陈氏"典"与一个客人了。又因为并不舍得，只典得了十五贯钱（估计是指典期较短）。若是赚了钱，便加上利息赎她回来，若是跟之前一样不顺遂，怕是只能作罢了。（中国古典文学出版社1954年版，第73页。）

　　刘贵编造的这个"典妻"故事，能让陈氏信以为真，正说明了彼时民间的"典妻"已不是一种罕见的现象。

　　典妻现象，对于出典、承典双方，都有现实好处，一方立即得到一笔钱财，一方得到了一个兼具泄欲对象、生育机器和奴婢三重功能的人。

　　两方得利，最大的受害者则是被如物品般抵押的妻子本人。前文已述及，传统社会对妇女贞节极为看重，如此社会氛围下，被典妻子所遭受的他人歧视和内心的煎熬可想而知。

　　除了所谓"名节"被毁外，被典妻子的生存环境也多为险恶。承典方之所以选择典妻，而非纳妾，往往是因为正妻严厉，担心妾室生子之后，"母以子贵"威胁到自己的地位，而不许丈夫纳妾。

　　故而，被典之妇女，在"新夫"家中地位极低，除养儿育女、操持家务之外，被责打辱骂亦是家常便饭。甚至，就连与亲生之子，也并没有母子名分，纵然是喂养期间，也只如同奶妈一般。

　　在官方层面，对于"典妻"现象的禁止，也出现得颇早。早在元代，便曾动议禁止典妻：

　　　　盖闻夫妇乃人之大伦，故妻在有齐体之称，夫亡无
　　再醮之礼。中原至贫之民，虽遇大饥，宁与妻子同弃于

沟壑，安得典卖于他人？

> 江淮混一十有五年，薄俗尚且仍旧，有所不忍闻
> 者。其妻既入典雇之家，公然得为夫妇，或为婢妾，往
> 往又有所出。三年五年，限满之日，虽曰还于本主，或
> 典主贪爱妇之姿色，再舍钱财，或妇人恋慕主之丰足，
> 弃嫌夫主，久则相恋，其势不得不然也。轻则添财再
> 典，甚则指以逃亡，或有情不能相舍，因而杀伤人命者
> 有之。①

禁止理由，一是所谓礼仪人伦被败坏，二是容易引起
逃亡乃至杀人等治安危机，并无一语言及被典妇女的悲惨
处境。

然而，由于典妻可以满足一部分基层民众的现实需求，
加之对于统治阶层并无实质性威胁，元代并未能禁止典妻。

此后的明清两代，在官方法律《大明律》《大清律例》
中，虽然也都有明文禁止典妻②，但基于同样的原因，也都

---

① 《元典章》卷五十七《刑部卷之十九·诸禁·禁典雇有夫妇人》，
中华书局、天津古籍出版社2011年版，第1889页。

② 《大明律》卷六《户律三·婚姻》"典雇妻女律"：凡将妻妾受财
典雇与人为妻妾者，杖八十；典雇女者，杖六十，妇女不坐。……知而典娶
者，各与同罪，并离异，财礼入官。《大清律例》卷十《户律·婚姻》"典
雇妻女律"之规定沿袭《大明律》。

是一纸空文，典妻现象仍然大行其道。

二

清代乾嘉时期学者赵翼，曾在笔记作品中记述甘肃有"僦妻"现象：

> 甘省多男少女，故男女之事颇阔略。……其有不能娶而望子者，则僦他人妻，立券书期限：或二年，或三年，或以得子为限。过期则原夫促回，不能一日留也。客游其地者，亦僦以消旅况。立券书限，即宿其夫之家。限内客至，其夫辄避去。限外，无论夫不许，即其妻素与客最笃者，亦坚拒不纳。欲续好，则更出僦价乃可。①

从这部分描述来看，前一部分的"不能娶而望子者"的"僦妻"，实际上就是其他地方说的典妻。

后一部分外乡来客的所谓"僦妻"，实质即一种为满足其欲望的性交易行为。约定好后，客人"即宿其夫之家"，"限内客至，其夫辄避去"。这对现代文明社会的人来说，

---

① 参见赵翼《檐曝杂记》卷四《甘省陋俗》。

恐怕已经很难想象。

出钱承典的男子，直接住进妇女家里的，又叫"招夫养夫"。据《民商事习惯调查报告录》记载，直至民国初年时，陕西南部地区依然有此现象：

> 妇人遇人不淑，或夫患瘫疾、或聋哑昏聩、或残疾白痴等症，不能自谋生计，家又贫寒，夫妇冻馁，无计可施。于是夫妇相商，甘愿请媒招夫入家以养。前夫书立招夫字据，注明不得刻待前夫字样。亦有其夫本无残废等疾，因少年浪费纵博，不务正业，荡尽家产，无法自存，忍耻含垢，听妻招夫之事。①

事实上，有清一代，典妻是一种广泛存在的社会现象，并非止于陕甘一带。据学者统计，浙江、江苏、福建、安徽、江西、湖南、山西、天津、山东、辽宁、广西、台湾等省区均存在典妻现象②。

---

① 《民商事习惯调查报告录》第四编"亲属继承习惯"第十五章"陕西省关于亲属继承习惯之报告"第二十六节"岚皋镇巴雒南等县习惯"，民国十九年（1930）五月，司法行政部印行，第1717页。另外，同章第五节"沔县城固紫阳等县习惯"（第1702页），亦有类似记述。

② 吕柳莹：《中国古代典雇婚姻的法史探讨——以明清为中心》，复旦大学硕士论文，2013年。

女子们甫脱童稚，父母便会为其定亲。倘若不幸丈夫亡故，则会被要求"守节"，独自承担生活的重担；得以改嫁的一小部分，往往也是亲人贪图再嫁的"财礼"钱，改嫁的对象又多是年纪较大的人。

那些幸而丈夫未曾于青壮年时亡故的，一旦家中遭遇各种天灾人祸，生计无着，妻子自身就成了唯一值钱的对象，则又面临被典卖给其他男人的风险。

有些不堪忍受生存的艰难和折磨，欲要走上绝路。然而，年迈的长辈、襁褓的孩子，却又难以割舍。想罢之后，也就只好在煎熬中一天天地活下去。

尾　声

乾隆四十四年，公元1779年。

岐山县，新一版的县志重修完成。

扶风县，生员屈谦益的父亲屈炳，被斩已有二十五年。

井陉县，农民梁进文的头颅被砍下来后，正在村中展示。

嘉善县，酷吏莫大勋正在三座祠堂中同时享受香火。

事件年表

1629　崇祯二年　己巳

马懋才上疏汇报陕西灾情。

1633　崇祯六年　癸酉

关中西府大旱、大饥、大疫。

1634　崇祯七年　甲戌

岐山县"贼氛、旱蝗交集"。

1635　崇祯八年　乙亥

七月，岐山县退休官员曹遄作《傅公铤去思记》，缅怀万历年间岐山县知县傅铤。九月，高迎祥率军攻破扶风县城。

1638　崇祯十一年　戊寅

岐山县知县张名篆重修县城北正街关帝庙。

1639　崇祯十二年　己卯

岐山县"蝗伤秋禾"。

1640　崇祯十三年　庚辰

岐山县"大饥，斗麦千钱，死者枕藉，又大疫"。

1641　崇祯十四年　辛巳

扶风县"民死亡者过半矣"，凤翔县"声齿减过半矣"，眉县"死亡相继，至有无遗类者"。

1642　崇祯十五年　壬午

凤翔府知府唐时明捐俸令岐山县重修周公庙。

1643　崇祯十六年　癸未

七月，岐山县知县孔尚钺重修五丈原武侯祠。八九两月，明代最后一科会试、殿试举行，岐山举人李崇稷中进士。十一月，李自成率军攻占关中，岐山县退休官员梁建廷被俘，后被杀。

1644　崇祯十七年\永昌元年\顺治元年　甲申

三月，李自成率军攻入北京。崇祯帝自缢身亡。四月，清军占据北京。浙江石门女性梁珊如在岐山被李自成军掠走，后乘机撞墙而死。李崇稷赴南明弘光朝廷任职。

1645　顺治二年\弘光元年　乙酉

正月，清军攻破潼关，占据关中。李崇稷赴绍兴拜谒监国的鲁王朱以海。清代首科陕西乡试举行，岐山县生员王廷机中举。十一月，李自成余部贺珍等反清，攻破岐山等多个关中县城，十二月围攻西安，不克。

1646　顺治三年　丙戌

岐山县增广生李居一跟随肃亲王豪格征蜀，后因功授巴县等县知县。

1647　顺治四年　丁亥

王廷机考中进士，为清代中前期岐山县唯一的进士。

1648　顺治五年　庚寅

因清军驻扎汉中，西府民众被要求承担翻越秦岭的军需运输，是为"汉运"。

1649　顺治六年　己丑

土寇联合塘丁攻破岐山县城。

1655　顺治十二年　乙未

王毅就任岐山县知县。

1657　顺治十四年　丁酉

知县王毅重修《岐山县志》。王毅以城内居民过少，难以守御，呈请围绕县衙、仓库、监狱修建围墙。

1659　顺治十六年　己亥

凤翔知府项始震请求停罢"汉运"。

1660　顺治十七年　庚子

降清的李崇稷以吏部郎中致仕回岐。

1661　顺治十八年　辛丑

"汉运"停罢。苏州"哭庙案"发，金圣叹等被杀。

1665　康熙四年　乙巳

陕西巡抚贾汉复上疏请免岐山等县逋赋，未果。李昌期就任岐山知县，记当时岐山县城"荆棘载途，所在瓦砾"。

1669　康熙八年　己酉

莫大勋就任浙江嘉善县知县。

1670　康熙九年　庚戌

郑耀然就任岐山县知县，幕僚王嗣槐记当时岐山县乡村"村墟榛莽，阒如无人"。

1673　康熙十二年　癸丑

吴三桂起兵反清。

1674　康熙十三年　甲寅

吴三桂部王屏藩军逼近汉中，"汉运"再起。岐山县民王元过世后，妻张氏在其墓旁自杀，获赐"节烈完人"匾。

1675 康熙十四年 乙卯

七月，莫大勋卸任嘉善县知县。八月，莫大勋之子游览大云寺，被嘉善县民众殴打，几乎丧命。

1677 康熙十六年 丁巳

《嘉善县志》重修，志中对前任知县莫大勋给予高度赞扬。

1678 康熙十七年 戊午

御史陆祚蕃上疏反对将知县列入捐纳范围。

1679 康熙十八年 己未

茹仪凤任岐山县知县，任前同僚劝阻"岐不可为也"。

1681 康熙二十年 辛酉

茹仪凤创建朝阳书院，邀请名儒李因笃讲学。黄梦弼考中举人，为顺治九年（1652）至康熙四十年的五十年间，岐山县唯一中举者。

1683 康熙二十二年 癸亥

康熙帝令次年蠲免陕西地丁、钱粮的三分之一。

1687 康熙二十六年 丁卯

康熙帝令免除陕西当年未完钱粮及次年各项应征地丁钱粮。江南乡试案发。

1691 康熙三十年 辛未

江宁士子为知府陈鹏年鸣冤罢考，陈得以免罪，罢考者未被追究。

1694 康熙三十三年 甲戌

江南学政许汝霖上疏反对将儒学官列入捐纳范围。

1703 康熙四十二年 癸未

康熙帝出巡陕西，免除陕西康熙四十二年之前积欠钱粮。

1704 康熙四十三年 甲申

岐山县郭姓盐商定居贵州茅台镇，开设酿酒作坊。

1705　康熙四十四年　乙酉

李争艳之子李炳生考中举人。

1711　康熙五十年　辛卯

康熙帝令自次年开始，分批次普免各省钱粮。

1712　康熙五十一年　壬辰

康熙帝令此后"滋生人丁永不加赋"。

1724　雍正二年　甲辰

河南封丘县生员罢考，组织者王逊被斩。

1729　雍正七年　己酉

雍正帝令蠲免陕西地丁钱粮四十万两。

1731　雍正九年　辛亥

岐山县举人李炳生任山东庆云县知县。

1734　雍正十二年　甲寅

《续修嘉善县志》刊刻，将前任知县莫大勋列入"名宦"。雍正帝下发谕旨，严厉批评罢考行为。

1735　雍正十三年　乙卯

岐山县富商郭玳之子郭发祥成为拔贡生。

1740　乾隆五年　庚申

岐山县民李钟豪、赵恺、王遴、李如楷、庞荣华等出粮、出钱赈饥。

1744　乾隆九年　甲子

王世爵就任岐山县知县，后在各乡设立社学。

1745　乾隆十年　乙丑

乾隆帝令自次年开始，分批次普免各省钱粮。

1752　乾隆十七年　壬申

关中遭旱。岐山县知县林华封呈报本县有穷民赴陇州就食。

1753　乾隆十八年　癸酉

郭发祥之子郭谦成为拔贡生，后捐纳"同知衔"。扶风县生员组织罢考。

1754　乾隆十九年　甲戌

涉及扶风"罢考案"的屈炳、辛大烈等多人被杀。

1755　乾隆二十年　丙子

岐山县旌表贞节妇女二十二人。

1761　乾隆二十六年　辛巳

韩城人王杰成为有清一代唯一的陕西籍状元。

1762　乾隆二十七年　壬午

岐山绅商武永清之子武达观考中举人。

1763　乾隆二十八年　癸未

凤翔县知县李庄买布，认定布商李信欺诈，将其活活打死。岐山县武生郭迎祥等捐资重建鲁班桥。

1766　乾隆三十一年　丙戌

安徽英山县人徐朝佐妻刘氏被抢走，随后的数月中，刘氏被抢两次，被卖三回。

1767　乾隆三十二年　丁亥

出身岐山望族的宋建中成为岁贡生。

1770　乾隆三十五年　庚寅

乾隆帝令自次年开始，分批次普免各省钱粮。

1771　乾隆三十六年　辛卯

岐山绅富宋应奎、郭访等为父祖捐纳封赠。

1772　乾隆三十七年　壬辰

岐山绅富郭百祥、郭诚等为父祖捐纳封赠。

1773　乾隆三十八年　癸巳

岐山籍游击李廷钧，于征金川战役中阵亡。

1775　乾隆四十年　乙未

岐山绅富郭玭之子郭千祥任安庆府通判。

1777　乾隆四十二年　丁酉

乾隆帝令自次年开始，分批次普免各省钱粮。

1778　乾隆四十三年　戊戌

六月，岐山县举人武达观任河南武安县知县。

1779　乾隆四十四年　己亥

直隶井陉县"抗官殴差案"爆发。岐山知县郭履恒创建凤鸣书院，绅富郭百祥、宋应奎等捐资。《岐山县志》完成重修。岐山县人口达到十一万三千多，全国人口达到两亿七千五百多万。

1781　乾隆四十六年　辛丑

甘肃"捐监冒赈案"案发。

1785　乾隆五十年　乙巳

《宝鸡县志》重修，记本地割麦时，需秦陇一带来的"麦客"。

1786　乾隆五十一年　丙午

出身岐山名门的宋占奎考中举人。

1789　乾隆五十四年　己酉

甘肃安化县生员郑大智至宁州探亲途中，遇见捕快马登蛟，被折磨致死。本年会试，陕西无人考中。

1790　乾隆五十五年　庚戌

本年会试，陕西无人考中。

1793　乾隆五十八年　癸丑

本年会试，陕西无人考中。

1796　嘉庆元年　丙辰

正月，白莲教众在湖北发动起事。

1798　嘉庆三年　戊午

白莲教众一支自斜谷出秦岭，经过五丈原旁时，原上出现

"万盏红灯"的"异象"。

1799　嘉庆四年　己未

正月初三，太上皇乾隆帝驾崩。五月，岐山县重修五丈原武侯祠。

凤翔县知县李庄杖毙布商案相关奏折

《奏为特参任性徇私滥责毙命之县令折》，乾隆二十八年四月二十七日，陕西巡抚鄂弼奏

西安巡抚臣鄂弼谨奏，为特参任性徇私、滥责毙命之县令，以肃功令事。

窃照县令为民父母，理宜体恤民情，慎用刑责，岂容徇私任性、滥责毙命？乃有凤翔县知县李庄者，人本卑鄙，性复乖张。本年二月二十五日，李庄因署内需用布匹，令家人孙二赴本县东关王举元布行内买布一卷，讲定价银一十六两九钱五分。又向布店曹瑛、李信二铺内买布二卷，每卷讲定价银一十七两四钱，共该价三十四两八钱。每布一卷，计三十匹，内有连皮短布二匹，尺寸不足，原系布行相沿旧规。王举元等俱向孙二讲明，照卷定价。王举元等各将布卷送至李庄署内。王举元领价不短，李信、曹瑛领回银三十三两四钱，曹瑛以布有长短，虽少银一两四钱，

牵算无亏，随即与李信分收。

讵李令将短布折算，以为每卷少布一匹，于四月初六日，先差唤曹璜到县，掌嘴十下。复于初七日，差拘李信、王举元到县，勒令找布。怒其分辩，令皂役王元正、王起登轮换行杖，将王举元、李信各重责二十五板。李信受杖出署，即于是晚毙命。经尸父李廷会喊控，知府达灵阿即饬委岐山县知县孟玫，于初八日前赴相验。并讯供详报，李信实系两腿受杖，即日身死。经凤翔府知府达灵阿详揭，据按察使秦勇均会同布政使方世俊、驿盐道佛德转揭，请参前来。

臣查凤翔县知县李庄，辄因向行铺购买布匹细故，偏听家人孙二之言，于事后勒找布匹，滥加刑责。即使果系如法决罚，邂逅至死，亦属任性徇私，滥刑毙命。且恐更有怒其顶撞、酷刑致死情事。似此徇私滥刑、草菅民命之劣员，岂可一刻姑容，以贻民害？相应据揭参奏，请旨将李庄革职，以便提齐案内有名犯证，严行究审实情，从重定拟，以重民命，以肃官方。

除现在委员摘印署理，查明李庄任内经手仓库钱粮有无亏空未清另报外。至臣现在巡阅凤、汉、兴、商一带营伍地方，随行吏书甚少，商州途次接据司道详揭，不能恭缮本揭，致稽时日，兹敬谨缮折参奏。再，督臣杨应琚远驻肃州，近亦出巡阅兵，未及会衔，合并陈明。谨奏。

乾隆二十八年四月二十七日。

朱批：大奇之事，有旨谕部。

《奏为遵旨审办凤翔县知县李庄更毙铺户李信情形折》，乾隆二十八年八月二十九日，陕甘总督杨应琚奏

陕甘总督臣杨应琚跪奏，为遵旨审拟具奏事。

准吏、刑二部咨，乾隆二十八年五月初十日，奉上谕："鄂
弼参奏凤翔县知县李庄杖毙铺户李信一折，其事甚堪骇异，非寻
常劣员情事所应有，而该抚仅援'滥刑毙命'之例为辞，于律意
失之远矣。州县官员因鞫讯公事，任性乖张，或用非刑，或责不
如法，以致对簿之人，邂逅伤死，此乃谓之滥刑。今李庄以署内
需布，令本县布行平民办交，复听信家人，事后抑勒找补，甚至
以所求不遂，盛怒迭杖而立毙之。是始以所部贾人为其鱼肉，后
以县官威势肆其草菅。不独与滥毙科条绝不相蒙，即以斗殴抵命
常法揆之，彼乃一时起衅，既无勒索重情，两造平人，又无官民
定分，较此犹为霄壤。又岂缳抵监候，足蔽厥辜？李庄着即革职
拿问，交与该督严审定拟具奏，钦此。"移咨到臣。

伏查此案于未奉谕旨之先，臣已批饬西安布、按二司，照例
提犯至省，委员严审定拟。嗣钦奉谕旨，随行令将李庄革职拿问
审拟解勘去后。兹据布政使方世俊、按察使秦勇均，率同西安、
凤翔二府，咸宁、山阳二县，审明定拟。将官犯李庄并该家人孙
二批解到肃，臣提犯亲加严审。除另录供单，恭呈御览外。

该臣看得参革凤翔县知县李庄杖毙铺户李信一案，缘乾隆
二十八年二月二十五日，李庄因署内需用布匹，并欲制备各项人
役号衣，令家人孙二赴铺买布。孙二即赴东关李信、曹瑛伙开铺
内，看定白布一卷。内止净布二十八匹，又包皮短布二节。照布
铺行规，应作三十匹售卖。议定每匹价银五钱八分，共银十七两
四钱。孙二声言尚欲照买二卷，李信答以止存一卷。孙二随令将
看定一卷与未看一卷，俱送署领价。复至王举元铺内，看定布一
卷，亦连包皮作布三十匹，议定每匹价银五钱六分五厘，共银
十六两九钱五分，亦令送署领价。

迨李信送布二卷至署，孙二因未看之一卷粗松短狭，不及看
定之布，欲行退还。李信情愿让银一两四钱，止作银十六两。孙

二依允，两卷共给银三十三两四钱。又王举元送布至署，亦照原议之价给领。孙二随将买布发银总数，笼统回复。

至四月初五日，李庄取用布匹，查点每卷不及三十匹之数，即向孙二查问。孙二始将布匹实数及交易行规，分晰回明。李庄以包皮布仅可抵算一匹，止有布二十九匹，何云每卷三十匹？且既系按匹议价，何以二十九匹之布领三十匹价银？遂疑布行欺骗，并疑孙二串通作弊。于初六日差传李信等讯问。适李信外出未到，李庄掌责伙计曹瑛，着落找寻。

至初七日下午，李信、王举元一同投案。李庄讯问情由，勒令找补，并欲治欺诈之罪。李信等不服，出言顶撞。李庄气忿，令皂役王元正、王起登将李信、王举元各责二十五板。讵李信受杖出署，行至署东，昏迷蹲地，至掌灯时候殒命。当据尸父李廷会赴府喊控，饬委岐山县知县孟玫验明，李信实系受杖身死。经前抚臣鄂弼具折参奏，奉旨将李庄革职拿问，交臣严审定拟具奏。

行据该司方世俊、秦勇均等审拟解勘前来。臣提犯详细亲加严审，据李庄供认前情不讳。查李庄署内买用布匹，本属私事，乃于事后勒令找补不遂，辄将无辜平民盛怒杖责致毙。实属挟私逞忿，草菅民命。李庄合依"官吏挟私故勘平人致死者斩律"，应拟斩监候，归入本年秋审案内情实。家人孙二，虽审无怂恿伊主抑勒找补情事，但买布之时，不将布匹实数及行规短少情由，逐一回明，以致伊主事后生疑肇衅，应枷号两个月，满日重责四十板。皂役王元正等，听从本官行杖，虽事不由己，亦审无违法决打情事。但李信既因受杖致毙，王元正、王起登俱应照不应重律，杖八十各折责三十板，革役。布行曹瑛等，系照行规发卖，并无欺诈情弊。同时受杖之王举元，伤已平复。均无庸议。所有臣审明定拟缘由，谨恭折覆奏，伏祈皇上睿鉴，饬下法司核覆施行。谨奏。

乾隆二十八年八月二十九日。

朱批：三法司核拟速奏。

—— • 附录三 • ——

扶风县生员罢考案相关奏折

《奏报扶风县生监阻众罢考现在拿究缘由折》，乾隆十八年十二月十五日，陕甘总督永常、西安巡抚钟音奏

陕甘总督臣永常、西安巡抚臣钟音谨奏，为奏闻事。

本年十二月初五日，据凤翔府扶风县知县张于畔禀称，该县奉文考试童生，出示晓谕，定限十二月初一日考试，并令三日前投纳试卷，以便届期点名散给。迨至十一月二十九日，尚无一人投卷，即以为异，随差家人出署密访。旋据拾得传单一纸，内开："张公纵役辱士，颠倒词讼，真斯文扫地。凡我同侪文武童生，有一人应考者，男盗女娼。诸位老先生，慎勿自贻羞辱。"又书"马登马、程宏道、屈炳、屈谦益同传"等语。接阅之下，不胜惊骇。伏思考试乃抡才大典，即知县果有纵役辱士之事，亦应赴上司衙门控告，何得恣意妄为？实属大干功令。

　　查传单内四人，惟马登马不知何许人，其屈炳、屈谦益、程宏道，均系生员。当即会同儒学，差拿单内有名人等去后。至晚见有童生陆续到县，然皆观望不前，知县亲为查看，晓以利害，诸童始各投卷候考。

　　及至初一日，点名散卷已毕，正在出题考试间，忽闻人声喧哗。即便查看，见有喝令不考者，当即拿获宁绍、杨芳，其余俱皆奔走，而诸童生亦尽随而散，竟至不能考试。遂一面分头严拿，已将单内之屈炳、程宏道拿获，现在严讯确情，并勒缉各犯，另行详报等情。又据凤翔府知府孟照禀报前由。

　　臣等查，童生罢考，大干法纪，若不严拿究处，无以止遏刁风。随委驿道公泰，并督标建威营参将高宗瑾，星驰前往，督率府县弹压查拿。并令将被阻童生示期补考，以安众心。一面讯明起衅根由，务获首从附和各犯，押解省城，公同审讯去后。旋据该道府等禀称，现在查拿各犯，讯明大概。

　　缘该县生员屈炳之弟屈耀，充当召公镇斗行。该县上年奉文权买屯贩麦石，即在屈耀行内减价平粜，共卖钱三百六十余串。屈耀俱经交县，止缺少串底钱一千五百余文。

　　该县于本年六月内，票差皂役吴起前往催缴，即与屈耀争闹。屈炳袒护其弟，亦与吴起斗殴。时有吴起之子吴永年，向充马夫，因事在彼，见父被殴，曾向查问。而屈炳同弟屈耀，并子廪生屈谦益，赴县控告。途遇吴永年，又行争殴，当经营兵马恭劝解而散。

　　屈炳等控县批审，又复呈府批查。嗣因该县调取入闱，继因证佐不齐，尚未审结。乃屈炳、屈谦益倚恃父子青衿，以该县不将吴起即为究处，明系纵差辱士，心抱不平，乘此考试之时，书写传单，随往各村乡塾中倡言罢考。

　　有监生刘敏、生员刘浚等听从附和，以致童生宁绍、杨芳、杨大度、高三省等受其鼓惑。于十一月二十九日，高三省等在街叫骂，不许各童应考。该县随即弹压晓谕，众童亦皆投卷。十二月初一日清晨，各童生俱已入场，出题后，童生宁绍、杨芳、杨大度等在场叫骂，不许作文。该县即将宁绍、杨芳拿获，余皆奔散，众童俱各惊畏，亦不考而出。

该县复将传单内有名之屈炳、程宏道拿获在案。该道等到县后，逐一查明，又将附和童生杨大度、高三省等俱已督同拿获，尚有要犯屈谦益，并监生刘敏、生员刘浚等现在分头严缉。一面出示晓谕，定于初九日令该县仍行考试。一面对现获各犯，押解赴省，听候饬审。目今众心安贴，依期考试，并无别滋事端等情禀复前来。

臣等伏思，阻众罢考，定例綦严，自应将在事各犯逐一拿获，同现犯究讯明确，分别首从，按律定拟。使不法生童知所畏惧，庶足以儆戒将来。除飞饬严拿有名要犯，务期即获，并将解到各犯，臣等现在督率司道逐一研讯，务得起衅传单，阻众罢考及实在为首为从，并县役吴起等如何殴打生员各确情。务期无枉无纵，遵照定例分晰问拟，另行题奏外，合将扶风县生监阻众罢考现在拿究缘由，臣等谨会同学臣张拜赓合词先行奏闻，伏祈皇上睿鉴。

再查，该令张于畊酿成事端，固有不合，但此时未便因一经罢考即将知县参革，致长刁风。臣等现在确查该令果否纵役辱士，有无颠倒词讼之处。俟此案审结后，同不能约束之教职，再行酌量办理，合并陈明。谨奏。

乾隆十八年十二月十五日。

朱批：览奏俱悉。

《陕西扶风县罢考案》，乾隆十九年二月十二日，陕甘总督永常、陕西巡抚钟音奏

陕甘总督臣永常、陕西巡抚臣钟音谨奏，为审明定拟具奏事。

窃照扶风县生员屈炳等阻众罢考一案，先经臣等于闻报之日，立即遣员驰往弹压查拿，并令将案内有名人犯全获解省，询供究拟。当将查询此案起衅大略，及办理缘由会折具奏，恭奉朱批"览奏俱息，钦此"。

钦遵查案内首从附和各犯，节据委员暨该管府县访拿，陆续报解到省，臣等饬发司道公同研讯去后。兹据西安布政使唐绥祖、按察使武忱等，将案内文武生员例应褫革者，俱详请褫革，审明定拟，招解前来。

臣等亲提各犯，逐加严鞫。缘屈炳之弟屈耀，充当斗行，乾隆十七年，扶风令张于畔，奉文收买商贩囤麦，即在屈耀行内减价平粜，共卖钱三百六十余千。十八年三月内，屈耀将钱交县内，盘缺串底钱一千五百余文。

该县于六月间，票差皂役吴起，前往催补。即与屈耀争闹，屈炳庇护其弟，因与吴起互殴，彼此受伤。经街民劝散。时有吴起之子吴永年，向充马夫，因事在彼，见父被殴，曾向吵闹。屈炳欲殴，旋即走避。屈炳赴县具呈，伊子生员屈谦益同屈耀随后赴县。不意吴永年邀约同役梁万奇并皂役李寿，在县等候，冀图复殴泄忿。适遇屈谦益、屈耀来至县城。吴永年即将屈谦益殴推到地，令梁万奇帮同按住，扯破谦益中衣，拔毛塞口，复用污泥涂其身面。而皂役李寿听从吴永年指使，亦将屈耀扭殴。当经营兵马恭劝解而散。

屈炳等控县，批审呈府批查。嗣因该县调取入闱，继因证佐不齐，尚未审结。乃屈炳以该县不即审究，疑为纵差辱士，气忿不平，遂起意欲乘该县考试之时，纠众罢考，以泄私忿。

十一月初八日，伊戚生员辛大烈适来探望，屈炳备述受辱难甘，商欲阻考，倩其帮助。辛大烈应允。于是屈炳先后纠约生员刘浚、安宁、乔玉书，浼其附和，均各允从。辛大烈亦约生员高法孔、高悦。而刘浚复邀文武生员段文玉、史秉忠、史卜、魏应科、王三畏、李时花、王名选、谷大成，并约令李果秀、胡子义转约张彩凤、张敬等。订期十一月二十三日，俱赴樊家庄酒铺会议。惟李果秀、胡子义始虽应允，后即畏罪未往。余皆如期而集。屈炳犹往他处纠人，未及亲至。

辛大烈即在酒铺内，对众备述屈炳父子受辱之事，商图罢考。在坐之高法孔，则以犯法力阻。张敬、史秉忠、史卜、谷大成、魏应科则俱答应再商。李时花、王名选、王三畏、高悦则缄口不言。段文玉则云："就是犯法，少不得审问根源。"张彩凤则称："这样凌辱斯文，何必考试？"众论不一，未经议定而散。迨试期将近，辛大烈复逼诱伊甥童生张文烈临时相助。张文烈始初曾云："这是犯法的事，恐怕不好。"后经辛大烈云"有我，你放心去"之语，亦即被惑应允。

十一月二十七日，屈炳遇见童生张元儒，告以被辱难甘，约众阻考。并欲使该县闻知畏惧，即可将吴起等究处泄恨。随即口念，令张元儒书写阻考传单。先欲借扶邑举人马登云出名，以冀耸听。张元儒甫写"马登"二字，而屈炳忽忆马登云曾为义学师长，与该县相好，写之无益。遂令张元儒混续一"马"字，以成"马登马"之诡名。复思生员程宏道，平日端方，生童心服，遂亦借名写入。又将伊及伊子屈谦益名字俱写入单内。即烦张元儒持赴县城，置于众人属目之地，冀使张令闻知。张元儒遂将传单掷于县旁马号而去。

二十九日，当众童投卷之时，屈炳隐匿不出。刘浚悟恐受累，不敢上县。安宁、乔玉书虽经赴县，不敢出头，仅在寓所怂恿同寓童生不必赴考。惟辛大烈在县沿街骂阻投卷之人。伊甥张文烈因被逼诱，亦接口叫骂。适有童生高省三，年仅十六，愚昧无知，随声帮骂。当经该县差役将高省三查拿，晓谕众童陆续投卷。

十二月初一日，点名入场。众童尚怀惶惑，应考逡巡，点毕出题时，已晌午。内有恐难完卷之人，纷纷议论。维时张文烈亦入场预考，复以"差役殴辱斯文，纵容不究"等语对众张扬。当有在场童生杨大度，亦喊称"文字既做不完，不如出去"。以致众童俱不完卷，一哄而出。该县差役惟将最后尾行之宁绍、杨芳二人拿获，余俱奔散。比时，该县家人在于马号内，拾有传单一纸。

随据县府先后禀报，当经臣等会差驿道公泰参将高宗瑾，驰往弹压，查拿各犯到省，饬发在省司道，讯悉前情。复经臣等逐加亲审，据各犯供认不讳，再三严诘。除现获各犯之外，并无别有附和之人。单内所开之马登马，遍行确查实无其人。程宏道与屈炳等素无往来。屈谦益先期赴省具呈，均无与谋罢考之事。

查《学政条例》，内开："如有豪横之徒，逞其私忿，辄敢聚众罢考，挟制官长者，不可不严行治罪，惩一警百。审实均照山陕题定光棍之例，分别首从治罪。其逼勒同行罢考之生员，褫其衣顶，童生记名档案，俱停考试。"又例载："山陕两省刁恶顽梗之辈，假地方公事，强行出头，逼勒平民，约会聚众抗官者，为首照光棍例拟斩立决，为从拟绞监候，逼勒同行之人，杖一百"各等语。

除张元儒于未到案之先，已经病故，无庸置议外。屈炳，挟嫌倡议，约会阻考，复令张元儒书写传单，密投马号，供证确凿，毫无遁情。虽诸童哄散在于入场之后，而摇惑士心，衅由伊起。应照"光棍为首例"，拟斩立决。

辛大烈，听从预谋，代为纠约，并在街叫骂，欲阻投卷之人。应照"光棍为从例"，拟绞监候。

张文烈，虽仅随同辛大烈在街叫骂，但至场内复提屈炳等受辱之事，致惑众心。刘浚，虽未赴县阻考，但听从屈炳指使，在乡纠人会议。安宁、乔玉书，虽未出街喊阻，但既听从赴县，又向同寓诸生劝阻考试。均不便轻纵，俱应照"为从拟绞例"酌减一等，各杖一百，流三千里，至配所折责四十板。

高省三，于场前在街附和叫骂。杨大度，在场中声喊"出去"。李果秀、胡子义虽畏罪中止，并不赴县阻考，但听从刘浚之言，转约张彩凤等赴庄会议，均属不合。俱应照"逼勒同行例"，杖一百，各折责四十板。

张彩凤、段文玉虽不上县阻考，但当会议之时，言语不驯，亦属不合，均应照不应重律，杖八十，发学戒饬。

其张敬、史秉忠、史卜、谷大成、魏应科、李时花、王名选、王三畏、高悦、高法孔等虽皆赴樊家庄会议，均未允从。宁绍、杨芳讯未在场叫骂，均应免其置议。刘敏、程宏道，审系无干，先行摘释。

屈谦益于会议罢考以及阻考之时，虽已赴省，但伊父起意罢考，知情不阻，亦应照不应重律，杖八十，发学戒饬。

屈耀，应补钱文，迟久不缴。县役吴起，奉差向屈耀催钱，辄与屈炳等争殴，致起衅端，均属不合。皆应照不应重律，杖八十，各折责三十板，革役，并革去斗行。

马夫吴永年，逞凶约伙，殴辱屈谦益等，以致酿成事端，应杖一百，加枷号两个月，满日折责四十板。

马夫梁万奇，助殴帮按，与扭殴屈炳之皂役李寿，俱照不应重律，杖八十，各折责三十板，均革役。

　　余审无干，概行省释。屈耀拖欠串底钱文，仍应照数追缴。

　　再查，屈炳纠众罢考，阻挠公事，以泄私忿，不法已极，相应请旨。俟奉到朱批之日，即行正法，以警刁顽。除全案情节另行缮疏具题，并扶风县教官一任生员罢考，不能约束职名，照例附疏参处外，所有臣等审明定拟缘由，理合缮折具奏。伏祈皇上睿鉴，训示施行。谨奏。

　　乾隆十九年二月十二日。

　　朱批：览奏俱悉。

宁州捕役拷毙生员案相关奏折

《奏为特参昏庸不职之署宁州牧安化县知县陆国栋者请旨革职事》，乾隆五十四年五月十五日，陕甘总督勒保奏

陕甘总督臣勒保跪奏，为特参昏庸不职之署牧，请旨革职，以肃吏治事。

窃照州县身膺民社，所管胥役，自应严加约束，勿使玩法殃民。讵有署宁州牧安化县知县陆国栋者，貌似谨饬，性实昏庸。缘安化县生员郑大智，于乾隆五十四年三月十二日，前赴宁州焦村探亲。一更时候，行至李家庄。适该州捕役马登蛟在彼巡查，见其头裹手巾，腰缠狗皮，手持衣服，形迹可疑。马登蛟向其喝问，郑大智并未回答。马登蛟愈疑为贼，声喊捉拿，即上前揪住发辫。郑大智分辩，欲行挣跑。马登蛟将其按倒在地，用脚踢伤其鼻梁、右眼胞。适庄民李朋、李心德、李扶闻声趋视。马登蛟

吓逼李朋等，帮同押送至路旁空庙，欲行追问狗皮、衣服来历。

马登蛟顺在家内取出铁链、铁锁、麻绳、木棍，将郑大智拴锁，并捆缚两手两足，悬吊梁上。郑大智将姓名、住址并探亲情由，逐一告知。李朋等劝令马登蛟解放下地，旋各散回。马登蛟因其衣服、行径不似生员，将郑大智拴于院树，欲俟次日送官究问。郑大智不服，马登蛟复用棍殴伤其右腿并右腿肚。经过路之冯峨、马金孔劝住，解放而散。讵郑大智回家，因被吊内损，延至二十五日殒命。报州详请委员验讯通详。

臣查，捕役诬良，拷毙生员，大干法纪，并恐有挟嫌诈赃情弊，自应严行究办。随饬提犯证来省，委员研讯，备得前情。除将马登蛟等再行严审，按律定拟具题外。查该署州陆国栋，平日不能约束捕役，以致诬拿生员，拷逼毙命，实属昏庸溺职，未便稍事姑容。现据藩、臬两司暨该管道、府各揭报前来。相应恭折参奏，请旨将署宁州知州安化县知县陆国栋革职，以肃吏治。除委员前往摘印署理，查明该员任内经手仓库钱粮有无未清另办外。理合恭折具奏，伏祈皇上睿鉴。谨奏。

乾隆五十四年五月十五日。

朱批：另有旨谕。

《奏为臣遵旨审明宁州捕役马登蛟疑窃拷毙生员郑大智一案定拟具奏事》，乾隆五十四年八月三日，陕甘总督勒保奏

陕甘总督臣勒保跪奏，为遵旨审明定拟具奏事。

窃照宁州捕役马登蛟疑窃拷毙生员郑大智一案，经臣以该署州陆国栋平日不能约束捕役，以致诬拿生员，拷打毙命，具折参奏，请旨将陆国栋革职。

嗣奉上谕："捕役诬良，私拷毙命，固干法纪。但郑大智衣

服装束既不似生员，马登蛟向其喝问时，又不回答，形迹亦属可疑。恐其中尚有别项情节，该督应亲提案犯，详细研鞫。如系马登蛟与郑大智向挟嫌隙，或诈赃不遂，诬拿拷毙，复装点捏供，自当从重定拟。该署州陆国栋，如果平日昏庸溺职，即应早行参劾。若不过因捕役诬拿生员，不能约束，止须奏请解任。俟审明有无知情纵容之处，再行分别办理。今勒保遽行参革，亦恐启将来劣生恃符之渐。着传谕该督，即将该员解任，并将案内各犯证，另行悉心严审，务得确情，定拟具奏。不可以参奏在前，有心周内也等因，钦此。"

臣跪读之下，仰见我皇上慎重谳狱，杜渐防微之至意。随遵旨饬令该署州陆国栋解任来省。臣自西宁回署，率同司道提集一干犯证，亲加研鞫。

缘马登蛟充当宁州捕役，与安化县生员郑大智隔县居住，素不认识。乾隆五十四年三月十二日，郑大智同弟郑大鲲，自陕西监军镇籴米回家。郑大智欲顺赴宁州焦村，探望侄女，令郑大鲲将籴米银钱同车辆先行赶回。郑大智于一更时分，行至该州李家庄地方。适马登蛟奉票在彼巡查，见其头裹手巾，腰缠狗皮，手持衣服，形迹可疑。向其喝问，郑大智并不回答，仍往前行。马登蛟愈疑为贼，声喊捉拿，上前揪住郑大智发辫。郑大智分辩，欲行挣跑。马登蛟将其按倒在地，用脚踢伤其右眼胞、鼻梁。庄民李朋、李心德、李扶闻声趋视。马登蛟声言拿获贼人，即令帮同送至路旁空庙，细加盘问。李朋等不允，马登蛟用言恐吓，李朋等随帮同押送。

马登蛟顺道至家，取出铁链、铁锁、麻绳、皮绳、木棍，带至庙内。将郑大智拴锁，并逼令李朋等相帮按倒，以致擦伤额门等处。马登蛟用麻绳将郑大智两手两脚在于合面捆绑，复用皮绳拴住，悬吊梁上。追问狗皮、布袍来历。郑大智告知姓名、住址并探亲情由。李朋等劝令马登蛟解放下地。李朋等旋各散回。马登蛟因其衣服、行径，不似生员，仍行拴锁院树，欲俟次日送官究问。郑大智不服嚷骂，马登蛟复用棍殴伤其右腿并右腿肚。经过路之冯峨、马金孔进内查询，劝令解放而散。讵郑大智回家，因被吊内损，延至二十五日殒命。报州详请委员验讯通详。复提犯至省，委员讯悉前情，由两司详揭请参。经臣恭折参奏。钦奉上谕，令将该署州陆国栋解任，亲提严审定拟。

臣遵即提犯研鞫，各供前情不讳。臣恐马登蛟别有挟嫌诈赃情节，有心狡展，复严加诘讯。据该犯坚供："与郑大智素不认识，并无嫌隙。实因郑大智腰缠狗皮，手拿衣服，黑夜行走，行径可疑，所以捉拿吊拷，委非挟嫌致毙。郑大智受伤后，隔十余日身死，如果有诈赃情事，郑大智岂有不告知其弟郑大鲲？现在郑大鲲又岂肯代为隐瞒？惟因误拿生员为贼，恐本官见责，所以当时未敢禀报，是实。"质之尸亲郑大鲲，亦称实无挟嫌诈赃别情。似无疑义。并讯据该署州陆国栋供称："此案于三月二十五日，据尸亲郑大鲲呈控到案，当即详请委员相验。马登蛟如何诬拿郑大智为贼，吊拷致毙，当时并不知情，委无纵容之事。但平日约束不严，以致捕役诬良拷毙人命，实咎无可辞"等情。反复究诘，矢口不移。案无遁饰。

查捕役马登蛟，因见郑大智形迹可疑，诬窃妄拿，又不详细询问，辄行吊拷，以致内损毙命，自应按例问拟。马登蛟合依"捕役诬窃拷打致死照故杀律拟斩监候例"，应拟斩监候，秋后处决。李朋、李心德、李扶帮同按捺，讯系马登蛟吓逼所致，并未拷打。但不力为劝阻，究属不合，应照不应重律杖八十，折责三十板。署宁州事安化县知县陆国栋，虽讯非知情纵容，但约束不严，以致捕役拷毙人命，应请交部照例议处。现已奉旨解任，应候部议到日饬遵。无干省释。除将全案供招咨部外，所有审明

定拟缘由，理合恭折具奏，并摘缮供单，恭呈御览，伏祈皇上睿
鉴。谨奏。

乾隆五十四年八月初三日。

朱批：该部议奏。

井陉县民众抗官殴差案相关奏折

《奏为查办李馥等呈控井陉县知县周尚亲一案遵旨奏闻事》，乾隆四十四年二月十七日，直隶总督周元理奏

直隶总督臣周元理谨奏，为奏闻事。

窃臣于本月十二日至正定查看工程，据正定府知府方立经禀称，有井陉县民李馥等五人联名具呈，控告该县知县周尚亲派买仓谷短发谷价。经该府提讯经手家人、仓书、乡总人等，该县上年秋收之后，原经详明买补仓谷二千石，每石定价九钱。查照向例，将银换钱散给各乡总采买。因各钱铺缴钱未齐，先行发价六钱，嗣据钱铺交足钱文，各乡总亦将谷子陆续交仓，即找发三钱三分。合县乡村均已领回清楚，惟金柱、威坡等四村，有生员李望春因曾代人写作词状，经周令详革掌责问杖，又有生员梁绿野，亦缘三十六年侵收煮赈钱一千六百文，经周令查出追缴，发学戒饬有案。均怀挟宿嫌，希图报复，阻止各乡总勿领找价，指为短发，纠邀年老多事之李馥商谋上控。

李望春先写传单，令一村传一村，十人帮一人。敛钱聚集多人赴府，即以李馥等出名递呈。经该府究出李望春并梁绿野主使情由。据乡总马建才缴出传单一纸，拿获李望春，默写对验，笔迹相符。当将李望春、李馥等收禁。一面饬委该县典史李纯，查拿梁绿野未到。并因呈内另有采买草料短价及修桥派夫等款，尚未审明详报等因。

臣查劣生逞刁滋事，自当严究。该县如有派累，亦应严参。因清河道沈鸣皋随臣至正定勘工，当饬率同该府秉公审办。讵于十四日，复据井陉县村民至府，求将李望春等宽免释放。查有梁绿野之弟梁秀野及梁福、姚栋、梁静一在内，即经该道府等拿住讯究间。旋接井陉县周尚亲禀称，该县典史李纯奉府委令查拿梁绿野，于本月十三日，带役六名前赴金柱村。有梁绿野之父给顶生员梁进文，诱令典史到家搜寻，即集村中男妇多人，将典史李纯拥入空房关住。并将差役拴缚打伤。嗣有卜村生员梁廷秀闻知，赶至向梁进文等导以利害，始将官役放回。现在会同营弁前往擒捕。并据固关营参将金应安禀同前由。

臣即于十四日，饬委清河道沈鸣皋带同正定府，并正定镇陈大用、添委中军游击李宪章，会同固关参将星夜前往，率同该县等将首从各犯逐一查拿去后。兹于十七日，据清河道沈鸣皋等禀称，遵即带领兵役先后驰至金柱村，拿获梁进文。据供，因闻典史来村拿人，即时邀众抗拒，主使梁纯保、梁天福、梁统，并未获之梁三学岗等及村邻男妇多人，将典史拦入空房（朱批：可恶），并各用枣条将差役殴打拴缚属实。伊子梁绿野已于初九日往东路远逃。次子梁谋野亦已潜逃。该道与游击李宪章将现获之梁进文、梁纯保、梁天福、梁统先带回府。该府与参将金应安等现在查缉伙犯另解等因前来。

臣查梁进文、梁绿野等倚仗生员，父子济恶，始则与李望春等写立传单，哄诱村人敛钱上控，继又敢聚众抗官殴差拒捕，不法已极。若非严加究治，无以惩儆刁风。现传按察使文禄来至正定，先将解到之梁进文等并提李望春、李馥、梁秀野等，逐一严审究拘。梁绿野等余党务期迅速全获，从重按律定拟，具奏请旨遵行。

至此案虽据讯因劣生挟嫌起衅，哄动乡愚，如或该县果有派累侵渔情事，其罪亦无可宽。现令彻底根究明确，当同约束不严之教职，分别据实严参查办。理合先行恭折奏明，伏乞皇上睿鉴。谨奏。

乾隆四十四年二月十七日。

朱批：已有旨了。

《奏为审拟井陉县劣生挟嫌聚众滋事案情具奏请旨事》，乾隆四十四年二月二十七日，直隶总督周元理奏

直隶总督臣周元理谨奏，为审拟具奏请旨事。

窃照井陉县生员李望春与给顶生员梁进文等，先后聚众告官，将典史李纯拦入空房，拒捕殴差。前将据报查拿办理缘由，奏闻在案。

兹据陆续拿获首从各犯到正定府，臣即率同按察使文禄、清河道沈鸣皋等提集，分别严审。缘梁进文籍隶井陉县金柱村，系附学生员，已经告给衣顶。倚仗伊子梁绿野、梁谋野均系生员，素行多事，武断乡曲。乾隆三十六年冬间，梁绿野侵收村民乐施煮赈钱一千六百文，经该县知县周尚亲据控查讯追缴，发学戒饬有案。又有威坡村生员李望春，亦于乾隆四十二年，因县民宋廷

自缢案内，为尸妻李氏代作呈词，诬告无辜，亦经该县周尚亲究明，掌责问杖详结。均怀挟宿嫌，欲图报复。

适于上年秋收之后，该县详明买补仓谷二千石，每石定价九钱。查照向例，将银换钱，散给各乡总采买。先行发价六钱，交仓之后，即各找发三钱三分。合县村庄均已找领清楚，惟金柱、威坡等四村，因梁绿野、李望春阻止乡总吴光林等勿领找价，指为短发。邀同年老多事之李馥商谋上控。李望春书写传单，令十家帮一家，一村传一村。分写六张，传散各村，纠集众人至府。与已革武生张惟醇商谋具呈，张惟醇即为起稿，梁绿野复自改定，以短价采买仓谷等词罗列呈内。哄诱李馥、吴光林、张登并赵凤、何中才五人出名，赴府递呈。

经该府方立经提集该县经手家人、仓书、乡总人等，讯属虚诬，究出李望春、梁绿野主使情由。据威坡村乡总缴出传单一纸，拿获李望春，默写对验，笔迹相符，当将李望春、李馥等收禁。饬委该县典史李纯查拿梁绿野去后。梁绿野闻信于二月初九日剃去髭须，至张惟醇指引潜逃。

该典史李纯奉到府文，于十一日至金柱村查缉，金供梁绿野已不在家。回县告知，周令恐有潜藏情弊，复于十二日令该典史带役前往访缉。行至中途，天已昏黑，即在卜村住宿。梁进文闻信，于典史未至之前，一面主使幼子梁秀野与梁静一，率同梁福、姚栋、田士量、李根宗子、梁鹿鸣、康斗良、赵准、梁成显、梁全、邱发、邱进洪等至府，与张惟醇相商，欲向上司衙门控告，求将李望春等宽免释放。一面主使梁纯保及在逃之梁杰，邀同村中男妇多人，预行聚集拒捕。

嗣典史李纯带役至村，梁进文接见，诱请该典史到家搜查。进屋之后，即责其不应擅入民房，主使妇女各持枣条、木棒哄闹喊嚷。胁令梁和尚、梁九成、梁第、梁凤鸣、毕宗保、梁秉元、梁连登、任英等在门外拦挡。梁纯保与梁三学岗将典史搀架，拥入空房。复与梁添福并已死之梁锦等，将差役曾惠、李义用绳捆缚。梁纯保、梁三学岗将曾惠、李义殴有微伤。并胁令梁贵荣将差役王智右腿拉住，与许建、吴全、刘发顺等一并拦入牛房，分别关锁。

梁进文以典史不应擅入民间内室，意欲借词上控。骑骡行至镇头村，有伊外甥李登第弟兄，劝令回家释放。梁进文连夜赶回。又有卜村生员梁廷秀，亦闻知赶至，晓以利害。梁进文始将差役解放。至十四日天明，梁廷秀护送典史出村回县。该县知县周尚亲查知，一面禀报，一面关会固关营参将金应安，带同兵役前往查拿。

适臣接禀，饬委清河道沈鸣皋及正定镇添委游击李宪章，亦先后驰至该村。各犯均已闻风窜匿邻村。经该道等拿住梁进文，究出助恶余党姓名，逐一查拿，先后解府。其率众赴府喊求放出李望春等之梁秀野、梁静一，并同谋之张惟醇等亦各在府拿获。屡次究讯，据供前情不讳。

所有控告该县周尚亲短价派买各款，提讯该县家人骆荣、钱茂并仓书梁璧等，与原告各犯分别质讯。因该县四面环山，不通商贩，向例采买谷子，均系换钱散给各乡总零星买交。上年秋收后，发价之时，因各钱铺一时缴钱未齐，是以先发六钱，嗣据各钱铺交足钱文，陆续找发三钱三分。合县三十二庄乡总，已有二十八庄找领清楚，惟金柱、威坡等四庄。现据威坡庄乡总马建才首缴传单，供系李望春等阻止未领。质诸金柱村乡总吴光林等，亦供无异词。

至该县驿马每匹每日销银四分，是以向例亦均于秋收时，发交各乡采办。据该犯等呈开，料豆每斗发价钱一百文，麸子每斗发价钱一百二十文，干草每十斤发价钱五文，核计每马日食所需，已在四分之外，并无短发。即县城东关外桥座，亦系直隶、山西往来大路，士民情愿出资修葺。城隍庙工程，系合县绅衿自行办理，官不经手。淤地租银，向为书院膏火之资，该县均无不合。

因恐所发谷豆价值，或尚有短领偏枯之处，又委赵州知州兴安前往该县，亲赴各乡逐细查问，佥供均系实发实领。即讯诸修桥、修庙董事绅衿，亦坚供并无苦累情事。复将原告各犯再三诘讯，惟有俯首认罪。始则因李望春、梁绿野怀挟宿嫌，希图报复，意谓聚集人众，可以挟制官长。继因典史李纯至村拿人，梁进文又纠集村中男妇多人抗官殴差，并欲恐吓典史不敢再至拿人。严加究诘，矢口不移。

查例载："直省刁恶顽梗之辈，假地方公事，强行出头，逼勒平民，约会联谋，敛钱构讼，抗官聚众，至四五十人，为首者照光棍例，拟斩立决，为从拟绞监候，其逼勒同行之人，各杖一百。"又例载："刁民逞凶殴官，聚众至四五十人者，为首依例斩决，仍照强盗杀人例枭示。同谋聚众转相纠约下手殴官者，虽属为从，其同恶相济，审与首犯无异，亦应照光棍例，拟斩立决。并将犯事缘由及正法人犯姓名刻示，遍贴城乡，俾愚民咸知儆惕"等语。

今生员梁进文，当其子梁绿野与李望春聚众构讼之时，既已知情与谋。迨典史奉委查拿梁绿野，又复主谋纠集村众，一面使伊子梁秀野同梁静一率领多人赴府，求放李望春等出监。一面主使梁纯保等及村中男妇将典史拦入空房，捆殴差役，分别关锁，情殊可恶。生员李望春，因挟被责之嫌，假借买谷为由，强行出头，书写传单，与梁绿野联谋聚众敛钱告官，亦属此案首恶巨魁。梁进文、李望春二犯，均应照刁民聚众四五十人以上为首例，拟斩立决，梁进文仍照逞凶殴官例枭示。

生员梁绿野，同谋聚众，挟嫌告官，诱使李馥等出名递呈。梁纯保、梁三学岗听从梁进文，邀集村众，将典史搀架入室，又各捆殴差役，均系同恶相济，与首犯无异。梁纯保、梁三学岗二犯，俱应拟斩立决。梁绿野俟缉获，另行正法。

梁秀野听从伊父主使，率众赴府，为李望春等喊求释放。梁添福、梁锦听从梁进文使令，捆殴差役。张惟醇先与梁绿野同谋告官，代作词稿，继又与梁秀野商谋，入城喊冤。均属不法。除梁锦闻拿逃至获鹿地方，畏罪自缢身死，经获鹿县验讯详报，应免置议外。其梁秀野、梁添福、张惟醇三犯，均应照为从例，拟绞监候，秋后处决。

李馥、吴光林、张登，虽系李望春、梁绿野胁从诱使出名告官，但恃老滋事。梁杰转邀妇女梁静一，随同梁秀野率众喊冤。以上五犯，均应照本条为从绞罪上量减一等，杖一百、流三千里，照例定地金遣。梁杰缉获，照拟另结。

梁贵荣听从梁纯保喝令，拉住差役。梁统被胁看门。梁福、姚栋被梁秀野胁同赴府求免喧嚷。赵凤、何中才被梁绿野等胁令列名告官。以上六犯，均应于流罪上再减一等，杖一百、徒三年，分别折责充徒。

其听从梁进文等逼胁与妇女拦住街门之梁和尚、梁九成、梁第、梁凤鸣、毕宗保、梁秉元、梁连登，并被胁随同梁秀野赴府求免之田士量、李根宗子、梁鹿鸣、康斗良、赵准、梁成显、梁全、邱发、邱进洪，及胁同赴府之刘乡、王永相、李明、张俊、岳记思、李学习、梁文、张喜信、梁伦、张其有、王喜全、王思庆、马上仲等二十九名，均照余人例，杖一百，折责四十板。内梁和尚、毕宗保、田士量、张俊、岳记思到案狡赖，应再加枷号两个月，满日发落。

所拟流徒之李馥、张登、赵凤三犯，虽年逾七十，情罪较重，不准收赎。余属无干，概行省释。

仍将梁进文等正法人犯姓名、犯事缘由，照例刻示晓谕，以儆刁风。在逃未获之梁绿野、梁杰、梁谋野、任英，现在查明年貌、服色，分头饬委官弁兵役，遍加严拿，务获讯明，照例查办。其余无知妇女，并不识姓名观看之人，应免缉究。各该生员，查明入学年分，分别斥革。约束不严之教官，现在饬取职名，另行会同学臣照例查参。

所有井陉县劣生挟嫌聚众滋事审拟缘由，理合缮折具奏，并另录供单，恭呈御览，谨候命下遵行。伏乞皇上睿鉴。谨奏。

乾隆四十四年二月二十七日。

朱批：三法司核拟速奏。

《奏报拿获聚众殴差拒捕案之井陉县生员梁绿野请旨严审定拟事》，乾隆四十四年三月四日，福隆安、和珅奏

臣福（隆安）、和（珅）谨奏，为奏闻请旨事。

臣等遵旨，将直隶总督周（元理）具奏井陉县聚众殴差拒捕案内，脱逃之生员梁绿野等四犯严行缉拿去后。今于三月初三日，据番子头目杜永祥、杜茂，番子金配，在于德胜门外访有一人，形迹可疑，问名王之起，言语支吾，当即拿获，解送到案。

臣等详加讯问，始则供词闪烁，及细加驳诘，随据供认："本名梁绿野，系井陉县廪膳生员，年四十七岁，在金柱村居住。因本县周知县科派村民采买谷豆等项，短发价值；又派民间修桥，折收夫价，每名交大钱八十文；又奉免钱粮，仍复追还籽种。村民受累，不一而足。又正定府知府派各县捐修城隍庙，井陉县派出银五百两，乃知县派四乡民人，每钱粮一两之户出大钱一百文，共凑得大制钱一千七百串，借此从中肥己。所以，有乡

民李敷等五人，邀同百姓一百余人，赴正定府控告。本府吩咐每斗加还谷钱五十文，其余并不追究。因此众心不服。但告状并无我的名字，我因赴正定府买药，乃周知县密禀此事系我唆使。本府就将我拿问，讯明与我无干，押令我即刻回家。我于二月初四日往景州游学去了。后来，有村人来给我送信，说因本府将众人监禁，又差李典史来拿我，到我家内搜查。那时，我女人病卧在床，乃李典史将我女人盖的棉被掀起搜看，因此众邻妇不依，将李典史揪打了一顿。众差人也与乡民争闹一场而散。后来，李典史回县通禀，有官兵到村，将一村之人尽行锁拿，也有逃散者。现将我父亲监禁在狱。我闻信不敢回县，所以改名王之起逃走。来京欲要伸诉冤情，于三月初三日，才至德胜门外小关地方，即被拿获。我并没剃去胡须"等语。

查梁绿野一犯，系直省聚众拒捕殴差案内要犯，今经拿获。虽据供称，伊于殴差拒捕之时，并未在家，实不知情，但系一面之词。其案内人证俱在直省，因无人质证，是以该犯借词狡饰。相应请旨，将梁绿野解交该督周元理严审定拟具奏。其未获之梁谋野、梁杰、任英，臣等仍饬交番役人等，严行访拿，俟获日再行奏闻办理。为此，谨奏请旨等因。

乾隆四十四年三月初四日奏，本日由军机处抄出。奉旨："着派喀宁阿、钱汝诚驰驿前往，并将梁绿野带至该处，审明办理具奏。其随带司员，着一并驰驿，钦此。"

《奏为遵旨会审井陉县刁民聚众上控抗官殴差案定拟具奏事》，乾隆四十四年三月十六日，兵部尚书福隆安、刑部侍郎喀宁阿、钱汝诚奏

臣福隆安、臣喀宁阿、臣钱汝诚跪奏，为遵旨会审定拟具奏事。

窃照步军统领衙门两次具奏，拿获井陉县刁民聚众上控抗官殴差案内逸犯梁绿野、梁二观，俱供，该县周尚亲有短价派买仓谷等款。先后奉旨派臣福隆安、臣喀宁阿、臣钱汝诚前往办理。臣等押带该犯驰抵正定，缘犯证案卷全在府城。臣等即就该城督同军机司员永保、孙永清、伊江阿，刑部司员英善、陆有仁，将该知县周尚亲并案内一干犯证暨各乡总人等，秉公隔别研鞫。

周尚亲始犹狡称"从前采买仓谷时，实因钱铺短钱，所以两次给发，其派买料豆、麸草，以及淤地租银、修桥、修庙各项，俱有经手承办之人，均可质讯"等语，辗转支吾，坚不吐实。经臣等指出疑窦，讯明大概情形，奏闻在案。并一面声明请将该县周尚亲革职，一面反复研讯。

如采买仓谷短发价值一款。据周尚亲供称："上年买补仓谷三千石，将银换钱给发，因本县止有钱铺两座，一时钱文不能凑齐，随每石先发价六钱，后来见谷已收完，也就不想补发了。不料，外间议论纷纷，要控告短发价值。因此传谕各乡总补发，二十八庄随都领去，惟金柱等四庄，屡传不到，直到控府后，始俱补领。这是实情，不敢狡辩"等语。质之管门家人骆荣即骆三，管仓书办梁璧，亦供认不讳。是周尚亲短价派买谷石，先侵后吐，已无疑义。

又派买料豆、麸草短发价值一款。据周尚亲供："驿马每匹照部例销银四分，日给麸子四升、料豆四升、草十斤。向于秋收时发价，各乡收买，历来如此办理。"今据李馥等所称，料豆每斗发钱一百文、麸子每斗发钱一百二十文、干草每十斤发钱五文，核计每马日食所需，已在四分之外。质之李馥等，亦不能供出短价实据。惟讯据管号家人周焕供："我于上年九月间接手经管马号，收草是我专责。计前后共收草十二万斤，秤头略加浮重，这原是实情。"复诘以浮收数目若干，且多收之草，必卖钱肥己。又据供："秤草系十六两官秤，每百斤约多秤三四五斤及八九斤不等，实因堆积后恐怕霉烂折耗，以备弥补，并不是卖钱肥己，可与李馥等对质得的。"

复据周尚亲供："秤头稍重，原是周焕经管后怕有折耗，才是这样办的。他若敢私自变卖，我岂肯依他？况且必有人看见。"质之原告李馥等，据供："梁绿野、李望春与我们商量控告时，原只为短价买谷起见，至料豆、麸草，实不知每马每日定例只开销四分，因见近来秤草比前过重，也就写入呈内，并未见他将多余的草斤变卖。今蒙审明，实非短价勒派，亦不敢强辩"等语。是周尚亲于此款未经短价派买，而秤头加重，虽系该县家人周焕于上年经手管号起，为日无多，计多收草约一万余斤，值价不过六七千文，难以零星核算。但其浮收草斤，已无置辩。

又修庙造桥，勒派钱文两款。据周尚亲供："本府城隍庙及本县大桥两处工程，俱系合县村民公举绅士董司其事，实非官为经理。绅士们有无侵吞，并不知情"等语。随传承办桥庙之绅士曹曰公等，到案质讯。据曹曰公供："上年各州县绅衿公议捐修府城隍庙，在本府处递呈批准。又蒙本府捐银一百两倡首，其劝捐章程各州县自数十两至一二百两不等，皆绅士等自为酌定。共收钱一千六百二十余串，已用去钱一千三百七十余串，尚存钱二百五十余串，现交本城永惠当收贮。此项庙工一切出纳，都是我经管，有账簿可查，并无侵欺。至地方官实不曾经手，情愿具结。"

复据卢灿供："井陉一县劝捐庙工银钱，俱系我经办。后遇本县廪生李宪祖、贡生郝镟，据称现在办修井陉大桥，工程浩大，难以竣事，烦我在修庙项内拨出赢余，留为修桥之用。迨后，我共收制钱一千八十余串，除交修庙钱三百串外，余俱交李宪祖等收用。并不敢借端多收肥己，地方官亦实未经管。"讯之李宪祖、郝镣，亦供无异词。质之李馥等，据供："修庙造桥，我们原未派出钱文，不知备细。因见常有人送交桥庙工程钱文，因而疑是县里科敛。就冒昧写入具控的"等语。是庙工、桥工捐修勒派之处，并无凭据，已属显然。

查正定府城隍庙，规模高敞，历年久远，倾圮殊甚，在所必应修整。臣等亲往查看，约计工程实非数千金不能完缮。而井陉县城外大石桥，东西共长三十二丈，计十一洞，为山西、四川及陕甘、口外驿站客商往来之地。现在桥石坍塌，驿递、行旅均多未便，实应急为修理。该处绅士公同商捐修办此项桥工、庙工，实属义举，亦讯无官吏经手染指之处。但该县、该府均未详明督臣，无怪李馥等心疑科敛，因而写入呈词，希图耸听。

又奉免钱粮仍追淤滩籽种一款。据周尚亲供："本县东关外河淤地亩，岁取租银六十两零，向为书院膏火之资。此系租银，与升科地亩应追钱粮者不同。"传讯户房书办李炳，供亦相符。复查阅该县征收淤地租银，及书院收银各号簿，果系两项，似非捏饰。质之李馥等，亦称："我们乡愚，不知奉免钱粮之例，将沿河淤滩认为升科地亩，疑心租银也是应免的，是以呈内拦入"等语。

臣等复查，李馥等率同村众，以短价买谷等情，赴府控告。该知府何以并不审明详揭？且呈内有"该府吩咐每谷一斗，加还大钱五十余文"之语，恐有知情，有心徇隐情弊。严加究诘。

据该府方立经供："李馥等具呈控告，我原批准审办。迨面讯该县周尚亲，据称买谷发价时，适钱铺钱文不敷，所以两次发给。当时该县二十八村俱已领讫，惟金柱等四村因被梁绿野等阻止，不肯赴领。当经吊取钱铺领子限状，查验无异。随传金柱等村众，当堂讯明，俱各愿领，照数给发。因误信钱店短钱之事，遂未将该县两次分给情弊详细审出，致被周尚亲蒙混。实是我糊涂昏愦，自干罪戾。至金柱等村补领谷价时，我并无吩咐找补五十余文之语，实系该县自行办理，可以质对得的。"

讯之周尚亲，亦称："找给五十余文，系我自行酌办。"复诘以建修、桥庙俱经绅民呈禀，何以该府县均不详报？据方立经、周尚亲同供，两处工程，都系士民捐办，因不经官役之手，即未申报上司，实是我们疏忽处。

再，臣等以骆荣一犯梁鹿鸣等佥供，伊在该县管门日久，人都怨恨。是该犯必多不法事迹，遂向梁鹿鸣等逐细询问，令其指出实迹，以便究讯。梁鹿鸣等俱不能实指其事。惟讯据李馥供："上年冬间，我儿子因与人斗殴，被县差押带进城，要禀本官。我送给骆荣十千钱，他就把我儿子释放的。"质讯骆荣，亦自认实有其事："我因得了他的钱，就把他放去，不曾将斗殴情事回明主儿办理。此外，我并无再有诈赃不法之事，可以向他们质证的。"复向李馥等追究，佥供："骆荣平日为人刻薄多事，所以大家恨他，但此外却不能供出他别项实迹"等语。复将全案供情，再四穷究，均各矢口不移，似无遁饰。

查律载："因公科敛财物入己者，计赃以枉法论，枉法赃八十两，拟绞监候。"又，例载："长随求索吓诈得财舞弊者，照蠹役诈赃例治罪，又蠹役索诈十两以上，发近边充军"各等语。

今周尚亲身为知县，不思洁己爱民，乃于领价采买仓谷，辄敢短发价值，赃至九百余两之多。虽后经补发，仍与入己无异。且梁进文等聚众上控，抗官殴差，究由该参员婪赃激变。肇启衅端，情罪较重，未便仅依"监守盗仓库钱粮入己数未至一千两以上"拟流，应将周尚亲照"因公科敛财物入己计赃以枉法论八十两绞监候律"，拟绞监候，秋后处决。

骆荣系管门长随，当伊主采买仓谷短发价值，并不力为禀阻，又复因事勒索李馥钱十千文。虽计赃不及十两以上，但在该县管门年久，人多怨恨，胆敢倚势诈赃，实为法难轻纵。应将骆荣照"蠹役索诈十两以上发近边充军例"，发近边充军，仍照例面刺"赃犯"二字。

周焕秤买干草，多压斤两，虽讯明实因留补折耗，为数无多，并未变卖肥己，亦有不合。应照不应重律，杖八十加枷号一个月，以示惩儆。仓书梁璧，明知该县短价买谷，不行禀阻。亦应照不应重律，杖八十，折责发落。

户房书办李炳、兵房书办陈友，均讯无情弊。应与承办桥庙工程之曹曰公、卢灿、李宪祖、郝鳞等，及案内干连人证均免置议。李馥送给骆荣钱文，讯系被吓出钱，现于聚众控官案内拟徒，应毋庸议。

至此案刁民聚众抗官殴差，法在必惩，自应从重办理。但地方官既有累民激变之事，即应于本案完结后，将劣员严行参奏，以儆刁风，以惩贪墨。

今该督周元理，于井陉县刁民聚众一案审拟奏结时，并不将该员短价买谷之处另行参办，复于折内称该县并无不合等语。且将该县于大计时保举卓异，又不将桥工、庙工奏明办理，其刁民赴侍郎刘浩处喊冤一节，亦匿不奏闻。该督久任封疆，受恩深重，非寻常错误徇纵可比。已奉恩旨从宽，念其年老，将周元理革职，仍赏给三品职衔，在正定隆兴寺管理庙工效力赎罪，毋庸另拟外。

按察使文禄，身为臬司刑名，是其专责，乃审理此案，不将短发谷价究出实情。清河道沈鸣皋，系本管道员，前经会同保举卓异，及派委会审，又未能究出实情。正定府知府方立经，于李馥等赴府控告时，虽批准提究，而于审办时，未能将短发情弊据实详揭，仅以钱铺短少钱文为凭，任听该县狡饰。又于上年大计时，开列卓荐，均非寻常承审不实、办理错误徇庇属员者可比。应将该按察使文禄革职，发往新疆效力赎罪。清河道沈鸣皋、正定府知府方立经俱革职，发往军台效力赎罪。

布政使单功擢，于属员买补仓谷短发价值，未经查出，且又将该员周尚亲列入大计荐牍，应请交部严加议处。至赵州知州兴安，曾经该督派往各乡，只令查询补发仓谷价值，是否实发实领。今既讯明补发是实，该州尚无不合应，毋庸议。为此，谨缮供单，一并具奏。

伏祈皇上敕部议覆施行。谨奏。

乾隆四十四三月十六日。

朱批：军机大臣会同该部议奏。

《奏为遵旨会审井陉县敛钱告官并梁进文等抗官殴差一案另行定拟具奏事》，乾隆四十四年三月十六日，兵部尚书福隆安、刑部侍郎喀宁阿、钱汝诚奏

臣福隆安、臣喀宁阿、臣钱汝诚跪奏，为遵旨会审另行定拟具奏事。

窃照刑部议覆，原任直隶总督周元理审拟井陉县革生李望春等敛钱告官，并梁进文等抗官殴差一案，经提督衙门两次拿获逸犯梁绿野、梁二观即梁鹿鸣，供出该县周尚亲有累民激变各款。先后奉旨派臣福隆安、臣喀宁阿、臣钱汝诚前往审办。

又于本月十五日，奉上谕："奸民聚众抗官殴差，顽梗不法，其为首及在场之人，情罪甚属可恶，自不便轻纵。其因知县侵扣谷价，以致滋怨上控之犯，应分别稍予末减，方为平允。着福隆安等即就案情另行分别定罪具奏，钦此。"

仰见我皇上协中明允，于惩创刁风之中，复寓原情慎谳之至意。臣等复提集各犯证，秉公研鞫。缘梁进文籍隶井陉县金柱村，系已给衣顶生员，伊子梁绿野、梁谋野，均系生员。梁绿野素行多事，武断乡曲，先曾侵收村民乐施粥赈钱文，经该县周尚亲据控查讯，发学戒饬。又威坡村生员李望春，因县民宋迁自缢案内，为尸妻李氏代作呈词，诬告无辜，亦经该县周尚亲究明问杖详结。均怀挟宿嫌，欲图报复。

上年秋收后，该县详明买补仓谷三千石，定例每石价银九钱，因市价稍贵，该县又每石添价三分。将银换钱散给，适铺内钱文不能凑齐，该县即每石先发价六钱。迨十月间，该县因谷已收完，所有应找每石三钱三分，即不行补发。后闻村众不依，欲行控告，该县畏惧，随传各乡总补领。其二十八村均已找领清楚，惟金柱、威坡等四村，被梁绿野、李望春阻止乡总吴光林等勿领找价，邀同李馥商谋上控。

李望春书写传单，令十家帮一家，一村传一村。分写六张，传散各村，纠集众人至府。与张惟醇商谋具呈，张惟醇即为起稿，梁绿野复自改定，将短价买谷等情罗列呈内。邀令李馥、吴光林、张登，并赵凤、何中才五人出名，赴府遍呈。经该府方立经向该县周尚亲面询，据称买谷时，实因铺内钱文不敷，因此两次给与，并非短发。该府信以为实，传谕村众，令其补领，并究出李望春、梁绿野主使情由。

据威坡村乡总缴出传单一纸，拿获李望春与李馥等一并收禁。饬委该县典史李纯，查拿梁绿野去后。梁绿野闻信，于二月初九日潜逃。该典史李纯，于十一日至金柱村查缉梁绿野，无获。周令恐有潜藏情弊，复于十二日，令该典史带役前往访缉。行至中途，天已昏黑，即在卜村住宿。

梁进文闻信，主使幼子梁秀野与梁静一率同梁福、姚栋、田士量、李根宗子、梁鹿鸣、康斗良、赵准、梁成显、梁全、邱发、邱进洪等至府，经张惟醇指使，向原任侍郎刘浩处控告，求将李望春等释放。旋经该府将梁秀野等拿获。

而梁进文于典史未至之前，即主使梁纯保、梁杰邀同村中男妇多人，预行聚集拒捕。嗣典史李纯带役至村，梁进文接见，诱请该典史到家搜查。进屋之后，责其不应擅入民房，主使妇女各持枣条、木棒哄闹喊嚷，胁令梁和尚、梁九成、梁第、梁凤鸣、毕宗保、梁秉元、梁连登、任英等在门外拦挡。梁纯保与梁三学岗将典史挽入空房，复与梁添福、梁锦等将差役曾惠、李义用绳捆缚。梁纯保与梁三学岗将曾惠、李义殴有微伤，并胁令梁贵荣将差校王智右腿拉住，与许建、吴全、刘发顺等一并拦入牛房关锁。

梁进文以典史不应擅入民间内室，意欲借词上控。骑骡行至镇头村，有伊外甥李登第劝令回家释放，梁进文连夜赶回。又有卜村生员梁廷秀闻知赶至，晓以利害。梁进文始将差役解放。

至十四日天明，梁廷秀护送典史出村回县。该县周尚亲查知，一面禀报，一面会同参将金应安，带同兵役前往查拿。该督接禀，饬委清河道沈鸣皋及正定镇游击李宪章，亦先后驰至该村。各犯均闻风窜匿，经该道等拿住梁进文等，究出助恶余党，逐一查拿解府各等情。

臣等反复研究，与该督原审各犯供情俱各相符。嗣经山西巡抚拿获逸犯梁谋野，于本月十四日解至正定。臣等讯，据梁谋野供称，伊父梁进文等抗官殴差时，伊并未在家。后因畏累，避至山西，旋被差役拿获解送等语。再四研鞫，委无随同上控及抗官殴差情事，似无遁饰。

查例载："直省刁民逞凶殴官，聚众至四五十人者，为首斩决，仍照强盗杀人例枭示。其同谋聚众转相纠约下手殴官者，虽属为从，其同恶相济，审与首犯无异，亦应照光棍例，拟斩立决。其余从犯，照例拟绞监候，逼勒同行之人，各杖一百"等语。

今梁进文，当其子梁绿野与李望春聚众构讼之时，既已知情与谋。迨典史奉委查拿梁绿野，又复主谋纠集村众，一面主使伊子梁秀野同梁静一，率领多人求放李望春等出监，一面主使梁纯保等及村中男妇，将典史拦入空房。捆殴差役，隔别关锁，情殊可恶，实为此案首恶渠魁。应如该督所拟，依"刁民聚众至四五十人以上为首斩决例"，拟斩立决枭示。

生员李望春，虽因挟被责之嫌，强行出头，书写传单，与梁绿野联谋聚众敛钱告官。但于殴差之时，究未在场，不应如该督所拟照"光棍例"立决，应改依为从例，拟绞监候。

梁纯保、梁三学岗听从梁进文邀集村众，将典史搀架入室，又各捆殴差役，均系同恶相济；梁绿野与李望春等商同聚众，随即潜逃，致陷伊父梁进文于重辟，实为情法难宽。应均如该督所拟照"同恶相济亦斩立决例"，俱拟斩立决。

梁添福听从梁进文拴殴衙役，亦应如该督所拟依为从例，拟绞监候。

梁秀野听从伊父，率众赴府喊冤；张惟醇与梁绿野同谋告官，代作词稿。但查二犯于抗官殴差时，均未在场，不应如该督照为从例，拟以绞候，应于绞罪上量减一等，杖一百、流三千里。

李馥、吴光林、张登，系李望春、梁绿野胁从诱使出名告官；梁杰转邀妇女梁静一，随同率众喊冤。但所控情，即尚属有因，且多系年老，不应如该督拟以满流，应改为杖一百、徒三年。梁杰缉获，照拟发落。

梁贵荣听从梁纯保喝令，拉住差役；梁统被胁看门；梁福、姚栋被梁秀野胁同赴府求免喧嚷；赵凤、何中才被梁绿野胁令列名控告。以上六犯，该督均拟以满徒，但俱系逼勒同行，应改为杖一百加枷号一个月。

其听从梁进文等逼胁，与妇女拦住街门之梁和尚、梁九成、梁第、梁凤鸣、毕宗保、梁秉元、梁连登，并被胁随同梁秀野赴府求免之田士量、李根宗子、梁鹿鸣、康斗良、赵准、梁成显、梁全、邱发、邱进洪，及胁同赴府之刘乡、王永相、李明、张俊、岳记思、李学习、梁文、张喜信、梁伦、张其有、王喜全、王思庆、马上仲等二十九名，均应如该督原拟，照"被胁同行之人例"，杖一百、折责四十板。内梁鹿鸣一犯，应照"脱逃加二等例"，改为杖七十、徒一年半。其梁和尚、毕宗保、田士量、张俊、岳记思，虽据该督称到案狡赖，但罪缘被胁，无庸再加枷号。

所有案内之李馥、张登、赵凤等三犯，虽年逾七十，不准收赎。

梁谋野现据晋省拿获押解到案，但审无抗官情状，亦并未在场；李望春一犯，已于本月十五日在监病故。均无庸议。余属无干，概行省释。

仍将梁进文等正法各人犯姓名犯事缘由，照例刻示晓谕，以儆刁风。在逃未获之任英，俟拿获时讯明，照例查办。梁锦已于获鹿地方，畏罪自缢，应免置议。

各该生员，查明入学年分，分别斥革等语，均应如该督所奏完结。至该督奏称约束不严之教官，现在饬取职名，另行会同学臣照例查参等语。应俟命下，移咨吏部查办。为此，谨奏请旨。

乾隆四十四年三月十六日。

朱批：军机大臣会同该部议奏。

再，臣喀宁阿、臣钱汝诚恭俟此次奏折朱批回后，将井陉县刁民应行正法各犯监视处决，再行回京复命外。至臣福隆安，现已审案完竣，在此并无可办之事，本日拜折后，即带同军机司员永保、孙永清、伊江阿起程回京。合并陈明。谨奏。

英山县刘氏被抢卖案相关题本

《驳案新编》卷四《户律婚姻》所载判例，"改依抢夺路行妇女为首例"

安徽司一起，为呈报事。会看得六安州民翁伯林等强抢徐朝佐之妻刘氏，卖与方洪九，复行抢回转卖一案。先据安庆巡抚冯钤疏称，缘翁柏林籍隶六安州，与现获之卢恺、苗于周、张岐山、陈殿元及在监病故之罗惟先，未获之柳长春、张仲、高英、徐绍南、王天福均系棍徒，素相熟识。

乾隆三十一年三月间，翁柏林赴英山县寻觅柳长春索欠，未遇，路过徐朝佐家，因饥觅食，见徐朝佐家有一少妇，听系北方声音，疑系稍卖。次日，撞遇柳长春，告知起意抢夺，柳长春允从。

五月初一日，翁柏林途遇柳长春，同至卢恺饭店，适有素熟之苗于周、徐绍南亦已在彼共处聚谈。翁柏林复言及前事，起意抢卖，柳长春、卢恺、苗于周、徐绍南俱各允从，即于五月初五日一同起身，路遇张仲、高英，亦纠约同行。

至十七日，抵徐朝佐家山林内潜藏。柳长春先往探明刘氏在家，即于是日起更时分，柳长春携带铁尺，余俱徒手，齐至徐朝佐庄前。卢恺踢门，同柳长春先进，翁柏林、苗于周亦跟进内，徐绍南、高英、张仲在外等候。徐朝佐之兄徐朝用喝问，柳长春声言伊家娶有来历不明妇人，奉差拘唤。徐朝用见各犯人众，不敢声张。柳长春、苗于周将刘氏拉住，柳长春问有衣服在柜，即开柜搬取衣饰，同苗于周走至门外，与张仲押带刘氏先行，翁柏林、卢恺、徐绍南、高英随后，行至王天福家窝藏。

适张岐山同罗惟先亦至王天福家。卢恺等知张岐山同罗惟先稍贩路熟，告知强抢缘由，托其领卖，张岐山应允。苗于周商令卢恺、翁柏林跟随张岐山嫁卖，得银带回均分。苗于周与柳长春、徐绍南、张仲、高英俱各散去，其所抢衣饰俵分不等而逸。事主徐朝佐赴英山县呈控，差拿无获。徐朝佐亦即出外寻访，未经讯详。

张岐山、罗惟先、翁柏林、卢恺带同刘氏前至罗田县周魁万饭店，将刘氏改作陈氏，捏系张岐山婢女发卖。有黄冈县民方洪九贩绸，住歇王其玉店，经王其玉为媒，将刘氏卖与方洪九为妻。财礼银四十两，王其玉分得媒银三两，张岐山、翁柏林、卢恺、罗惟先各分得银五两，余银十七两存给苗于周等。

七月初五日，方洪九带同刘氏回籍。张岐山起意强抢，再行嫁卖，商之翁柏林、卢恺、罗惟先，允从，一同追至罗田县螺蛳河地方，将刘氏抢回，并抢方洪九衣物钱文。带至蕲水县范步青店内，将刘氏改作王氏，凭范步青为媒，卖与杨万中为婢，得价银四十四两。张岐山、翁柏林、卢恺各分银十两，罗惟先分银五两，范步青得银四两，余银及存给苗于周之银，该犯等公为盘费之用。抢得方洪九衣物钱文，亦系张岐山当卖花用。杨万中复将刘氏转卖与蕲水县关胜宗之子为妻。经该州获犯讯供，旋经事主徐朝佐访至蕲水县领回刘氏呈报，屡审供认不讳。

查翁柏林等强抢刘氏，虽非路行妇女，但该犯等胆敢聚众伙谋，肆行抢夺嫁卖，得银分肥，复强抢另卖，情殊凶恶，未便仅照抢夺良家妇女律问拟。查系翁柏林起意为首，翁柏林应比照"聚众伙谋抢夺路行妇女为首例"拟斩立决；卢恺、苗于周均照为从例，拟绞监候；张岐山于翁伯林等强抢刘氏，虽未同抢，但卖于方洪九之后，复起意强抢嫁卖，亦属不法，应照"抢夺路行妇女为从例"拟绞监候；陈殿元等拟以杖徒等因，具题前来。

查律载："抢夺良家妻女，卖与人为妻妾者，绞监候。"又例载："聚众伙谋抢夺路行妇女，或卖或自为奴婢，为首者斩立决，为从者绞监候"各等语。此案翁柏林起意，伙同卢恺、苗于周，并在逃之柳长春等，乘夜至徐朝佐家，抢夺刘氏转卖。张岐山捏称婢女，卖与方洪九为妻，得银分用。迨方洪九带刘氏回籍，翁柏林复听从张岐山起意，商同卢恺、罗惟先，追至中途，复行夺回嫁卖。

翁柏林首先肇祸，迭次逞凶，自未便以在路抢夺，非系该犯起意，仅照抢夺良家妻女为首定拟，翁柏林应如该抚所题，比照"抢夺路行妇女者为首例"拟斩立决；卢恺、苗于周，亦应如该抚所题照"抢夺路行妇女为从例"均拟绞监候，秋后处决。

至张岐山一犯，虽于翁柏林等初次抢夺之时，未曾入伙，迨该犯等将刘氏卖与方洪九之后，张岐山复起意于中途夺回，是张岐山实为抢夺路行妇女之首犯，虽前后所抢只此一人，而在家、在途既经两次抢夺，自应依律各分首从，未便以前此起意抢夺之翁柏林，既以比例斩决，遂将后次起意中途抢夺之张岐山，竟宽其为首之罪，而以为从问拟，致滋疏漏。应令该抚将张岐山一犯另行妥拟具题，到日再议。其罗惟先跟同张岐山在途截抢刘氏，亦未便照"抢夺良人婢女为从例"拟流。拟以杖徒之陈殿元等，均应如该抚所拟完结等因。

乾隆三十二年十一月初三日题。

初五日，奉旨："翁柏林着即处斩，卢恺、苗于周俱依拟应绞，着监候，秋后处决，余依议，钦此。"

行文去后，续据该抚疏称，除将翁柏林处斩，卢恺等牢固监候外，查张岐山于翁柏林抢夺刘氏原未知情随行，迨后，翁柏林等将刘氏交该犯嫁卖于方洪九，张岐山复起意中途抢回，似与平空抢夺路行妇女者稍有不同，是以前次将该犯照"抢夺路行妇女为从例"拟绞，伙抢之罗惟先拟流在案。第张岐山将刘氏嫁卖之后，复又伙众截抢，虽前后所抢只此一人，而在家、在途已属两次，应依律各分首从问拟。张岐山一犯，应照"抢夺路行妇女为首例"拟斩立决，先行刺字。罗惟先跟同在途截抢，应改照"抢夺路行妇女为从例"拟绞监候，该犯已经在监病故，应毋庸议等因，具题前来。

应如该抚所题，张岐山应改依"抢夺路行妇女为首斩决例"拟斩立决；罗惟先应改依"抢夺路行妇女为从例"拟绞监候，秋后处决，该犯已在监病故，毋庸议。逸犯柳长春等，仍行令该抚严缉，务获审拟另结等因。

乾隆三十三年四月十六日题。

十七日，奉旨："张岐山着即处斩，余依议，钦此。"

主要征引文献

著作部分

陈循等修纂：《寰宇通志》，明景泰七年内府刊本。

李贤等修纂：《大明一统志》，明天顺五年刊本。

黄仲昭修纂：《八闽通志》，明弘治年间刊本。

赵廷瑞修，马理、吕柟纂：《陕西通志》，明嘉靖二十一年刊本。

张卤修纂：《仪封县志》，明万历三年刊本。

于邦栋修，南宫纂：《岐山县志》，明万历十九年刊本。

王毅修，王业隆纂：《岐山县志》，清顺治十四年刊本。

刘瀚芳修，陈允锡、冯文可纂：《扶风县志》，清顺治十八年刊本。

贾汉复修，王功成等纂：《陕西通志》，清康熙三年刊本。

黄家鼎修，陈大经、杨生芝纂：《咸宁县志》，清康熙七年刊本。

杨廉修，郁之章等纂：《嘉善县志》，清康熙十六年刊本。

潘钺修，宋之树续修，何世勋等续纂：《猗氏县志》，清雍正七年刊本。

韩镛修纂：《凤翔县志》，清雍正十一年刊本。

张素修，张执中纂：《眉县志》，清雍正十一年刊本。

戈鸣岐、罗诸修，钱元佑、沈遇黄纂：《续修嘉善县志》，清雍正十二年刊本。

许起凤修，高登科纂：《宝鸡县志》，乾隆三十年刊本。

吴炳修纂：《陇州续志》，清乾隆三十一年刊本。

罗鳌修，周方炯纂：《凤翔县志》，清乾隆三十二年刊本。

史传远修纂：《临潼县志》，清乾隆四十一年刊本。

熊家振修，张埙纂：《扶风县志》，清乾隆四十四年刊本。

平世增、郭履恒修，蒋兆甲纂：《岐山县志》，清乾隆四十四年刊本。

杨仪修，王开沃纂：《周至县志》，清乾隆五十年刊本。

邓梦琴修，董绍纂：《宝鸡县志》，清乾隆五十年刊本。

万相宾修纂：《嘉善县志》，清嘉庆五年刊本。

宋世荦修，吴鹏翱纂：《扶风县志》，清嘉庆二十四刊本。

胡昇猷修，张殿元纂：《岐山县志》，清光绪十年刊本。

江峰清修，顾福仁纂：《嘉善县志》，清光绪二十年刊本。

《岐山乡土志》，清光绪年间抄本。

陈伯陶修纂：《东莞县志》，民国十六年铅印本。

《嘉兴市志》，中国书籍出版社，1997年。

《诗经》，清嘉庆年间阮元校刻《毛诗正义》本。

《论语》，清嘉庆年间阮元校刻《论语注疏》本。

《孔子家语》，清光绪二十四年贵池刘氏玉海堂景宋蜀刊本。

《左传》，清嘉庆年间阮元校刻《春秋左传正义》本。

墨翟：《墨子》，清光绪年间孙诒让《墨子闲诂》本。

管仲：《管子》，南宋绍兴二十二年瞿源蔡潜道墨宝堂刊本。

孟轲：《孟子》，清嘉庆年间阮元校刻《孟子注疏》本。

韩非：《韩非子》，清王先慎《韩非子集解》本。

吕不韦：《吕氏春秋》，明弘治十二年刊本。

戴圣编：《礼记》，清嘉庆年间阮元校刻《礼记正义》本。

董仲舒：《春秋繁露》，清宣统年间苏舆《春秋繁露义证》本。

司马迁：《史记》，中华书局，2013年。

刘向：《列女传》，明嘉靖年间刊本。

班固：《汉书》，中华书局，1962年。

陈寿撰，裴松之注：《三国志》，中华书局，1959年。

范晔：《后汉书》，中华书局，1965年。

贾思勰：《齐民要术》，明万历年间刊本。

欧阳询：《艺文类聚》，上海古籍出版社，1982年。

房玄龄等：《晋书》，中华书局，1974年。

李延寿：《北史》，中华书局，1974年。

欧阳修：《新唐书》，中华书局，1975年。

苏轼：《东坡集》，南宋杭州刊本。

程颢、程颐：《二程遗书》，明成化年间刊本。

李焘：《续资治通鉴长编》，中华书局，1995年。

《京本通俗小说》，中国古典文学出版社，1954年。

元好问：《中州集》，明汲古阁刊本。

脱脱等：《金史》，中华书局，1975年。

《元典章》，中华书局、天津古籍出版社，2011年。

宋濂等：《元史》，中华书局，1976年。

《明宪宗实录》，台北"中央研究院"历史语言研究所校印，1962年。

《锲便蒙二十四孝日记故事》，明万历四十二年周静吾四有堂刊本。

谈迁：《枣林杂俎》，中华书局，2006年。

谈迁：《国榷》，中华书局，1958年。

《大明律》，法律出版社，1999年。

计刘奇：《明季北略》，清光绪年间北京琉璃厂半松居士刊本。

台北"中央研究院"历史语言研究所编：《明清史料辛编》，中华书局，1987年。

《清世祖实录》，中华书局影印，1985年。

顾炎武：《天下郡国利病书》，清光绪五年蜀南桐花书屋薛氏家塾刊本。

吴甡：《柴庵疏集》，清刊本。

王嗣槐：《桂山堂诗文选》，清康熙刊本。

叶梦珠：《阅世编》，清刊本。

《清圣祖实录》，中华书局影印，1985年。

《清世宗实录》，中华书局影印，1985年。

吴敬梓：《儒林外史》，清同治八年群玉斋木活字本。

素尔讷等纂修：《钦定学政全书》，清乾隆三十九年武英殿刊本。

嵇璜、刘墉等编撰：《皇朝文献通考》，清刊本。

《大清律例》，文渊阁《四库全书》本。

陈宏谋：《培远堂偶存稿》，《清代诗文集汇编》影印，第280册，上海古籍出版社，2011年。

冯培等纂：《钦定兰州纪略》，清乾隆年间抄本，成文出版社有限公司影印，1970年。

全士潮等：《驳案新编》，清刊本。

琴川居士：《皇清奏议》，清都城国史馆活字本。

《清高宗实录》，中华书局影印，1985年。

《钦定吏部处分则例》，清刊本。

赵翼：《檐曝杂记》，清光绪三年刊本。

四川省档案馆、四川大学历史系编：《清代乾嘉道巴县档案选编》（下），四川大学出版社，1996年。

贺长龄、魏源编：《皇朝经世文编》，清刊本。

卢坤纂：《秦疆治略》，清道光年间刊本。

李元春编：《关中两朝诗钞补》，清道光十六年刊本。

王树堂：《砚云亭文稿》，清刊本。

郑珍：《巢经巢诗钞》，清咸丰四年刊本。

郑士范：《绿漪寮集》，清宣统二年刊本。

《傅氏家乘》，河北灵寿傅氏抄本。

赵尔巽等：《清史稿》，中华书局，1977年。

清国史馆编：《清史列传》，上海中华书局，民国十七年。

司法行政部：《民商事习惯调查报告录》，民国十九年。

鲁迅：《朝花夕拾》，鲁迅全集出版社，民国三十六年。

史志宏：《清代户部银库收支和库存研究》，福建人民出版社，2008年。

郭广岚：《骊珠重辉·西秦会馆木雕石雕艺术》，四川美术出版社，2016年。

石刻部分

王利用：《重建周公庙记》，碑存岐山县周公庙。

杜塄：《重修五丈原武侯祠碑》，碑存岐山县五丈原诸葛亮庙。

程㮚采：《增修五丈原武侯庙碑》，碑存岐山县五丈原诸葛亮庙。

论文部分

罗西章：《陕西扶风发现反映高迎祥、李自成农民军攻克县城的文字砖》，《文物》1978年3月刊。

中国第一历史档案馆：《乾隆三年至三十一年纳谷捐监史料》，《历史档案》1991年第4期。

庞文龙、周灵芝：《岐山县出土北宋铁钱窖藏和小银铤范模》，《中国钱币》2002年第3期。

吕柳莹：《中国古代典雇婚姻的法史探讨——以明清为中心》，2012年4月，复旦大学硕士学位论文，2013。

牛世山：《陶寺城址的布局与规划初步研究》，《三代考古》（五）2013年10月刊。

邵晶：《试论石峁城址的年代及修建过程》，《考古与文物》2016年第4期。

赵逸才、王开泳、华林甫、王甫园：《清代县级行政区划调整的时空变动与演化机理》，《地理学报》2022年第12期。

后　记

2001年初，陕西一所乡镇中学的历史学科王老师惊喜地发现，这次期末考试中，他的班居然有学生考了90分。这样的高分，不仅是本届学生中所独有，就是在以往的历届学生中也非常罕见，以至于他不住地连声感叹。

不过，当时王老师看着试卷上的学生姓名时，却毫无印象。这并不奇怪，在他一学期绘声绘色、精彩纷呈的课堂上，那位学生并不是课堂上活跃的一位。

类似的事情在三个月后又发生了一次。下学期期中考试后，语文学科刘老师向她熟识的学生打听，名叫"王帆"的究竟是哪位。找到后打量了一番，陌生的仿佛是第一次才见到这个上了她一个半学期课的学生。随后，刘老师在课堂上说："这次得最高分的，居然是一位毫不起眼的同学。"

一晃二十三年过去，当日曾因被"轻视"而颇有不忿的少年，正在为自己的新书写后记。

阅读是我这二十多年来始终保持的一个习惯。纵然颠沛流离，纵然曲折离奇，纵然被命运恐吓。

记得刚工作那年，偶然间看到电视在播1987年版电视剧《红楼梦》，里面有个丫头站在院子中等着汇报。我看着她又是拘谨又是担心又是无助的样子，眼睛一下子就湿了：这不就是我吗？

以前上学时读《红楼梦》，都是把自己代入贾宝玉，考虑的是黛玉、宝钗、湘云，评判的是袭人、晴雯。一朝自己谋生，才发现自己是个连名字都不配出现的小厮。

最近这些年，我对旧时代中普通民众的生活状态产生了兴趣，为此，阅读了大量的明清地方志和相关档案文献。其中，又以我的家乡岐山县所在的关中西府地区最为集中。日积月累，也就对明清时期州县小民们的生活熟悉起来，有了足以做一番详细阐述的基础。

这两年，有不止一位朋友建议我写这样一部作品。最终于2022年11月底动笔，次年1月中便完成十万字的初稿，中间还因为发高烧停过一周。之后，又用了九个月的时间增补、修订，最终完稿。

书的标题《州县之民》，很早就确定了，倒是副标题考虑过好几个，临交稿前，才定为现在看到的"治乱之间的小民命运"。

明代末年，出现连年灾荒，一些不甘于坐以待毙的饥民，便铤而走险发动起事。受灾范围广，灾民众多，起事队伍也就由燎原之火般迅速壮大。官方镇压了此处，彼处又起；今年击溃，明年复生。到了崇祯十七年（1644），李自成率大顺军攻入北京，崇祯帝自缢，明亡。山海关外的清军看准时机，迅速入关，击败大顺军，入主中原。

这个过程可称之为"天下亡"。当此之时，秩序崩溃，纲纪不存，律法失效，大量的民众非亡于灾荒，即亡于战火。一言以蔽之，这时的民众主要是亡于"乱"。

清军入主中原后，用了三十余年时间，陆续消灭了李自成、张献忠等起事军、南明政权以及起降而复叛的吴三桂等人。此后百余年，中原地区未再发生大规模的战乱。至《岐山县志》重修的乾隆四十四年（1779），全国总人口突破两亿七千万，为中国历史上新的人口高峰。

这个过程可称之为"天下兴"。天下将亡，战乱频仍，民不聊生，这时民众所受的苦难，很多人都有一定认识。而对天下大治，有不少人以为就是安享盛世的太平日子。这就实在是个误会了。

其实，秩序重整、纲纪重建、律法重新建立权威之时，未必就是民众之福。这是因为，大乱抑或是大治，本身就是统治阶层视角的描述。所谓"治世"的本质，就是封建君主专政处于稳定状态，统治阶层牢牢掌控着局势，帝王的权威与力量深入到王朝的底层。

清代乾隆朝，一向被认为是"康乾盛世"的巅峰。这期间，普通小民的生活状态如何呢？

乾隆二十八年（1763），陕西凤翔县知县李庄安排家丁买布，怀疑布店掌柜多算价钱，仅仅因为掌柜辩解，就将他活活打死。乾隆五十四年，甘肃安化县生员郑大智赴宁州探亲，捕快马登蛟仅仅因为看他不顺眼，就把他捆住折磨了半夜，导致十余天后死了。

这跋扈的一官一差，正是当时基层官僚与差役的典型代表。他们一位不过是七品芝麻官，一位更是被认为属于贱职的捕快。然而，他们是朝廷的人，官府的人。他们背后的朝廷是如此强大，这些基层的官僚、差役们，在小商户和秀才这样的人面前，也就拥有了任性处罚的权力。

再来看群体性事件。乾隆十八年(1753)，陕西扶风县生员屈谦益被皂役殴打羞辱，控告数月，府县官员均不理睬。全县士子对如此羞辱斯文气愤不过，发起罢考活动。次年，涉及罢考活动的一人被判斩立决，一人被判绞监候，另外还有十余人或被流放、或被杖责。

乾隆四十三年（1778），直隶井陉县知县周尚亲在采买粮食时，故意克扣贪污粮款。生员李望春、梁绿野等组织村民去知府处控告。结果官官相护，非但未告成知县，梁绿野等人反而成了被通缉的犯人。典史带领差役赴村搜捕梁绿野时，刻意羞辱了卧病在床的梁绿野妻子，村民看不过眼，控制了典史，打了两个差役。于是，此事就成了震动乾隆帝的"抗官殴差"大案。最终五位村民被判斩立决，一位被判绞监候，四十余名村民分别被判流放、杖责。

无论是想要找回尊严，讨要一个说法的生员，还是想要控告贪官，维护家人尊严的村民。他们所做的，不过是维护自己和家人最起码的利益和尊严。然而，在"天下大治"的"盛世"中，根本容不得一丝一毫对秩序的挑战，一旦发现任何苗头，立即予以最严厉的镇压。某种程度来说，律法森严，也正是为此。这些生活在"天下兴"时代中的不幸者，正可以说是亡于"治"。

对于小民来说，乱世的灾荒与兵燹，自然无法改变。那么，在律法森严的治世中，能否有一种缓和、务实的调和之道呢？或者说得直白点，凡事"怂"一点，是不是就能在治世中太平了？比如被官府贪污了粮款，忍了，少吃点就是；被差役殴打了，自认倒霉；被县太爷借故敲诈，直接掏家底花钱消灾。

在就单一事件分析时，似乎也并非绝对不可以。可是，谁又能保证在忍了、自认倒霉、花钱消灾之后，类似的事情不会发生第二次、第三次？

就算真能一次又一次忍耐，始终不触犯律法，也还有另外一种力量胁迫你，并且，始终如影随形。

　　这就是道德。君主专政时代的道德的概念非常宽泛，但可以高度概括为四个字：忠孝节义。为人臣要尽忠，为人子要尽孝，为人妻要守节。

　　单看字面意思，忠孝节义，各个字都是好词。不过，什么叫忠？什么叫孝？什么叫节？自己说了不算，而是有一套严格的衡量标准以及学习借鉴的楷模典范。总结下来就是：不以身殉国，何以言忠？不感天动地求来灵异，何以言孝？不孤身至死，何以言节？

　　或乱或治，灾荒与兵燹，律法与道德，总有小民逃脱不了的大山。

　　这本书中提及了许多人物，虽都是从各种故纸堆中搜寻而来，不曾有一个是由我创造的。然而，经过一番重新叙述他们的生活与命运之后，我与这些曾经的生命产生了某种特殊的联系，仿佛经历了一种时空扭曲，亲眼见过这样一群活生生的人。

王帆

2024年1月于杭州